U0738413

ZHONGZI QIYE FENXIAO
QUDAO YANJIU

种子企业分销渠道研究

杨再春 ◎著

ZHEJIANG UNIVERSITY PRESS
浙江大学出版社

图书在版编目（CIP）数据

种子企业分销渠道研究 / 杨再春著. —杭州 ： 浙江大学出版社，2015.4

ISBN 978-7-308-14371-4

Ⅰ．①种… Ⅱ．①杨… Ⅲ．①种子－农业企业管理－分销－购销渠道－研究－中国 Ⅳ．①F324.6

中国版本图书馆CIP数据核字(2015)第050066号

种子企业分销渠道研究

杨再春　著

策划编辑	杜玲玲
责任编辑	张　鸽
责任校对	夏湘娣
封面设计	春天书装
出版发行	浙江大学出版社
	（杭州市天目山路148号　邮政编码 310007）
	（网址：http://www.zjupress.com）
排　　版	杭州尚文盛致文化策划有限公司
印　　刷	杭州日报报业集团盛元印务有限公司
开　　本	710mm×1000mm　1/16
印　　张	18
字　　数	324千
版 印 次	2015年4月第1版　2015年4月第1次印刷
书　　号	ISBN 978-7-308-14371-4
定　　价	45.00元

版权所有　翻印必究　印装差错　负责调换

浙江大学出版社发行部联系方式:0571-88925591;http://zjdxcbs.tmall.com

前　言

　　"产品是立命之本，渠道是立身之本""得渠道者得天下"。分销渠道是企业的无形资产，是企业最重要、最复杂，也是最富有挑战性的战略资源之一。在当今"渠道为王"的市场环境下，市场竞争日趋激烈，而由于产品、价格和促销的同质化，其营销效果日益减弱，因此分销渠道便逐渐成为企业抢占的堡垒和核心竞争力。

　　"国以农为本，农以种为先。"种子是农业之母，既是最基本的生产资料，又是最重要的科技载体和诸多行业价值链的起点。目前，我国种子行业正处在转轨关键阶段，经济、市场、科技、政策和种子企业自身都在悄然发生着一场系统而深刻的革命性变革。这种宏观和微观环境的巨大变化，导致种子企业原有的分销渠道结构不合理、模式单一、产销脱节、信息不畅、成本过高、效率低下、渠道冲突严重、中间商整体素质有待提高、电子商务制约严重等问题日渐突出，成为制约我国种子企业发展的瓶颈。

　　随着经济全球化和种子市场的进一步开放，在我国种业买方市场竞争越来越激烈的微利时代，越来越多的种子企业开始意识到分销渠道日渐突出的重要性。种子生产企业要在这激烈竞争的市场环境中求得生存和发展，除了要具备竞争力强的品种、诱人的价格和成功的促销外，构建一个理想的种子分销渠道则显得更加重要。只有这样，才能降低分销成本和经营风险，培养种子企业的核心竞争力，实现从最大物流到最大资金流的转变，最终实现企业效益的最大化。因此，开展种子企业分销渠道研究是种子企业走持续、健康、稳定和国际化发展必不可少的重要环节，已势在必行、刻不容缓。

本书以分销渠道理论为指导，在对种子企业营销环境、现状和种子分销渠道等问题进行深入细致调查的基础上，通过分析和讨论，找出目前种子企业分销渠道存在的问题和成因以及整治措施，并对种子分销渠道的主要方面进行理论概括，从而对种子分销渠道的合理开发和科学管理进行大胆创新和尝试性的试验。研究内容主要包括以下方面：

第一，对种子企业市场营销环境进行了全面分析。阐述了种子企业内部、供应者、营销中介、农户、竞争者、公众等微观环境和人口、经济、自然、技术、政治、法律、文化等宏观环境，以及这些环境为种子企业提供的机会和造成的威胁，重点分析了目前市场营销环境的变化对种子企业分销渠道的影响。

第二，对种子企业分销渠道现状进行了调查和分析。厘清了我国种子市场发展的历史沿革及我国种子市场现状，通过对我国部分种子企业特别是对安徽种子市场企业的调查分析，归纳出种子企业 7 种传统渠道模式。并在此基础上，参照专家讨论和集体意见的结果，重点对目前我国种子企业分销渠道病因进行了系统诊断。诊断结论如下：渠道理念落后、渠道成员关系松散、渠道管理者整体素质不高、渠道信息沟通不畅、渠道服务功能缺乏、过分依赖中间商、渠道冲突严重、电子商务发展受到制约、种子渠道成本过高等。

第三，对种子企业分销渠道进行了具体设计。根据以上病因诊断以及对影响种子企业分销渠道设计因素的分析，按照渠道理念要现代化、渠道结构要扁平化、渠道成员关系要战略化、渠道重心要终端化、渠道服务要一体化、渠道构建顺序要逆向化、渠道物流配送要系统化、交易平台要网络化等原则，着重对种子直销型渠道、种子代理型渠道、经销商型渠道实施改造和优化。

第四，对种子分销渠道的系统管理进行了研究。以分销渠道理论为指导，对种子企业分销渠道成员选择、渠道成员的激励、渠道的评估、渠道调整和完善、渠道冲突的整治等进行了系统的阐述，重点对渠道冲突的现状、成因以及整治措施进行了探讨。

第五，对种子企业分销渠道的创新模式进行了探讨。通过种子微观环境、宏观环境和种子分销渠道现状分析，借鉴国外和国内其他行业成功经验，笔者对我国种子分销渠道创新模式做了大胆的构想，并根据安徽宇顺种业开发有限公司和浙江康篮农业科技有限公司的具体情况，有选择地选取了直营连锁模式、种植大户协会模式、兼容嫁接渠道模式、公司式渠道模式、司站社一体化渠道模式、供服销一条龙渠道模式、"种子＋农技"

连锁渠道模式、电子商务渠道模式进行试验，经过两年多的试验已取得了非常好的经济和社会效益。

本书的部分内容以论文的形式分别发表于《广东农业科学》《安徽农业科学》《现代农业科技》《安庆职业技术学院学报》等学术期刊。

红了樱桃，绿了芭蕉，流光一闪，近两年的本书写作和编辑工作行将结束，此时此刻，感慨万千。在本书艰苦的写作进程中，参考了大量国内外专家学者的研究成果及相关文献，并得到安徽大学李开教授、温州科技职业学院陈国胜教授、安徽宇顺种业开发有限公司王发文董事长、浙江康篮农业科技有限公司刘化宙董事长、种业界同仁、爱人吴秀水副教授、营销班参与调查的部分同学和浙江大学出版社的指导、帮助和大力支持，笔者在此一并表示衷心感谢！

由于笔者水平有限，书中难免存在不足或欠妥之处，敬请各位专家、同仁和广大读者不吝赐教。

杨再春

2015 年 1 月

目　录

第1章 绪 论

1.1 研究的目的和意义

1.1.1 研究的目的

"国以农为本，农以种为先。"种子是农业之母，是最基本的生产资料，是最重要的科技载体和诸多行业价值链的起点。种子生产、经营的好坏直接影响农业生产的发展、农产品的竞争力、农民的增产和增效，甚至关系到农村的稳定和国家的安全。

"产品是立命之本，渠道是立身之本""得渠道者得天下"。分销渠道是企业的无形资产，是企业最重要、最复杂，也是最富有挑战性的战略资源。在当今"渠道为王"的市场环境下，随着市场范围和规模的扩大，市场竞争日趋激烈，产品的利润越来越低，而由于产品、价格和促销的同质化，其营销效果日益减弱，因此分销渠道逐渐成为企业抢占的堡垒和核心竞争力。

目前，我国种子企业正处在转轨关键阶段，经济、市场、科技、政策和种子企业等市场营销环境发生巨大变化。第一，随着《中华人民共和国种子法》和《中华人民共和国植物新品种保护条例》的深入贯彻实施，种子已被推向市场，参与竞争，打破了计划经济时代国有种子公司一统天下的局面，呈现出国有、民营、合资、集体等多元化公平竞争的新格局；第二，随着中国加入世界贸易组织(World Trade Organization，WTO)和种子行业过渡期的结束，我国种子市场已进入了"诸侯林立，春秋争霸"的新时代，杜邦、先锋、孟山都、先正达、利马格兰、KWS等跨国种业巨头强势介入，纷纷抢占国内市场，与国内种子公司在品种、市场、渠道、人才等方面展开激烈竞争；第三，随着生产的发展和种子的开放，我国种子市场已永远告别了短缺经济，将持续呈现供大于求的局面，买方市场已经形成，种子营销领域的竞争日趋白热化；第四，随着科技的进步，农业生物技术日益发达，主要企业种子差异性逐渐缩小（产品、价格、促销已相差无几），分销渠道逐渐成为同行难以模仿的核心竞争力；第五，国家一系列惠农政策的实施，特别是农业部关于种子补贴和有关种子管理政策的出台；第六，由于农产品买方市场要求降低农业生产成本，增加农民收益，而随着企业在内部生产管理、促销等方面成本挖潜的空间越来越小，因此分销渠道就成为成本挖潜最后和最大的源泉。

种子市场宏观和微观环境的巨大变化，导致种子企业原有的分销渠道结构不够合理、模式单一、产销脱节、信息不畅、成本过高、效率低下、渠道冲突严重、中间商整体素质较低等问题日益突出，成为制约我国种子企业发展的"瓶颈"。因此，开展种子企业分销渠道研究势在必行，刻不容缓，这是种子企业走持续、健康、稳定和国际化发展的必由之路。本课题的研究要努力达到以下3个目的：

（1）引起我国有关组织和部门的重视。作为粮食产业链的重中之重，种业的兴衰关系到粮食安全和农业竞争力问题，因此，国家应从战略高度给予种业足够的重视。我国种业不具有比较优势，因而非常有必要在种业的市场管理、人才的培育和引进、资金的投入等方面加大措施，以提升我国种业的竞争力。同时，希望能引起我国有关专家学者对这一领域的关注，注重对这一领域的理论研究，给我国种子企业的实际运作予以指导。

（2）为我国种子企业的分销渠道调整、优化和创新模式提供有价值的指导。分销渠道是种子企业重要的无形资产，其对种子企业生产经营的影响是不言而喻的。我国种子市场渠道体系不容乐观，现处于一种传统分销为主的复杂阶段，渠道系统还未完全突破计划经济理论体系，种子营销处于简单的价格竞争等。目前，种子企业对渠道的环节优化和效率提高显得力不从心，这主要是因为它们缺乏有关种子市场分销渠道理论的指导。本研究以调整、优化我国种子企业现有分销渠道和创新模式构想为重点，以期为我国种子企业的分销渠道调整、优化和创新模式提供有价值的指导。

（3）为我国农业部门的决策提供咨询和建议。由于我国长期受计划经济的影响，"分家"后的种子管理部门对管理方式、方法以及管理内容有待于进一步明确，不能再用老思路解决新问题，需要探索新的途径来加强市场监管力度，维持市场秩序。特别是在加入 WTO 后，我国对所有的种子企业都要实行国民待遇，要提供一个公平竞争的平台。种子管理部门需要了解现代种子企业的运作，以便更有效地为其服务。本研究通过对我国种子分销渠道的现状及存在的问题进行分析，在此基础上，系统深入地分析了影响种子分销渠道的主要因素，提出了种子分销渠道调整、优化和创新模式，加深了有关农业部门对种子企业市场运作的了解，为其做出正确决策提供帮助。

1.1.2 研究的意义

种子分销渠道一直是一个颇受关注的问题，不仅与农民、种子企业息息相关，而且还关系到整个种业、农业、粮食安全等一系列的问题。正如中国种子集团有限公司总经理张学工所言："做种业非常有意义，但是非常不容易。有着 500 亿～ 600 亿元产值的种子行业，撬动的却是上万亿的农业相关产业。应该说，种业的重要性怎么强调也不过分。"因此，当前开展种子企业分销渠道研究有着重大意义。

（1）加快种子流通，创建企业竞争优势。分销渠道策略有三个特点：首先，它是长期的，即为了建立和维持一个顺畅而高效的分销渠道系统，企业需要长期地立足于市场，保持持久的竞争优势；其次，它需要通过组织机构和人员实施，既要有较大的人力资源的投入，又要有较大的财务支持；最后，它是基于企业内部关系和企业间人员互动的，即为满足分销渠道系统顺畅而高效地运行的要求，所有渠道参与者都需要密切配合。在现代社会中，较多数量的中间商意味着企业种子能获得更广泛的市场覆盖域和较高的市场占有率；而高质量的分销渠道又可以提高种子成交的数量和价格，为企业带来更好的收益。分销渠道作为企业的重要资源，是现代种子企业获得竞争优势的重要途径。正如海尔总裁张瑞敏所说："市场分销网络是现代企业非常重要的财富。在美国考察时，最能引起美国人兴趣的就是海尔遍及全球的分销网络。许多人希望利用海尔的网络进行合作。海尔的分销网络就是海尔品牌的世界版图。"小天鹅洗衣机公司的分销渠道以高达 1.6 亿元的价值在合资中占 20% 的股份就说明了这一点。

（2）降低种植户的成本，满足种植户的需求。现阶段农产品供过于求，农业生产成本不断加大，农业的预期收入不容乐观，这使农民对种植的品种、数量、成本等加以考虑，这就要求种子公司建立合理的分销渠道以减少流通环节，降低流通费用，降低种子价格，降低农业生产成本，增加农民收益。同时，种子的科技承载密集性需要外部的栽培技术、管理技术、加工技术等与之相匹配，这就对农民的素质提出了较高的要求。因此，农民在购买种子时不仅要求能买到称心如意的种子，而且要求种子部门在种子销售地点、营业时间、服务措施以及技术指导等方面提供更为快捷、方便的服务，这就需要建立合理的分销渠道与之相适应。

（3）提高种子生产企业与种子中间商的良性竞合，以求达到双赢。近20年来，渠道权力正在从生产商向中间商转移。这种现象的出现，不仅意味着种子市场分销渠道的格局要重新构造，更意味着市场的主控权可能将由种子生产商转移到种子中间商手中。这一趋势要求种子生产商必须认真地考虑分销渠道策略，与种子中间商既合作又竞争，以求达到双赢。

（4）加速种子科技成果转化，促进农业科技水平的提高。优良种子是一种物化的科技成果。对种子分销渠道的研究有利于构建合理的分销渠道，使农民及时得到优良品种，促进农业科技水平的提高。因为种子潜力的发挥，需要外界的技术支撑，所以种植者在种植过程中，也能提高自身的技能和素质。

（5）推动中国种业与世界种业市场接轨。种子分销渠道的研究可以加速中国种业融入种业"国际化链条"，促使中国种业参与国际种子竞争，从而有效保护和壮大民族种子企业的发展。

实践证明，关注分销渠道并进行适当地设计和管理的种子企业，可以创造出强大的竞争优势。种子分销管理是市场分销管理的关键所在，忽视分销渠道战略，种子企业将失去竞争力；如果企业的分销效果无效，那么其他的市场销售活动就很难发挥作用，因为市场营销组合（产品、价格、渠道、促销）的每个部分都是相互关联的，必须把它们看成是一个整体。在这个整体中，产品的同质性愈来愈强，同类产品在性能上的差距日趋缩小，因此市场的竞争不仅体现在产品的性能、价格上，而且更多地体现在渠道上，也就是说，分销渠道的优劣直接关乎种子企业的成败。建立分销渠道是种子企业面临的最重要决策之一，一个种子企业如果拥有四通八达的销售网络，就等于拥有了决胜市场的控制权。

1.2　国内外研究动态

1.2.1　国外对分销渠道的研究

1. 传统渠道结构的演变

分销渠道研究是营销学研究的中心之一。自人类进入工业社会以后，产品分销在社会生活中扮演着越来越重要的角色，人们越来越多地将注意力投向了分销渠道的研究。西方学者对分销渠道的理论研究主要集中在渠道结构和渠道行为两个领域，从制度和功能角度归纳出渠道系统及其存在的经济和社会必然性。他们将渠道看成是一个系统或超级组织，认为所有的渠道功能都是在系统内得到执行，并慢慢地将注意力转移到系统内部的行为和关系上来。自从1916年渠道研究的奠基人韦尔德提出渠道理论以来，分销渠道理论已经过了近百年的研究、总结和发展历程。

纵观渠道结构的发展，传统渠道结构的演变经历了 4 个阶段，即大量市场分销、细分市场分销、子细分市场分销及矩阵分销（David，1989），见图 1-1。

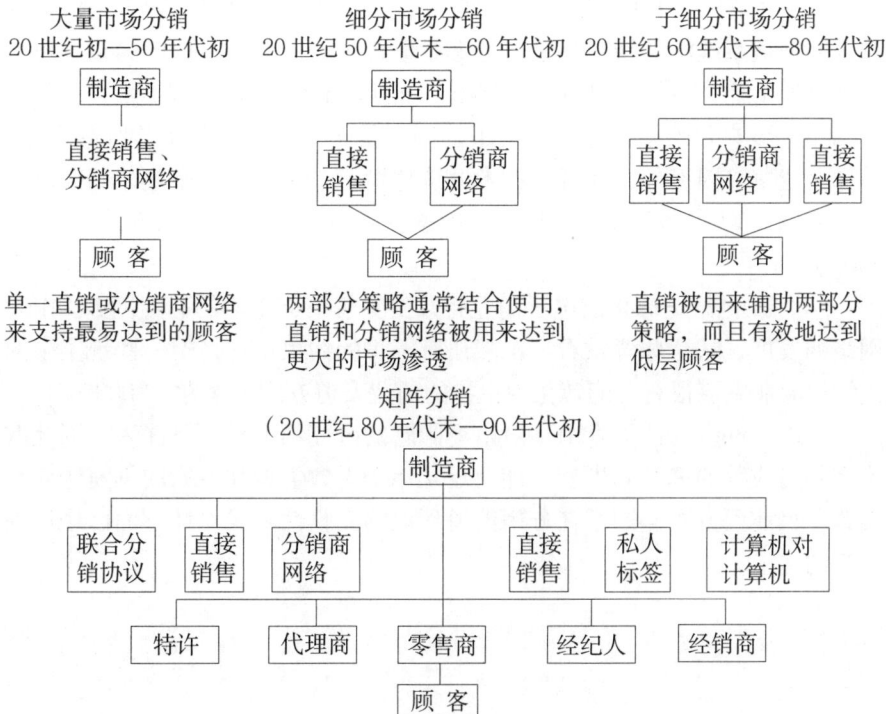

图 1-1　渠道结构的演变过程

由此可见，从 20 世纪初传统渠道结构理论问世以来，对渠道的研究一直处于积极的探索之中，其理论随着时间的推移、环境的变化而不断地发展演变着。

2. 新型分销渠道理论

到了 21 世纪的今天，随着环境的变化，在传统渠道理论的基础上又产生了许多新的渠道理论，如渠道结构系统化理论、渠道结构立体化理论、渠道结构扁平化理论、战略伙伴理论、渠道对角线转移理论和新型中间商理论（刘宝发，邹照菊，2006）。近几年来，以 Rosenbloom Bert, Stern W. Louis（美国），Berman B.（加拿大），Lawrence G. Friedman 和 Timothy R. Furey（英国）等为代表的西方学者在研究分销渠道的若干文献和著作中，从不同的研究层面和研究角度，提出了有关分销渠道的具有代表性的观点和看法。这里大致综述如下：

（1）渠道差别是企业获得竞争优势的重要来源。对许多公司来讲，它们应通过向更多的客户提供更方便的销售渠道，通过渠道创新，创建企业分销渠道优势，并以此创造一流的销售业绩和持久的竞争优势（Lawrence G. Friedman，1999）。

（2）建立顾客导向和竞争导向的分销渠道系统。以目标顾客为依据进行分销渠道系统的选择和决策，考虑竞争者的渠道策略并据此构架企业的分销渠道系统（Stern W. Louis, Friederick D. Sturdivant，1987）。

（3）影响分销渠道选择和决策的因素是多方面的。除了传统的产品、市场、竞争等因素外，在现代技术经济环境下，在高科技企业分销渠道的设计和选择中，社会文化和技术等因素更是不容忽视的（陈涛，余学斌，2001）。

（4）21 世纪全球化的电子商业将改变零售渠道竞争的基础优势。由于网络的发展，从全球背景看，虽然还有不少的约束条件，但一些现实中的边缘性商业渠道很有可能转化为主导的商业渠道方式（李青，2000）。

总之，许多发达国家由于对市场问题的研究不但早而且深入，因此有许多相对成熟的理论和模型，加上近几年来无数学者和专家的不断研究和实践，目前西方发达国家在分销渠道理论的完整性和操作性方面已经达到一定的水平。

　　3. 博弈理论、"重复囚徒困境"和供应链管理理论对渠道管理的启示

　　图克（Tucker）的博弈理论、阿克斯洛德的"重复囚徒困境"和供应链管理理论，从不同的研究层面和研究角度，提出了有关分销渠道管理的新理念（杨春富，2011）。这里大致综述如下：

　　（1）博弈理论对渠道管理的启示。

　　① 囚徒困境引发的思考。"囚徒困境"博弈是图克（Tucker）于1950年提出的一个著名的博弈模型，是完全信息静态博弈的典型例子。

　　H- 基本模型：警察抓住了两个合伙犯罪的罪犯，但却缺乏足够的证据指证他们所犯的罪行。如果其中至少有一人供认犯罪，就能确认罪名成立。为了得到所需的口供，警察将这两名罪犯分别关押以防止他们串供或结成攻守同盟，并给他们同样的选择机会：如果他们两人合作（与他的同伙合作），则他们会被以较轻的妨碍公务罪各判1年徒刑；如果两人中有一人坦白认罪，则坦白者从轻处罚，立即释放，而另一人则将重判8年徒刑；如果两人同时坦白认罪，则他们将被各判5年监禁。

　　如果分别用－1、－5和－8表示罪犯被判刑1年、5年和8年，用0表示罪犯被立即释放，则两名囚徒的矩阵如图1-2所示。

		合作	背叛	
囚徒甲	合作	（－1，－1）	（－8，0）	
	背叛	（0，－8）	（－5，－5）	囚徒乙

图 1-2　囚徒困境的局势

　　博弈的结果：由于这两个囚徒之间不能串通，并且各人都追求自己的最大利益而不会顾及同伙的利益，双方又都不敢相信或者说指望对方有合作精神，因此只能实现对他们都不理想的结果（各判5年）。但这个结局对整体而言往往是最差的，并且这个结果具有必然性，很难摆脱，因此这个博弈被称为"囚徒困境"。

　　② 博弈理论对渠道管理的启示。从博弈论的角度看，分销渠道成员都是独立的利益主体，作为理性的经济人，他们的目的是追求自身利益的最大化，在没有很好的激励措施的情况下，渠道成员不会自觉地牺牲自己的利益来维护渠道整体利益。因此，冲突就在所难免，分销渠道中的囚徒困境就产生了。

（2）"重复囚徒困境"理论对渠道管理的启示。

① "重复囚徒困境"理论。阿克斯洛德于1984年出版了一本名为《合作的进化》的书，引起了轰动。他的研究方法是举行"竞赛"，让持不同战略的对手轮流相遇，反复进行"囚徒困境"的循环赛，并累计各自的得分，以决胜负。第一次参赛的有15种战略，分别出自经济学、心理学、社会学、政治学和数学等领域的对策论专家、教授之手。其中还包括一个随机决定"合作"还是"背叛"的随机战略。循环赛的结果出人意料，获得冠军的竟是所有程序中最简单的一个程序（仅仅只有4行），即"一报还一报"战略。这个由多伦多大学心理学教授阿克斯洛德提交的战略不过是以合作开始，然后跟踪对方上一步的策略，即"以合作回报合作，以背叛报复背叛"。

此后，阿克斯洛德公布了竞赛的结果，并征集第二轮竞赛的参赛者。这一次有来自6个国家的63个程序参加。参赛者有年仅10岁的少年，也有进化生物学、物理学、计算机科学以及第一轮参赛者中的那些学科的专家、教授。最长的程序长达152行。对上述参赛程序进行了各种形式的竞赛，令人惊讶的是，积分最高而且表现最佳的仍然是那个最简单的"一报还一报"战略。

② "重复囚徒困境"理论对渠道管理的启示。"重复囚徒困境"理论中的那种善意、宽容、强硬、简单明了的合作策略，无论对个人还是对组织的行为方式都有很大的指导意义。

对渠道管理而言，如果制造商能长期提供具有盈利能力的产品而且中间商有足够的耐心，那么中间商任何短期的机会主义行为所得都是微不足道的，他们都有积极性为自己赢得一个乐于合作的美誉，同时也有积极性惩罚对方的机会主义行为，从而产生中间商之间的自觉合作。

（3）供应链管理对渠道管理的启示。

① 供应链管理理论。随着信息技术的飞速发展，市场的全球化、经济的一体化程度越来越高，生产制造领域可挖掘的利润空间越来越少，而消费者的需求却呈现个性化、多元化、便捷化等趋势。所有的这一切都直接促成供应链的诞生以及供应链管理理论和实践的发展。

目前较为成熟的供应链管理可以描述为：围绕着核心企业，通过对信息流、物流、资金流的控制，从采购原材料开始，到制造中间产品以及最终产品，最后由销售网络把产品送到消费者手中的过程中，将中间商、制造商直到最终用户连成一个整体的功能网络。因此，供应链管理是计划、组织和控制从最初原材料到最终产品及其用户的整个业务流程，这些流程连接了从供应商到客户的所有企业。

② 供应链管理对渠道管理的启示。

（a）在企业内外部树立合作的理念并采取强有力的措施。从企业内部来讲，要充分地发挥团队合作的精神，鼓励员工协同工作、解决问题，把合作看成是一种义务承担，而不是相互推诿责任。从企业外部来讲，合作的概念已经发展到了与前竞争对手之间的合作。

（b）充分发挥信息的作用。在市场急剧变化的今天，竞争的关键就在于能够及时准确地掌握消费者的需求信息以及竞争者的情况，所谓"知己知彼，百战不殆"。众所周知，在传统的纯竞争模式下，很多信息不能够共享，而单独的一个企业又不可能获取到较为完备的信息资料。因此，在这种信息高度不对称的情况下，企业各自为政，或者说追求投机或个体利益的最大化也是必然的结果。

（c）用系统论、方法论作为指导。从系统论的角度出发就是将整个供应链视为一个大系统，而参与合作的每一个企业都是大系统中的子系统。系统中的每一个企业在决策时必须要考虑到大系统的利益，考虑到其他企业的利益，因会影响供应链的竞争力，最终也会影响到每一个个体的利益。

（d）构建真正的渠道价值链。绝对不可以把渠道中间商简单地看成是商品流通过程中的一员，而应该充分地认识到中间商在"企业—中间商—消费者"这个整体链条中的作用。渠道冲突产生的一个重要原因就是企业不能够很好地定义自己的价格体系。窜货产生的很重要的一个原因就是很多企业不懂得渠道价值链原理在渠道运作与渠道管理中的指导性作用。由于渠道管理的任何一个环节都离不开渠道成员之间的合作，因此在任何一个环节都要研究如何才能更好地进行渠道成员之间的合作。

4. 有关美国种子分销渠道的研究

从国外看，有关种子渠道方面的专著并不多，全国农业技术推广中心编著的《国外农业推广》（2001），简单介绍了美国种子生产营销方式。从该专著中可知，美国种子生产经营大体可分成两类：

（1）由农场主生产种子直接卖给农民。

（2）由品种权人（种子公司）组织生产→加工→收购→中间商→包装→批发→零售→用种农户。

目前多数采用的是后一种形式。《美国杂交玉米种子的销售》一文指出美国种子销售一般通过3种方式：农场主代理、农场主协会组成的生产物质供销合作社和种子公司直销（《农民日报》，2002）。

1.2.2 国内对分销渠道的研究

1.分销渠道基础理论研究达到相当水准（相对而言）

在市场经济中，分销渠道已成为企业逐鹿市场的制高点。可以说，当前我国企业正处于分销渠道的变革时期，分销渠道的理念正发生重大变化。与此同时，我国分销渠道理论研究也有了长足的进展。特别是近几年来，我国学者对分销渠道理论研究著述颇多。其内容主要涉及如下几个方面：

（1）分销渠道理论分析与实证研究。如：苏勇、陈小平（2000）提出的所谓"关系型营销渠道理论"；卢泰宏、贺和平（2004）提出的"渠道理论中的'相互依赖'新模式"；杨涛（2000）提出的"市场营销渠道系统创新动因分析"；王耀球（2000）提出的所谓"封闭性商品流通渠道"；李平（1998）提出的"市场营销渠道的主成分评估模型"；张闯、夏春玉（2005）提出的"渠道权力：依赖、结构与策略"等等。虽然这些理论有进一步探讨的必要，但他们从不同的角度对分销渠道进行了理性的分析，并有一定的实证研究，应该是有创新价值的。

（2）分销渠道组织体系与模式探讨。如：华平（2006）的"宏碁的渠道变革"；何艳华（2004）的"'七月香'护肤品的渠道变革"；石明辉（2007）的"蒙牛营销渠道变革之路"；宁庆宾（2006）的"目前中国轿车分销渠道存在问题探讨"；夏亮（2004）的"中国涂料企业的分销渠道变革研究"；逢淑强、李先国（2007）的"中国药品企业流通渠道模式分析"；鲍惠金（2006）的"光明乳业：液态奶营销渠道探析"；张炜（2004）的"中国家电企业分销渠道的变革与创新"；赵临风（2006）的"云南白药牙膏分销渠道的分析与再设计"；张大亮（2001）等揭示的我国PC企业营销渠道从传统直销向代理制，进而由纵向的中间商体制向横向平台建设发展的演变过程；漆雁斌（2007）的"名山茶叶企业分销渠道建设与对策探讨"；此外还有对网络渠道系统、电子商务系统等新型营销渠道系统的研究。这些都从不同的角度上不同程度地研究了分销渠道组织与模式问题。

（3）分销渠道创新设计和构思。如：罗金（1999）的"跨国公司营销渠道策略"；傅晓初（1999）的"跨国公司营销管理渠道"；薛求知（1999）的"跨国公司在华营销渠道策略新理念"；董秀春（1999）的"开拓国际营销渠道决策因素分析"；邓少军（2007）的"分销渠道网络化变革及其作用机理研究"；杨慧（2007）的"试论中国流通渠道的变革趋势"；李春方（2000）的"有效的顾客反应流通模式及其构建"；韩兆林、张晓燕（1999）的"高科技企业分销渠道的模式、特征及影响因素研究"；韩兆林、张晓燕（2000）的"高科技企业分销渠道设计的主要考虑因素"；陈涛等（2001）的"企业分销渠道管理创新"；汪端阳、王卫红（1999）的"营销渠道策略创新"；刘琼辉（1999）的"市场发展与企业分销渠道创新"；洪元琪（2002）的"构建营销渠道新模式"等。

总体上看，目前我国分销渠道基础理论的研究已达到相当水准（相对而言），研究分销渠道的机构和学者很多，专著和论文不计其数。尽管这些研究与西方相比并非都是高水平的，但毫无疑问已向业界表明，有关分销渠道理论与实务正成为人们越来越关注的焦点。同时，以上这些研究也为本书的研究指明了方向，奠定了坚实的理论基础，具有极大的借鉴作用。

2. 专业分销渠道研究具有不平衡性

从行业的角度分析，我国目前专业分销渠道理论研究非常不平衡。有些企业分销渠道理论研究相当成熟，如家电企业、药品企业、服装企业、保健品企业等；而有些企业研究非常不够，特别是计划经济时期统得过多、放开较迟的企业，种子企业就是其中之一。

农业是国民经济的基础产业，过去由于受国家政策保护，种子企业受国际市场影响较小。直到 2001 年《中华人民共和国种子法》（简称《种子法》）的颁布实施，我国种业才真正走向市场，参与竞争。但由于种子企业步入市场经济舞台滞后，相关研究机构和学者不多，研究的广度、深度不够，更没有系统性，因此只有为数不多的研究成果见于报端。

（1）涉及种子分销渠道的专著。张传忠（2000）在《分销渠道》一书中，谈到了农机具、农药、种子等农业生产资料分销渠道模式的特点，即渠道成员的复杂性、生产资料使用的季节性和地域性、农民购买水平低等。郭杰（1998）在《中国种子市场学》中，对种子市场作了较为详尽的分析，在种子市场供求、种子用户行为分析、品种策略、定价、分销、促销、市场管理等方面做出了有益的探索。在当时，种子公司是以行政区域划分的"三位一体"的行政公司，主要解决大批量的种子生产、调剂和行政区域供种。在这一背景下提出了两种分销渠道形式：一是县以上成立种子公司，乡镇设立种子站；二是县以上设立种子公司，县种子公司在县行政区域内根据自然区划设立区种子供应站和特约经销点，具体形式有县乡联营、种子特约经销点、联营专业公司等。张秀宽（2001）提出"我们要善于学习国外种子行业和国内外其他行业成熟的分销经验，有条件的企业可以尝试在全国建立自己的分销网络，以提高企业的市场控制能力、竞争能力和服务水平"。邹学校（2002）在《中国蔬菜种子经营与管理》一书中介绍了我国蔬菜业及蔬菜种子的发展概况、蔬菜种子的生产、销售和质量管理、企业文化建设、蔬菜新品种保护和蔬菜良种产业化等方面的内容。在谈及蔬菜种子营销渠道方面时，他提出"让利终端销售，提高渠道的货流量""统一销价，售后返利，保障终端销售的应得利润"。

（2）种子分销渠道的文章。近几年来，有少数学者借鉴国内其他行业和国外同行业的研究成果涉足该领域，相关文章不少。如：对种子渠道管理进行探讨的论文有康国光等（2003）的"种子公司的营销渠道管理问题探讨"，罗海平（2006）的"江西正邦种业分销渠道管理的三个特质"，王若兰、徐怀葵（2006）的"蔬菜种子营销渠道管理之分销渠道管理"；对种子渠道冲突与对策的研究文章有魏明、高韧、吴春梅（2003）的"湖北省种子企业营销渠道冲突的现状与对策分析"，宋作刚、商秀亭（2006）的"种子销售中窜货和倒货的成因、危害及对策"，刘艳辉（2002）的"浅谈怎样防止种子经销过程中的窜货问题"，杨再春（2007）的"种子行业分销渠道冲突探析"；对种子渠道模式评估与选择的研究成果有侯艳阳、董艳（2004）的"种子销售渠道模式评估与选择的研究"，陈达等（2006）的"我国种子企业销售渠道选择分析"，俞敏辉、戴美莲（2006）的"蔬菜种子营销渠道选择"，康国光等（2003）的"种子营销渠道影响因素及构建策略"。这些研究成果虽然零星且不够深刻和系统，但对建设和完善我国种子企业分销渠道还是发挥了重要作用。

综上所述，诸多专家学者、企业家对种子分销渠道进行了一定的研究，但是绝大多数是从经济学角度对种子市场供求、生产要素的定价与配置、种子商品交换规律等进行研究，指出了种子作为一种生产资料在分销渠道中的特点，但对分销渠道构建、评价、维护等方面的研究不多。笔者认为种子企业分销渠道的理论研究在我国才刚刚起步，甚至有些方面还是空白，很多问题有待进一步深入细致地进行研究。诸如在新经济条件下，我国种子企业营销环境到底发生了哪些变化？我国种子企业分销渠道现状如何，存在哪些问题，病因何在？如何建立与种子企业相适应的渠道体系？如何防止和解决种子渠道冲突？如何发展与种子渠道成员的合伙关系和战略联盟？如何在电子商务化和全球化条件下管理种子渠道？种子分销渠道如何创新？等等。这些都有待于进一步研究和探索。本书拟通过对以上问题的调查、讨论和分析，重点解决在新的条件下，如何对种子企业分销渠道进行科学开发和有效管理，特别是在剖析传统渠道模式的基础上，探索和提出建立种子企业分销渠道新模式的构想。

1.3　研究思路、方法和创新之处

1.3.1　研究思路

本书以分销渠道理论为指导，阐述了我国种子行业宏观和微观环境所发生的巨大变化；基于安徽省种子市场的调查，分析了当前我国种子分销渠道的现状、模式、问题及其原因。在此基础上，通过全面、系统地分析影响种子分销渠道设计的各种因素，结合我国当前种子企业的特点，借鉴国内外其他行业分销渠道的成功经验，对我国目前企业分销渠道进行优化、模式创新和大胆试验，重点提出了适合我国种子企业分销渠道的管理方法，特别是对分销渠道成员进行科学选择、加强渠道成员的激励与支持、改进渠道成员的评价方法以及种子分销渠道冲突的整治进行了深入、细致的研究。图 1-3 所示为本书研究种子分销渠道的框架。

1.3.2　研究方法

1. 资料文献研究法

为了解国内外分销渠道的研究动态和种子企业微观、宏观环境及分销渠道现状，笔者从图书馆、阅览室、相关网站查阅了大量相关资料文献。

2. 实地调查法

笔者在安徽市场内分别选择了 14 家有代表性的种子企业进行详细调查。企业类型为种子生产企业，调查方式为问卷调查或个别面谈。

3. 专家座谈法

邀请种子企业的生产部门、经销部门、科研部门、政府种子管理部门及农场或种植业大户等进行座谈。

4. 集体意见法

通过会议形式，邀请种子企业的经理、营销经理、中层管理人员、营销人员进行座谈，分析种子企业分销渠道存在的问题，探讨解决方案。

5. 试验法

在分销渠道理论的指导下，在对我国种子企业微观、宏观环境和现状分析的基础上，借鉴国内外其他行业分销渠道的成功经验，对我国目前种子企业分销渠道进行大胆地创新设计，然后选准一家有代表性的大型或中型种子企业且根据该企业的具体情况，选择若干种创新模式进行试验，以检验创新模式的可行性、可操作性和科学性。

本书主要采用实地调查与资料文献研究相结合的方法，长期、多次对

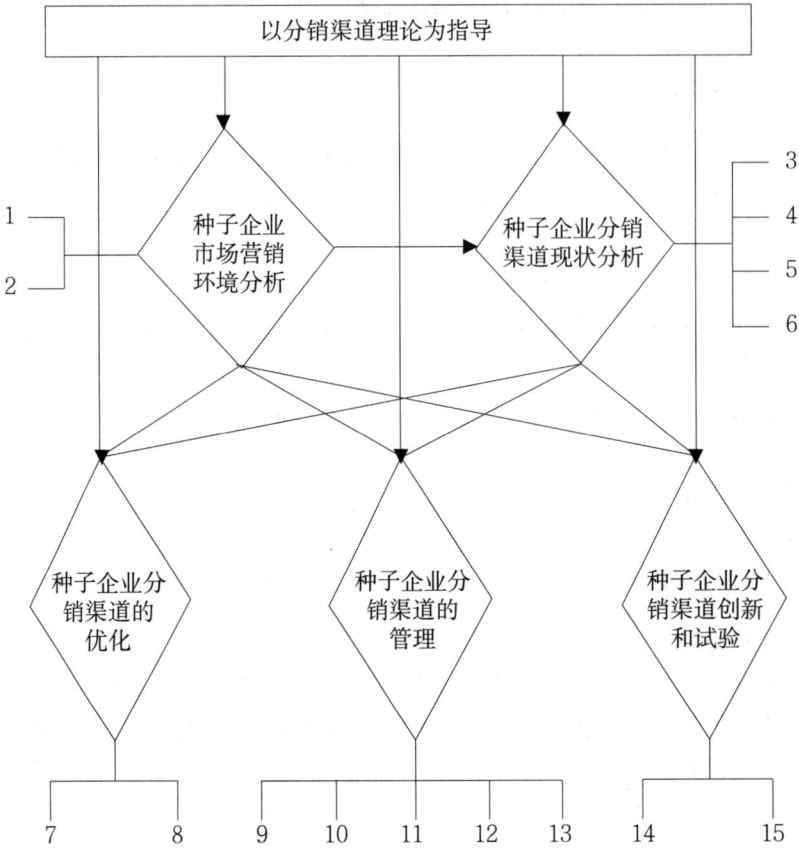

图 1-3 种子分销渠道研究框架

注：1- 种子企业市场营销微观环境　　2- 种子企业市场营销宏观环境

3- 我国种子市场发展的历史沿革　　4- 我国种子市场现状分析

5- 我国种子企业传统渠道模式　　6- 种子企业分销渠道病因诊断

7- 影响种子分销渠道优化设计原则　　8- 现有分销渠道的优化

9- 种子企业分销渠道成员选择　　10- 种子企业分销渠道成员激励

11- 种子企业分销渠道成员评估　　12- 种子企业分销渠道调整

13- 种子企业分销渠道冲突整治　　14- 种子企业分销渠道新模式探索

15- 种子企业分销渠道新模式试验

一些种子生产企业、种子经销商和科研部门、政府种子管理部门进行实地调查，了解了种子生产、经营企业的基本情况、经营状况、市场动态，收集了大量的第一手资料，然后在对第一手资料进行归纳、整理的基础上进行定性和定量分析，借助分销渠道理论，运用座谈、归纳、比较、推理和试验等方法，对种子市场进行深入、细致的分析和研究。

1.3.3 创新之处

（1）在计划经济时代，种子企业统得过多、放开较迟，尽管有少数机构和学者对种子企业分销渠道进行了研究，但研究的广度、深度不够，更没有系统性。本书在调查、讨论和分析的基础上系统研究了我国种子企业的营销环境、现状、存在的问题及整治措施等，重点提出在新的条件下，如何对种子企业分销渠道进行科学开发和有效管理，特别是在剖析传统渠道模式的基础上，探索和提出了种子企业分销渠道创新模式的构想，对我国种子企业分销渠道的开发、管理和创新有一定的指导和借鉴意义。

（2）本书对我国目前种子企业分销渠道进行大胆地创新设计，选准安徽宇顺种业开发有限公司和浙江康篮农业科技有限公司，且根据两家公司的具体情况，选择若干种创新模式进行试验，以检验创新模式的可行性、可操作性和科学性，开创了一条以分销渠道理论指导种子渠道实践，再由渠道实践概括出并检验渠道模式的新方法。

第 2 章　相关理论综述

在现代市场经济条件下，产品的生产者和消费者之间往往存在着时间和空间上的背离。要使产品能顺利地由生产领域进入消费领域，实现其价值和使用价值，取得一定的经济效益，除了要根据目标市场的要求，提供消费者所需的产品，制定合适的价格外，还必须依赖市场上的一些中间环节，以便在"适当的时间""适当的地点""以适当的方式"将产品提供给"适当的消费者"。而分销渠道就承担着产品由生产领域向消费领域转移的任务。因此，合理选择分销渠道是企业营销的又一重要策略问题。

2.1　分销渠道的基本概念

2.1.1　分销渠道与营销渠道

在市场营销理论中，有两个与渠道有关的术语有时不加区分地交替使用，即市场营销渠道和分销渠道。

所谓市场营销渠道，是指配合或参与生产、分销和消费某一生产者的产品和服务的所有企业和个人。也就是说，市场营销渠道包括产品供、产、销过程中的所有有关企业和个人，如供应商、生产者、商人中间商、代理中间商、辅助商，以及最终消费者和用户（郭国庆，2006）。因为本书研究的是种子企业分销渠道，所以以下主要讨论分销渠道概念。

美国市场学者爱德华·肯迪夫和理查德·斯蒂尔认为，"分销渠道是指当产品从生产者向最后消费者和产业用户转移时，直接或间接转移所有权经过的途径"（吴勇，邵国良，2005）。

美国著名市场营销权威菲利普·科特勒认为，分销渠道是指某种货物或劳务从生产者向消费者转移时，取得这种货物或劳务的所有权或帮助转移其所有权的所有企业或个人（俞利军，2004）。

综上所述，分销渠道是指促使某种产品和服务经由市场交换过程，顺利转移给消费者（用户）消费使用的一整套相互依存的组织（吴健安，2004）。一个企业的分销渠道的成员包括产品（服务）从生产者向消费者转移过程中，取得这种产品和服务的所有权或帮助所有权转移的所有企业和个人。其中既有商人中间商（批发商和零售商）——他们取得所有权，也有代理中间商——他们帮助转移所有权，还有处于渠道起点和终点的生产者和最终消费者或用户。

与市场营销渠道有所不同的是，分销渠道中不包括供应商以及起辅助作用的中间商。分销渠道作为帮助企业把产品及所有权从生产者转移到消费者或用户的有关中介单位组成的一个系统，这个系统的起点是企业自己，即生产者，终点是消费者或用户。在这个过程中，产品的所有权至少要转移一次。

2.1.2　分销渠道的职能

分销渠道把商品或服务从生产者转移给消费者，其目的在于消除产品（或服务）与使用者之间空间、时间和所有权分离的矛盾以及产品供需数量上的矛盾，产品生产专业化与消费结构多样化的矛盾。这些矛盾只有通过中间商才能得到有效解决，因此，这些客观矛盾的存在决定了中间商存在的必要性。由此可见，中间商的介入对提高渠道整体效率、降低渠道成本的作用是显而易见的。分销渠道的主要职能有如下几种。

（1）信息。收集和传递有关营销环境中的参与者及其力量的市场调查和情报信息，用于制订计划和帮助交换。

（2）促销。开发和传播有说服力的供应品信息。

（3）交流。找到预期购买者并与他们进行对话。

（4）配合。定型和完善供应品，使之符合消费者需要，包括制造、分类、组装和包装。

（5）谈判。达成有关供应品价格和其他条款的协议，以便转移所有权或占有权。

（6）物流。从事产品的运输、储存。

（7）理财。获取和使用资金以支付渠道运转开支。

（8）风险承担。承担渠道运转所产生的风险。

如果由生产商来行使这些职能，则成本上升，价格必然跟着上涨。如果把一部分功能转移给中间商行使的话，生产商的成本和价格就可以降低，但是中间商必须设定较高的价格来抵补他们的工作成本。因此，在对渠道工作进行分类时，各种职能都应该交给工作效率最高和最见成效的渠道成员，以此来为目标消费者提供最令人满意的产品分类。

2.1.3 分销渠道的特征

（1）分销渠道的起点是生产者，终点是消费者。每一条分销渠道的起点是生产者，终点是通过生产消费或生活消费能从实质上改变商品形状、使用价值和价值的最终消费者或用户。分销渠道的这一特征有非常重要的意义，它实际上指出了谁是渠道运作的发力者与受力者，即生产者和消费者是分销渠道的基本服务对象。分销渠道的基本功能是帮助生产者把产品卖出去，让消费者想买就买得到。

（2）分销渠道是一些相关经营组织和个人组成的组合。组织和个人共同为解决产品销售问题而发挥营销功能，因共同的经济和社会利益结成共生伙伴关系。这些成员通常包括生产者、批发商、代理商、零售商和消费者。

（3）在分销渠道中，产品的运动以其所有权转移为前提。在特定条件下，生产者可将产品直接售给消费者（用户），一次转移其所有权。但在更多场合，生产者须经过一系列中间商转卖或代理转卖产品，在较长的分销渠道中多次转移产品所有权。

2.2 从营销组合的角度理解分销渠道

2.2.1 分销渠道管理者

那些在一个企业或组织中从事分销渠道决策的人员，我们称之为分销渠道管理者。在具体实践上，很少有企业或组织会建立一个被称之为分销渠道管理者的专职管理职位。但是无论在国外还是在国内，许多大中型企业中设有同分销渠道管理者相似的管理职位（Donald N. Fites, 1996），例如，博士伦公司的贸易营销主管，康柏计算机公司的渠道管理主管，可口可乐公司的顾客业务发展主管，惠普公司的渠道营销规划经理等。如我国大中型企业里的营销副总、营销管理总监；而在小型企业中，分销渠道决策通常是由老板或经理做出的。因此，无论这个人的实际职位是什么，当他从事渠道决策活动时，他就已经起到了分销渠道管理者的作用。换句话说，只要任何一个人涉及分销渠道决策活动，他就是渠道管理者。

2.2.2　分销渠道策略

著名的营销组合战略模型（见图 2-1）为从营销管理角度看待分销渠道提供了一个框架。营销组合反映了一种营销管理过程，即企业依据内部和外部不可控制的因素综合使用 4 种基本的可控制营销变量来满足目标顾客的需求。基本的营销组合变量通常称为 "4Ps"，包括产品、价格、促销和分销。图 2-1 反映了一种典型的营销组合战略模型。企业营销管理的主要任务是在竞争和动态的环境中找出潜在的目标市场，制定合理、相互协调的产品、价格、促销和分销策略，从而为市场服务。

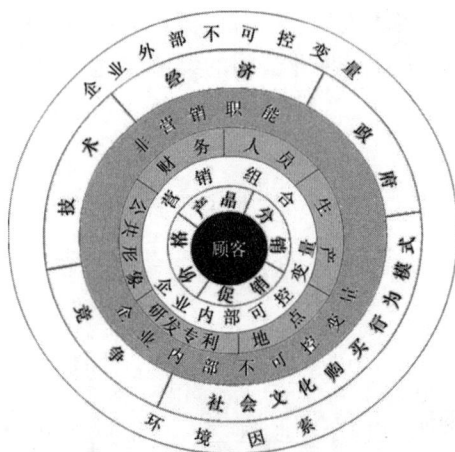

图 2-1　营销组合战略模型

（资料来源：Bert Rosenbloom. Retail Marketing. New York: Random House, 1991, p14.）

分销渠道策略作为营销管理中的一项重要策略，服务于营销组合中的分销变量。为满足企业目标市场的需求，企业需要制定分销渠道策略和实施分销渠道管理，以支持和强化营销组合中的其他变量。

企业要想在市场上获取持续性竞争优势而将分销渠道作为关键因素来决策，但这并不意味着产品、价格和促销策略不重要；相反，它们仍然是至关重要的因素。显然，如果没有好的产品、诱人的价格和良好的促销手段，任何一个企业都不能期望获得长远的成功。但从建立长远的竞争优势的角度看，强调在制造商和渠道成员之间建立牢固关系的渠道策略，应该是非常有效的。其主要原因是，这种竞争关系是竞争者难以模仿的（John A. Byrne，2002），它不能用技术、简单的价格优势、好的创意以及建立在产品、价格和促销战略之上的通常作为竞争基础优势的一些因素进行复制。进一步讲，在渠道成员间建立牢固关系的渠道策略（伙伴关系或战略联盟）主要是建立在信任、信用和人的权力之上。换句话说，渠道关系的卓越绩效主要取决于各种渠道成员组织中人员的能力以及他们为达到互利目标而高效工作的意愿。

2.3 分销渠道流程

在产品由生产者向最终消费者或用户转移的过程中，存在着几种物质和非物质形式的运动"流"，渠道则表现为这些"流"的载体。组成分销渠道的各种机构是由几种类型的流程联结起来的。按菲利普·科特勒的归纳，主要流程包括：实体流程、所有权流程、货币流程、信息流程和促销流程。如下以安徽隆平高科种业公司的渠道流程为例，对上述流程分别加以描述（见图 2-2）。

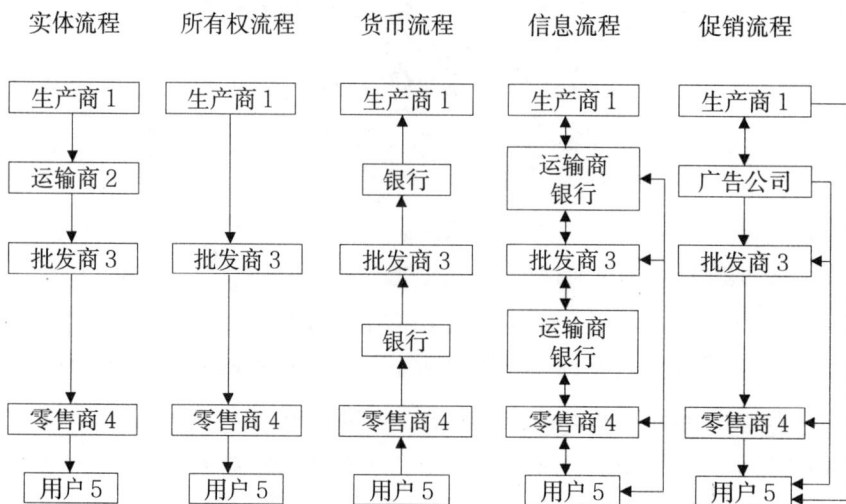

图 2-2　安徽隆平高科种业公司分销渠道中的 5 种流程

注：1- 种子生产商和包装厂；2- 公司卡车或运输公司；3- 种子批发商；4- 乡镇连锁店、乡村农资店、便利店；5- 农户、种植大户、农场。

2.3.1　实体流程

实体流程也称物流，是指产品从生产领域向消费领域转移过程中的一系列产品实体的运动。具体到安徽隆平高科种业公司，它的产品流程从安徽合肥的种子繁育基地和包装厂开始，通过公司物流部或运输公司，传递到种子批发商，再由批发商将种子送到乡镇农技站、种子连锁店、乡村农资店和便利店，最终种子在那里被出售给农户、种植大户和农场。

2.3.2　所有权流程

所有权流程亦称商流，是指产品从生产领域向消费领域转移过程中的一系列买卖交易活动。在这一活动中，实现的是产品所有权由一个分销渠道成员向另一个分销渠道成员的转移。由于运输商不拥有产品，或者说没有积极参与促使产品让渡的活动，所以它同样不包含在这个流程中，它仅仅起着运输物质本身的作用。

2.3.3　货币流程

货币流程是指产品从生产领域向消费领域转移的交易活动中所发生的货币运动。一般由顾客通过银行和其他金融机构将货款付给中间商，再由中间商扣除佣金或差价后支付给生产者。一般来讲，货币流和商流正好是反向运动。

2.3.4　信息流程

信息流程是指产品从生产领域向消费领域转移过程中所发生的一切信息搜集、传递和处理的活动。运输商和银行在这个流程中再次出现，而且所有箭头显示，所有团体都参与了信息交换，而且信息流程可上可下且是双向的。例如，安徽隆平高科种业公司可以向运输公司和银行了解有关运输计划、运输费率和批发商的付款等情况。反过来，运输商也可以从安徽隆平高科种业公司了解到什么时候运输商品，以及运输多少商品。如图2-2所示，信息流有时会越过运输商，直接从生产者流向批发商、零售商和用户。这种信息流程发生在与运输公司不相关的业务中，如安徽隆平高科种业公司向中间商及用户传递产品、价格、促销等方面的信息，也包括中间商及用户向安徽隆平高科种业公司传递购买力、购买偏好、对产品及其销售状况的意见等信息。

2.3.5 促销流程

促销流程是指生产者通过广告、人员推销、营业推广和公共关系等形式表现说服、沟通的流程。从图 2-2 我们可以看到，一个新的环节——广告代理商纳入这个流程中，生产商和广告代理商之间的双向箭头表明他们双方是紧密合作、共同制定促销战略的，而在分销渠道中从广告代理商到以后的其他组织，以及从生产商直接到其他组织的箭头都是单向的。

2.4 分销渠道模式

分销渠道的运作模式从组织形态的角度，可分为传统分销渠道模式和整合分销渠道模式。

2.4.1 传统分销渠道模式

传统分销渠道模式是指由各自独立的生产商、批发商、零售商和消费者组成的分销渠道。他们在保持各自独立的情况下，相互讨价还价，谈判销售条件，并且在其他方面自主行事，各自追求利润的最大化，甚至不惜牺牲整个分销渠道的利润。他们几乎没有一个成员能控制其他成员，也没有正规的方法来分配职责和解决渠道冲突。

根据产品的消费目的与购买特点，传统分销渠道又可分为消费者市场分销渠道和生产者市场分销渠道两种基本模式。本书探讨的是种子企业分销渠道，因此在此只讨论生产者市场分销渠道，如图 2-3 所示。

零层渠道通常称作直销，指没有中间商参与的渠道类型。零层渠道的主要方式有上门推销、家庭展示会、邮寄销售、电视直销、网上直销和生产者自设商店。

一层渠道是指包括一种类型的中间商。在生产者市场上则可能是代理商或批发商。

二层渠道是指包括两种类型的中间商。在生产者市场上则可能是代理商和批发商。

更高层次的市场分销渠道虽然存在，但不多见。从生产者的角度看，渠道层次越多，越难控制，出现的问题和矛盾也会越多。

零层渠道称为直接渠道，其他使用了中间商的渠道称为间接渠道。

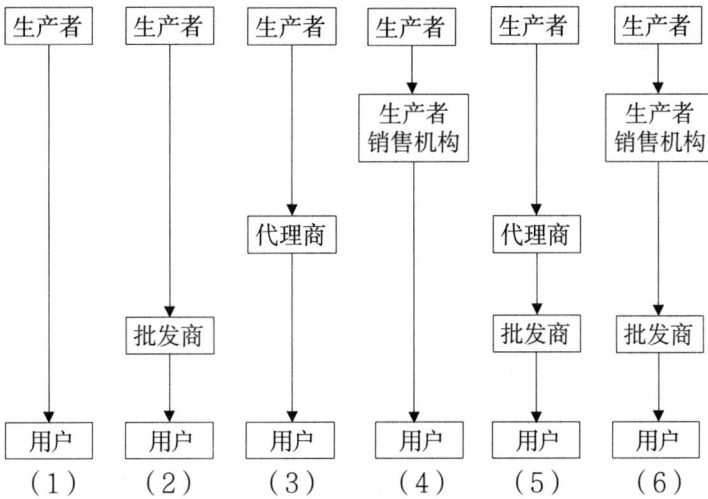

图 2-3　生产者市场传统分销渠道模式

2.4.2　整合分销渠道模式

整合分销渠道模式是指渠道成员为提升渠道竞争能力，降低不必要的渠道开支费用，共同为消费者服务，实行纵向或横向联合，或利用多渠道达到同一目标市场，以取得规模经济效益。它主要包括以下几种模式（见图 2-4）。

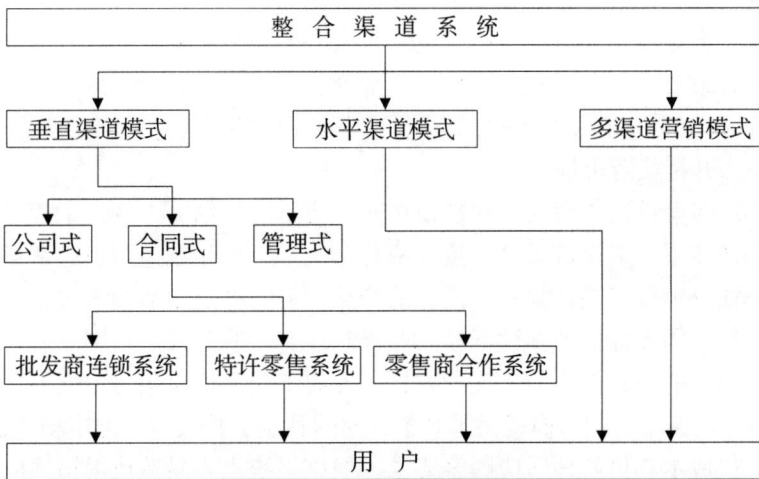

图 2-4　整合分销渠道模式

（1）垂直渠道模式。这是由生产者、批发商和零售商纵向整合而成的。一个渠道成员拥有其他成员，或者与他们签有合同，或者拥有极大权力可迫使其他成员合作。垂直渠道模式可由生产商，也可由批发商或零售商控制。垂直渠道模式的出现是为了控制渠道行为和管理渠道冲突。该模式有3种主要形式：

① 公司式。即由一家公司拥有和管理若干工厂、批发机构和零售机构，控制渠道的若干层次，甚至整个分销渠道，综合经营生产、批发和零售业务的渠道系统。公司式垂直渠道系统又分为两类：一类是由大工业公司拥有和管理的，采取一体化经营方式；另一类是由大型零售公司拥有和管理的，采取工商一体化方式。

② 合同式。即不同生产和销售层次的独立企业，以合同形式结合成一体，以取得单独经营时所不能达到的经济利益或销售效果。协调和冲突管理是通过渠道成员间的协议来实现的。如批发商组织的自愿连锁模式、特许零售模式、零售商合作模式等。

③ 管理式。即不通过共同所有权和合同，而是以某一方的规模和权力来协调生产和销售的连续阶段的一种纵向渠道模式。如名牌产品生产商，以其品牌和管理经验优势出面协调批发商、零售商的经营业务和政策，采取共同一致行动。

（2）水平渠道模式。这是由两家或两家以上的公司横向联合，共同开拓新的营销机会的分销渠道系统。这些公司因资本、人力、生产技术、营销资源不足，无力单独开发市场，或因惧怕独自承担风险，或因与其他公司联合可实现最佳协同效益而组成共生联合的渠道系统。如：日本共同网络股份有限公司（CN）就是由大中型旅游公司、票务公司、体育娱乐服务公司等27家企业出资组建的，其成员借助CN的共同信息网享用信息资源，齐心协力开拓旅游市场。

（3）多渠道营销模式。它是指对同一或不同的细分市场，采用多条渠道的分销体系。多渠道系统大致有两种形式：一种是制造商通过两条以上的竞争性分销渠道销售同一个商标的产品；另一种是制造商通过多条分销渠道销售不同商标的差异性产品。此外，还有一些公司通过同一种产品在销售过程中的服务内容与方式的差异，形成多条渠道以满足不同顾客的需求。多渠道系统为制造商提供了3个方面的利益：扩大产品的市场覆盖面，降低渠道成本和更好地适应顾客要求。但该系统也容易造成渠道之间的冲突，给渠道控制和管理工作带来更大的难度。

2.5　分销渠道成员

如图 2-5 所描述的营销渠道中，分销渠道基本的组成要素有三类，即生产商、中间商、最终用户。中间商又可进一步划分为批发商、零售商和代理商。最终用户又进一步划分为消费者和用户。由于中间商和最终用户都取得商品和服务的所有权或帮助转移所有权，因而我们认为他们是分销渠道的成员。

辅助商通过履行自己的职能，参与了渠道的运作，但由于没有取得商品或服务的所有权或帮助转移所有权，所以不是分销渠道成员。本书将不讨论辅助商的作用。

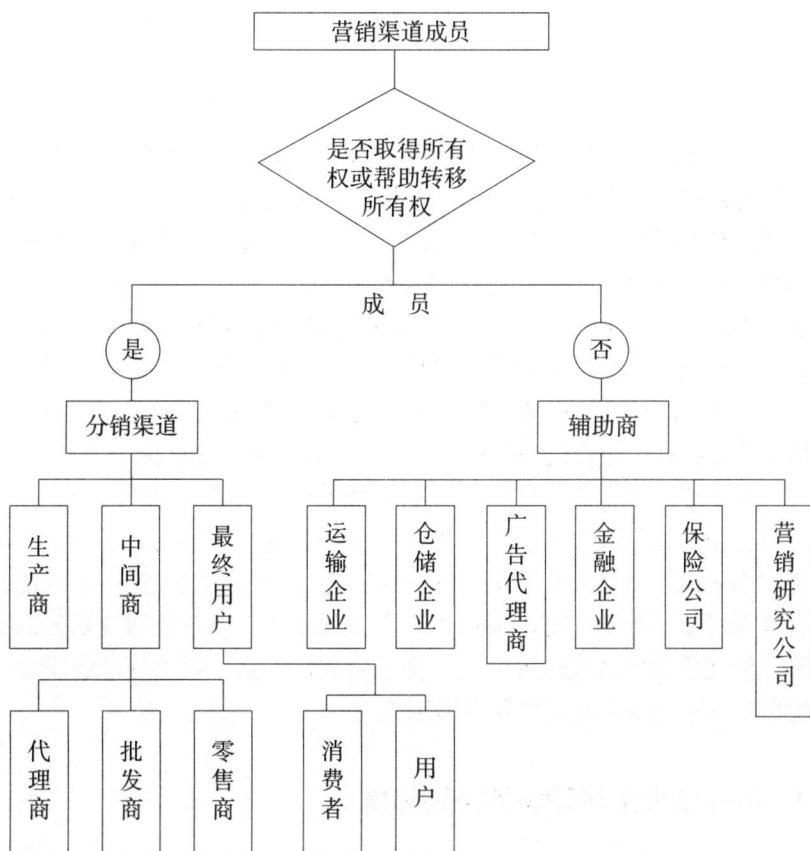

图 2-5　营销渠道成员分类

以上所阐述的分销渠道相关理论为本书的研究提供了理论基础。后文将从 5 个方面对种子企业分销渠道进行深入研究。

第3章　种子企业营销环境分析

现代种子企业作为现代经济细胞的组成部分，其营销活动成败的关键，在于能否适应不断变化的市场营销环境。当前我国大多数种子企业正处在一个系统转型时期，企业赖以生存的宏观经济环境和构成种业体系的微观基础都在悄然发生一场系统而深刻的革命性变革。由于企业的营销环境是不断变化的，而这种变化会给种子企业造就新的市场机会或构成环境威胁，因此企业必须监测其周围的营销环境的发展变化，善于分析和鉴别由于环境变化而带来的机会和威胁，使种子企业营销工作既能与环境变化相适应，又能充分发挥种子企业的内部优势，以取得良好的营销效果。

种子企业市场营销环境是指存在于种子企业营销部门外部的、影响种子企业营销活动及其目标实现的外部因素和力量，它包括微观环境和宏观环境。而分销渠道必须在持续不断影响渠道管理的环境中运作。因此，渠道管理者需要灵敏地应对环境和正在发生的变化，以有效地规划分销渠道战略，使之成功地适应这种变化。为了做到这一点，渠道管理者需要弄清楚能影响分销渠道系统的各种环境因素。

3.1　种子企业市场营销的微观环境

种子企业营销管理的任务，就是在适当的时间、适当的地点，以适当的价格和方式向目标市场提供有吸引力的种子产品和服务。要想成功地做到这一点，种子企业的营销管理者必须了解企业营销活动中的所有微观环境因素，即企业内部、供应商、营销中介、顾客、竞争者和公众。

3.1.1　企业内部

种子企业内部环境是指企业内部各部门、各个管理层次之间的协作、分工、竞争的关系。为使企业的营销业务顺利开展，不仅营销部门内各专职人员要通力合作，而且营销部门在制订和实施营销计划时，必须考虑其他部门的意见，处理好同其他部门的关系。种子企业的各种内部组织构成了其内部的微观环境。

在制订营销计划时，营销部门应兼顾公司的其他部门，如最高管理层、财务、研发、采购、生产、会计等部门。所有这些相互关联的部门组成了公司的内部环境。高层管理部门制定公司的使命、目标、总体战略和政策，营销部门依据高层管理部门的规划来做抉择，而营销计划必须经最高管理层的同意方可实施。

营销计划必须通过公司的其他部门密切合作方可执行和实施。财务部门负责寻找和使用实施营销计划所需的资金；研发部门研制安全而吸引人的产品；采购部门负责供给原材料；生产部门生产品质与数量都合格的产品；会计部门核算收入与成本，以便管理部门了解是否实现了预期目标。只有企业内部分工科学合理，各岗位责权利明确，企业内部有健全、严格的管理制度和灵活的激励机制，才有利于充分调动种子研究部门、良种开发部门及种子营销人员的工作积极性，形成全员密切协作的局面，才能形成良好的内部环境，也才有可能向社会提供符合质量要求的种子商品和服务。

3.1.2　供应商

供应商是指向种子企业及其竞争对手供应生产种子所需的各种资源的企业和个人。供应商是企业整个"价值传递系统"中的重要一环。供应商提供的资源主要有能源、原材料、设备、劳动力等。对种子经营企业而言，主要是育种基地、原种、农业机械设备、繁种用具、选种设备、包装设备和材料等。资源质量是否符合标准、价格是否合理、供应是否及时守信等，都直接影响种子营销的经济效益和社会效益。供应商这一环境因素对种子企业的营销影响很大，种子企业应尽量从多方面获得供应，以降低供应风险。

3.1.3　营销中介

营销中介是协助公司推广、销售和分配产品给最终购买者的企业，它包括中间商（批发商、代理商、零售商）、实体分配企业（运输、仓储）、营销服务机构（广告、咨询）和金融中介机构等。中间商的作用主要是在最方便的地点、最方便的时间提供能够更好地满足顾客的产品。就种子而言，乡镇种子中间商是种子营销的主要中介。目前，我国大约有5万个乡镇种子分销机构，农户主要通过乡镇种子分销机构获得种子，它是大中型种子企业建立种子分销体系争夺的主要战场。种子企业在营销过程中必须处理好与这些中介机构的合作关系。

根据营销中介的作用，种子企业在营销中介的选择和管理过程中，应始终坚持做到以下几点：首先，应研究有哪些适合本企业产品的分销方式和中介机构；其次，根据公司的产品特点和中介机构的能力、信誉，以及货款的回收方式，设计分销渠道的宽度和长度，以及实体分配的方式；最后选择中介机构，并进行分销渠道管理。

3.1.4 顾　客

企业将产品或服务销售给顾客以取得补偿和赢利，所面对的市场主要有消费者市场、生产者市场、中间商市场、政府市场和国际市场。对种子企业而言，根据其产品特性，其主要面对的是生产者市场、中间商市场和国际市场。种子企业的生产者市场就是种子用户，具体讲就是农户、种粮大户、粮食农业合作社和涉及种植业的农业企业。根据2013年农业部种植业司组织的摸底调查：我国目前农户有2.43多亿户，其中种粮大户68.2万户，粮食生产合作社有5.59万个。农业部种植业司司长叶贞琴分析说："种粮大户与粮食生产合作社种了全国1/10多的地，产出了1/5多的粮食，已经成为重要的粮食生产主体。"随着农业的机械化和现代化，以及国家土地流转政策的实施和完善，种粮大户、粮食农业合作社和涉及种植业的农业企业数量会越来越多，种植土地面积会越来越广。种子企业不仅要关注分散在全国各地的众多农户，更要重视种粮大户、粮食农业合作社和涉及种植业的农业企业。种子企业应积极响应国家的号召，抓住退耕还林、退耕还草和国家重视"三农"问题的大好时机，同时还应发展在各地有影响力的企业作为公司的中间商，扩大企业在业界的影响力和在市场上的销售额。在国际市场上，种子企业充分发挥我国种子价格低、品种多的优势，增加种子的出口，在增加企业利润的同时也为国家创汇做出贡献。为此，企业需要仔细了解它的国内和国际顾客市场，以便更好地贯彻以顾客为中心的思想，真正做到想顾客之所想、急顾客之所急、做顾客之所做。

3.1.5　竞争者

种子企业在经营过程中会面临许多竞争者。要想成功，就必须充分了解自己的竞争者，努力做到比竞争者更好地满足市场需要。目前，一方面，国有种子公司的垄断经营格局已被打破，民营、股份制、外资、国有等企业或公司与跨国种业巨头同台竞技、就做平分秋色的局面已成不争的事实；另一方面，股份制公司发展成为一种潮流，种子公司的重组兼并此起彼伏，新兴种子公司的成立如雨后春笋，种子业态必然由目前无领袖企业的自由竞争过渡到垄断竞争，进而过渡到少数企业集团的寡头竞争。随着市场开放程度的逐步提高、知识产权保护制度的日臻完善、新竞争对手的不断增多，以及市场管理的日趋规范，中国种子产业的竞争状态正在由浅层次的产品和价格比拼演变为以技术创新、标准化、综合管理、人才结构、企业文化等为基础的企业核心能力的深层次竞争。种子企业要想成功，必须充分了解竞争对手的实力，必要时可与某些同行业竞争者结成同盟，与其他企业抗衡，以求在种子市场占有一席之地。同时，要搞好市场调查与预测，紧跟客户的种子需求，力求以质量和信誉谋生存、以品种谋发展、以价格和服务谋长远，扬长避短并最终赢得挑战。

3.1.6　公　众

公众是指对一个组织实现其目标的能力具有实际或潜在利害关系和影响力的一切团体和个人。种子企业与其他企业一样，所面临的公众包括以下 7 类。

（1）融资公众：指影响公司获取资金能力的财务机构，包括银行、投资公司、财务公司、保险公司等。

（2）媒介公众：主要指报社、电视台、出版社等大众传播媒体。

（3）政府公众：指有关的政府部门，如农业、工商、税务等。

（4）群众团体：指消费者组织、环境保护组织及其他的群众团体。

（5）社区公众：指企业所在地附近的居民和社区组织。

（6）一般公众：指一般社会公众。一般公众既是本企业产品的潜在购买者，又是本企业的潜在投资者。

（7）内部公众：即企业内部所有的工作人员。

为了更好地处理企业和公众的关系，种子企业应该成立企划部、法律事务部、公关部和客户服务部等相关部门，并积极推行 CIS 系统，利用企业内部员工形象来影响外部的社会公众，使企业的品牌和信誉度在公众中保持良好的形象。

3.2 种子企业市场营销的宏观环境

宏观环境指能够影响整个微观环境的广泛的社会性因素，包括人口、经济、自然、技术、政治法律和文化环境6个要素。一切营销组织都处于这些不可控的宏观环境因素之中，不可避免地受其影响和制约。种子企业及其所处的微观环境都在这些宏观力量的控制下。宏观环境给企业提供机会，同时也对企业造成威胁。

3.2.1 人口环境

从需求的角度看，种子市场是由具有购买兴趣和购买力的人组成的。因此，人口环境与种子市场营销的关系十分密切。这种密切性主要体现在以下几个方面。

（1）人口数量。种子作为商品化的农业生产资料，人口数量对其需求的影响主要是通过对农产品的数量和质量的影响而反映出来的。据《中华人民共和国2012年国民经济和社会发展统计公报》，到2012年末，全国人口为13.54亿人。众多的人口及人口的进一步增长，给作为生存必需品的粮食和蔬菜的生产者带来了机会。2030年我国人口将达到16亿人，已接近我国土地资源可承受的人口极限值18亿。在耕地面积不断减小这一不可逆转的趋势下，粮食需求的增加将主要依靠提高单产和复种指数来满足，这将对农作物品种质量和数量提出更高要求，也为种子市场创造了巨大的潜在需求。

（2）人口密度。我国的人口分布主要集中在东南沿海，人口密度向西北逐步递减。目前，国内种子市场的格局主要是中西部需求量大，东部沿海需求量较小。主要原因是东部沿海城市较发达，人口密集，可耕种的土地面积较小，所以对种子的需求量比较小；而中西部由于工业欠发达，可耕种土地较多，从事农业的人口多，从而对种子需求量比较大。

（3）年龄结构。种子的最终需求者是农户。在农村，不同年龄的用种者对种子的需求有一定的差异。年轻劳动力接受新事物的能力强，对新产品有较强的接受力；而年纪偏高的劳动力更多的是凭经验，喜欢选用已推广并为其他农户所证明取得效益的品种。因此，在制定具体的种子营销策略时，要充分考虑我国农村人口年龄结构的特点和农村劳动力的不同地区的流动及同一地区不同企业的转移情况。

（4）家庭规模。我国现有农户 2.4 亿多户，其中约 1.8 亿户以种植业为生，户均土地 5000 平方米。我国由于农户规模小且劳动生产率低下，因此单位面积的生产成本也较高，抑制了对种子的需求。但随着农村土地流转政策的落实，规模经营的发展将会使种田专业大户、家庭农场、农民专业合作社等规模有所扩大。土地种植面积的适度集中，将提高土地生产率，扩大农业生产对种子的要求。

3.2.2　经济环境

经济环境是指影响企业营销的经济因素，主要包括工农业生产的发展状况、消费者的收入水平及其变化、消费者支出模式和消费结构的变化、消费者储蓄与信贷的变化等方面。

（1）工农业生产的发展状况。目前，我国经济发展进入新的阶段，2008 年、2009 年、2010 年、2011 年和 2012 年我国人均 GDP 分别是 3414 美元、3748 美元、4394 美元、5449 美元和 6100 美元。2012 年首次突破 6000 美元，表明人们对经济前景普遍看好，对经济发展的信心增加，投资将保持良好的态势。我国的工业是国民经济的主导，工业生产大量的农业机械、化肥、农药、薄膜以及能源等农用生产资料，极大地影响种子企业生产的种子的产量、质量、成本和价格。农产品生产及其加工状况是我国基本消费品供应的决定性因素。农业丰歉，会影响当年和次年消费品的生产和供应。农业生产形势会对我国市场营销大环境产生重大的影响，这也是种子企业市场环境的一个极为重要的因素。农产品生产和加工企业规模扩大，对种子的需求就大；反之，农产品生产和加工企业生产萎缩，必然使种子企业产品滞销。

（2）消费者收入的提高。构成市场的因素除人口外，还必须有购买力。种子的购买力受宏观经济环境的制约，是经济环境的反映。影响购买力的主要因素是城镇居民可支配收入和农民人均收入。

目前，我国农村经济发展进入了一个崭新的阶段。据国家统计局公布，2011 年我国城镇居民人均可支配收入首次突破两万元大关，达到 21810 元，扣除物价因素，比上年实际增长 8.4%；农村居民人均纯收入为 6977 元，扣除物价因素，比上年实际增长 11.4%。2012 年我国城镇居民人均可支配收入为 24565 元，扣除物价因素，比上年实际增长 9.6%；农村居民人均纯收入为 7917 元，扣除物价因素，比上年实际增长 10.7%（中华人民共和国国家统计局编，《中国统计年鉴》，2012）。由于粮食、蔬菜等农产品是生存必需品，因而受个人可支配收入的影响，而一部分高档农产品消费则与个人可支配收入有关。如随着人们工作节奏的加快，家庭外食物消费增加很快。另外，高档进口农产品消费以及超市高档小包装农产品消费也与个人可支配收入直接有关。随着人们对农产品需求趋于高档化、方便化，种子市场也将随之发生变化。当前我国农产品总量过剩且结构性短缺，农民收入相对城镇居民收入增长缓慢，甚至一些地区出现增产不增收的现象，农业需要进行战略结构调整，这些都会对种子市场的总量和种子类型产生较大的影响。

3.2.3 自然环境

自然环境是指能够影响社会生产过程的自然因素。由于农业再生产是自然再生产和经济再生产的统一，因此自然环境对种子营销的影响较对其他产品的影响要大。在种子营销中主要从以下三个方面考虑自然环境的影响。

（1）品种的生态类型和适应区域。我国地域辽阔，气候类型多种多样，土壤、地形地貌、降雨、光照、温度、无霜期等自然条件多变，形成了多种农业生态类型。这些既为我国种子市场发展提供了天然优势，也决定了品种的生态类型和适应区域。种子营销部门在引进品种或调进种子从事营销活动时，都要遵循自然规律，若违背自然规律进行营销，就会给当地农业生产带来不必要的损失。

（2）土地资源的有限性。土地不仅是农业生产的载体，而且是作物生产的养分来源。由于土地是不可替代的有限资源，因而农业生产面临耕地面积日益短缺的威胁，这是种子营销的不利因素。据测算，人口增长和城市化造成我国耕地面积平均每年减少4000平方千米左右，按155%的复种计算，每年减少约0.4%的种子需求，价值约合1亿美元。

（3）环境问题日益严重。现代农业的发展对自然环境造成了不可避免的破坏。种子营销必须遵守有关环保的规定，同时要注意环境保护所提供的营销机会，如采用不破坏生态环境的种子生产、加工技术和包装方法等。随着环境问题的日益严重，世界各地掀起了"绿色营销"的浪潮。"绿色营销"强调社会环境利益与商业道德，要求企业在追求短期利益的同时，兼顾人类社会的长期利益。种子营销管理人员不仅要培养"绿色营销"的观念，还要相应地制定出"绿色营销"的组合策略，这将有利于保护环境，也有利于将节能、节耗的优质种子送达种子用户。

3.2.4 技术环境

科学技术是第一生产力，科技进步对种子市场营销的影响是很大的。

（1）科学技术的发展给种子企业开发新产品提供了技术上的支持。如转基因技术、遗传技术、生物技术和太空育种技术的问世，使植物产品带有动物产品的风味和某种营养成分成为可能。一种新技术的诞生，可以促使许多新品种的诞生。因此，只要抓住新技术与种子研究开发的结合点，就会给种子企业带来无限的生机和活力。

（2）科学技术的发展带动了种子生产设备和工具的进步，从而促进了种子科研、生产、加工企业劳动效率和生产效率的提高，降低了其生产成本，提高了其生产经营的经济效益。

（3）科学技术的进步使人们的生活方式、消费方式和需求结构发生深刻变化，从而为种子企业开发新产品提供了新的市场机会。

（4）科学技术的发展影响企业的营销决策，能提高企业管理效率。如现代信息、通信和物流等方面的技术在种子的仓储、运输、包装、营销等领域广泛应用，使种子信息可以借助现代传媒及时传播到用户所在地，促进了种子的销售，也提高了企业的知名度。

3.2.5 政治法律环境

在任何社会制度下，企业的营销活动都要受到政治与法律环境的约束。政治因素调节着企业营销活动的方向，法律则是企业商贸活动的行为准则。

（1）政治体制和经济体制。我国实行在中国共产党领导下的人民民主专政的政治制度。我国目前正在推进政治体制改革，就其目标而言，是要建立高度民主、法制完备、富有效率、充满活力的社会主义体制。随着我国市场经济体系的日趋成熟，政府正由过去的全能政府向有限政府过渡；市场机制业已成为种业资源配置的基本手段；种业要素市场逐步形成，品种权交易方兴未艾，高级技术和经营管理人才市场化流动日趋频繁；WTO使种子国际化进程明显加快；现代资本市场正成为种子产业整合的有力支撑。目前，我国虽然初步建立起了种子生产经营的法律法规框架，但由于我国种子产业仍处在起步阶段，种子管理存在体制不顺、政企不分、监管不力等问题。因此，国务院文件已明文规定，到 2007 年 6 月底之前，按照建立社会主义市场经济体制的要求，加快推进种子管理体制改革，实现政企分开，强化管理，完善法制，规范种子市场秩序，维护广大农民利益，保障农业生产安全，促进粮食稳定发展和农民持续增收（国务院办公厅文件，国办发〔2006〕40号）。只有我国政治体制和经济体制逐步完备，种子企业才能真正成为具有经营自主权的法人，在遵纪守法的前提下，自身的利益才能得到政府和法律的充分保护。

（2）党和国家的路线、方针、政策。随着我国农村农业种植结构的调整及农业产业政策的实施，种子生产经营企业迎来了新的市场机会。加入WTO后，我国政府为了保证国内农业生产的发展，制定了一系列关于农产品及包括种子在内的原材料的生产、营销及进出口方面的方针政策。这些政策一方面影响我国农产品生产者及种子企业的营销活动，另一方面也影响着外国企业在我国市场的营销活动。如：党的十五届五中全会做出的建设社会主义新农村的决定；工业反哺农业，城市带动农村，对农业要多予少取；规定了农资产品最高限价、粮食最低保护价；实施了粮食直补、粮种推广补贴、农机具购置补助、农业生产贷款优惠、奖励种子发明人等。这些政策都对种子企业产生了一定的影响，是种子企业调整自身营销目标和产品结构的重要依据。

（3）国家颁布的法律法规。市场经济就是法制经济，一切经济活动都必须纳入法制轨道。参与种子营销活动的企业除必须遵守《中华人民共和国种子法》《农作物种子标签管理办法》《商品种子加工规定》《主要农作物范围规定》等有关种子方面的法律法规外，还要遵守《中华人民共和国公司法》《反不正当竞争法》《消费者权益保护法》《商标法》《广告法》等有关企业方面的法规。由此可见，种子营销管理人员必须有很强的法制观念，要充分了解有关的法规和细则，否则就无法进行营销活动。

（4）WTO的影响。中国加入WTO，意味着中国必须通过降低关税、取消非关税壁垒和给国外种子公司以国民待遇方式，逐步对外开放种子市场。据研究，中国常年农业用种子在125亿千克左右，如此巨大的市场已成为国际竞争的热点。目前，已有70家左右的国外种子公司进入中国市场，还有一些也在寻找进入的机会与方式。由于国外种子公司具有装备高科技化、监测标准化、经营规模化和竞争国际化等能力和特征，因而开放种子市场，又意味着国内种子市场将受到强烈的冲击，竞争会更加激烈。

以上分析表明，为保护国内种子产业，同时也为促进国内种子产业走向世界，中国必须在惯例和准则上与国际接轨，消除各种技术壁垒。但中国还未建立和形成包括创新激励、企业标准、法规体系、监管机制等在内的种子产业管理体制。很显然，这些严峻的挑战是在传统种子管理体制改革相对滞后的条件下，长期积累而形成的。另外，要建立起产业科技含量高和形成产品竞争力强的种子产业体系，必须在借鉴国际经验的基础上，依据《中华人民共和国种子法》的原则和框架，继续深化种子产业管理体制改革。

3.2.6 文化环境

文化环境不仅包括一个国家、地区或民族的传统文化，如风俗习惯、伦理道德观念、价值观念等，也包括人的教育和文化程度。因而种子企业必须对社会文化因素予以密切关注，根据国内不同地区、不同民族的习惯实行不同的营销策略，如在甘肃、宁夏、新疆等地，人们日常所吃的蔬菜以洋葱和番茄为最多，种子企业要积极推出适合三地生长的洋葱和番茄等品种；在湖南、四川、江西等地，为适应当地的饮食习惯，种子企业要研发出适合当地的辣椒品种；藏族以青稞为主食，种子企业要提供高产、耐寒的青稞种子；山东人、河南人喜欢面食，种子企业要及时供应抗虫、高产、优质的小麦种子。另外，农业劳动者受教育的程度和文化水平，也影响着种子的需求数量和类型。上海卓跃管理咨询公司的调查统计资料显示，农资产品购买者中，已婚者占 95.2%，其中 30～50 岁者占 70%，初中以下（包括文盲）文化程度的比例是 87%（聂海、霍学喜，2002）。可以看出，农资市场的消费群体具有绝对的低教育特点。他们购买时多在本乡，喜欢到熟人处买，购买随大流，受种粮大户、农业能手、大家族以及村干部和农民技术员影响大，像村干部、农业能手等可影响同村 30% 的农户（上海卓跃管理咨询公司，2006）。而随着我国九年义务教育计划的实施、信息传播范围的扩大以及种子分销渠道的多样化，目前农业劳动者对新品种、良种的认识以及判断能力和需求也大大提高。

本章主要探讨了种子分销渠道赖以运作的微观和宏观环境，将对本书的后续内容，即种子企业分销渠道现状分析和种子分销渠道的开发、管理、创新研究产生深远的影响。

第4章　种子企业分销渠道现状分析

4.1　种子主要概念界定

4.1.1　种子产品

种子是指能够生长出下一代个体的生物组织器官。

从植物学概念上理解，种子是指有性繁殖的植物经授粉、受精，由胚珠发育而成的繁殖器官，主要由种皮、胚和胚乳3部分组成。有的植物成熟的种子只有种皮和胚两部分。

从农业生产实际应用上理解，凡可用作播种材料、能作为繁殖后代用的任何植物组织、器官或其营养体的一部分，都被称为种子。农业上的种子具有比较广泛的含义，为了区别于植物学的种子，亦可称为"农业种子"。

在本书中，种子的含义可采用《中华人民共和国种子法》（简称《种子法》）中种子的概念。《种子法》第二条第二款对种子作了定义：种子是指农作物和林木的种植材料或者繁殖材料，包括籽粒、果实和根、茎、苗、芽、叶等。可见法律上概念十分广泛。农作物种子具体包括粮、棉、油、麻、茶、糖、菜等以及其他使用的籽粒、果实和根、茎、苗、芽、叶等繁殖材料。被列入《种子法》所调整的只是商品种子，即用来作为商品与他人进行交换的种子，不与他人发生社会关系的自用种子，不属于《种子法》所调整的范围；不是作为商品种子出售而是作为商品粮食、饲料等出售，但被购买者作为种子使用的，也不受《种子法》所调整。

4.1.2 种 业

种业就是种子产业，是以种子为载体，从事育种、繁种、加工和销售的产业。种业是农业的特殊生产资料产业，是决定国家农业生产的产量、质量、稳定性与可持续发展的具有生命活力的基因源头产业，是我国战略性和基础性核心产业，是促进农业长期稳定发展、保障国家粮食安全的根本。种业可以使科研育种，种子生产、加工、经销与农业推广部门紧密结合，联合开发符合市场机制条件的现代农业生产所需要的新品种、新技术、新产品，建立起面向国内外市场的育、繁、推、销一体化的运营机制，最终保证育种科研能稳定地培育出高产、优质、多抗的新品种，以及适合种子部门经销的优良新品种。2000 年《种子法》的颁布实施，成为中国种业发展的一个分水岭，标志着中国种业进入了市场化发展的初始阶段。当前中国种业正处于系统转型时期，其赖以生存的宏观经济环境和构成种业体系的微观基础悄然发生着一场系统而深刻的革命性变革。市场机制业已成为种业资源配置的基础手段，种子企业作为真正的市场竞争主体，按照优胜劣汰的原则参与市场角逐。种子企业的竞争将直接影响到种子的配置效率，进而影响到农业增产、农民增收。中国种业如何自我调整以适应形势，加快体制创新，提高管理水平，立足于国内市场，着眼于国际市场，把中国种业做大做强，已经引起业内人士、政府和学界的广泛关注。所以，如何规范和促进中国种业的快速发展，如何提升种业竞争力，是亟待解决的重要问题。

4.1.3 种子公司

种子公司是指依照公司法设立的，从事种子科研、生产、经营及售后服务，以营利为目的的企业法人。它既是种子生产商，又是种子经营者，其活动包括种子企业所从事的与种子有关的一切活动，包括品种选育、买卖、转让，种子生产、清选、加工、分级、包装和销售等活动。它包括种子生产商、种子中间商和种子代理商。其中，种子中间商和种子代理商专门从事种子销售活动，不从事科研和生产活动。

4.1.4 种子中间商

种子中间商指介于种子生产商和种子用户之间，参与种子流通业务，促成种子买卖行为发生的商人，包括种子批发商、种子零售商及种子代理商。

4.1.5 种子分销渠道

种子分销渠道是指种子生产商通过代理商、批发商和零售商等分销渠道，把种子传递给农户（农场）的通路网络。它们的任务是促成种子从繁育、生产、销售直到消费过程的顺利实现。在这个过程中，种子生产企业是渠道的起点，种子批发商、种子零售商、种子代理商是中间环节，种子使用者是渠道的终点。

4.2 世界种子市场发展概况

世界种子行业发展至今已有100多年的历史。随着科学研究的进展和工业化进程，特别是杂交优势的发现和利用，培育出了许多高产优质的杂交良种，在全世界逐步发展形成了规模很大的种子产业。通过跨国种子公司的兼并重组，目前世界的种子市场规模在360亿美元左右。总体来说，种业经历了以下几个历史时期。

4.2.1 政府管理时期（1920—1930年）

世界种子产业在美国兴起，但法律尚未健全，种子市场运营缺乏操作基础。20世纪20年代，美国各州相继成立了"国际作物品种改良协会"或"种子认证机构"。其中，"国际作物品种改良协会"于1919年正式成立。20世纪30年代，美国的玉米新品种大多是由州立大学和科研机构培育的，政府管理下的种子认证系统成为农民获得良种的唯一途径。国际作物品种改良协会对提高种子质量、促进种业发展起到了重要的作用。

4.2.2 立法过渡时期（1931—1970年）

1930年以后，美国通过立法实行品种保护，促进种业市场化。种子立法为种子市场提供了制度保证，种子市场开始从以公立机构为主经营向以私立机构为主经营的转变。私人种子公司主要有3类：① 最初的私人公司只从事种子加工、包装和销售，在此基础上逐渐演化出专业性或地域性的种子公司；② 一些公司靠销售公共品种起家，还有许多公司聘用育种家，培育新品种或出售亲本材料；③ 后期出现了大型的种子公司，把研究、育种、生产和销售紧密地结合起来。

4.2.3　垄断经营时期（1971—1990 年）

私人种子公司居美国种业的主导地位，通过市场竞争，特别是将高新技术引入种业，实现了超额利润，吸引了大量工业资本和金融资本的进入，从而使其朝着大型化和科研、生产、销售、服务一体化的垄断方向发展。

4.2.4　跨国公司竞争时期（1991 年至今）

种业最明显的特点是育种研究、种子生产与营销供应的国际化趋势加强，兴起集育、繁、销于一体的跨国种子公司。国际有核心竞争力的大型种子企业，培养农业科技领军人才，发展农业产学研联盟，加强农业重点实验室、工程技术中心、科技基础条件平台建设，启动基层农技推广机构特设岗位计划，鼓励高校涉农专业毕业生到基层农技推广机构工作，创建国家现代农业示范区。

4.3　我国种子市场发展的历史沿革

中国是世界农业发源地之一，也是世界上历史最悠久的农业大国之一。大约距今 1 万年前，进入新石器时代，中国人的祖先就已开始从事农业生产；早在 2300 余年前的《诗经·大雅·生民》中就提到"嘉种"（良种），说明中国先民很早就认识到种子质量在农业生产上的重要性；公元前 3 世纪，《吕氏春秋》一书就有关于种子选育加工的记载；16 世纪的《天工开物》中记载的选种用风车……新中国的成立是中国农业发展的转折点，也是中国种子事业的起点。中国种子事业从无到有，发展比较迅速，从 1950 年的群众性选种、留种到种子产业化、建立新型种业体系，大致经历了以下几个阶段（见表 4-1）。

表 4-1　我国种子市场发展的历史沿革表

阶段		时间	主要事件	种子运动模式（分销渠道）	生产经营特点	管理体制特点
计划性阶段	家家种田，户户留种	1949—1957	1950 年农业部发布《五年良种普及计划》	自繁自用、自产自销、少量小范围交换	组织农民开展群众性的造词选种留种活动，发掘优良农家品种，就地繁殖，扩大生产	各级政府种子管理部门、行政事业两位一体，种业资源由政府计划配置，政府主导着种子企业发展

续　表

阶段		时间	主要事件	种子运动模式（分销渠道）	生产经营特点	管理体制特点
计划性阶段	四自一辅	1958—1977	1958 年国务院召开全国种子会议，提出"四自一辅"的方针	自繁自用、较大范围调剂、由县级种子部门实行"预约繁殖、预约收购、预约供应"，规定种子经营以"不赚钱、少赚钱"为原则，调种费用以及地区差由国家补贴	依靠群众，自繁、自选、自留、自用，辅之必要调剂；全国各地逐步建立以县良种场为骨干，以公社良种场为桥梁，以生产队种子田为基础的三级良种繁育推广体系；此阶段无种子企业、无种子市场、无品牌种子	
双轨制阶段	四化一供	1978—1994	1978 年 5 月，国务院批转农业部《关于加强种子工作的报告》，要求建立种子公司和种子生产基地，健全良种繁种体系。国家、省、地、县相继成立种子公司，种子公司成为技术、行政、企业三位一体的事业单位	（1）产需之间出现了经营服务环节；（2）为适应种子商品社会化大生产，确立了产、供、需之间专业协作关系；（3）交货手段以货币形式占主导地位；（4）经营原则：不赔钱，略有盈余；（5）良种购销改为"以粮换种"和"种粮脱钩"，以货币计价两种方式，并实行县、乡、村多层次供种	种子生产专业化、加工机械化、质量标准化和品种布局区域化，以县为单位组织统一供种，一县一公司一品牌、一乡一网点一价格，推广靠会议，种植靠压力，标志着种子商品发展的起始	各级政府种子管理站由行政、事业、经营三位一体到种子管理站与种子公司"一套人马两块牌子"
种子产业化和市场化阶段	种子工程	1995—2000	1995 年 10 月，十四届五中全会通过"九五"计划和 2010 年远景目标的建议，提出：突出抓好种子工程，完善良种的繁育、引进、加工、销售、推广体系；1997 年 3 月，国务院发布《中华人民共和国植物新品种条例》	大型种业集团（公司）生产、经营；区域代理（分公司）分销；县级中间商（委托、直销）再分销；乡村零售点零售；农户购买、种植	5 个子系统：良种引育、生产繁殖、加工包装、推广销售和宏观管理；15 个环节：种子资源收集、育种、区试、审定、原种（亲本）繁殖、种子生产、收购、储藏、加工、包衣、包装、标牌、检验、销售、推广等；主要农作物种子仍然实行计划供应，由国有种子公司垄断经营	着手实现政、事、企分开，打破了地区封锁，逐渐形成统一、开放的全国性的种子市场体系，企业的市场主体地位日渐突出，种子企业产权多元化格局逐步形成，推动了育繁推一体化进程

阶段		时间	主要事件	种子运动模式（分销渠道）	生产经营特点	管理体制特点
种子产业化和市场化阶段	市场化初级阶段	2001—2006	2000 年 12 月 1 日，实施《中华人民共和国种子法》；2001 年 12 月 1 日，我国加入 WTO	混合渠道阶段：以批发、代理为主，连锁、战略联盟等整合渠道创新模式出现	新型种子体系：树立科技兴农观、种子产业观、企业主体观、市场竞争观、依法治种观；种子生产集团化、种子经营商业化、品种品牌化、销售网络化、推广普及广告化、销售价格市场化、农民种植自由化	真正实现政企分开，强化管理，完善法制，规范种子市场秩序；企业的市场主体地位更加突出，种子企业产权多元化格局基本形成，种子企业作为商业化育种体系核心的地位得到明确
	市场化阶段	2007 年以后	2006 年，国务院办公厅发布《关于推进种子管理体制改革加强市场监管的意见》；2011 年，国务院发布《关于加快推进现代农作物种业发展的意见》		农业行政主管部门及其工作人员不得参与和从事种子生产、经营活动；种子生产经营机构不得参与和从事种子行政管理工作，真正依照《中华人民共和国种子法》规定，将种子生产经营机构从农业行政主管部门剥离出去，实现人、财、物的彻底分开；行业准入门槛大幅提高，鼓励和支持育、繁、推一体化的大型企业进行兼并重组，行业将迎来高速发展期	

资料来源：

[1] 佟屏亚，吴占春，薄文艳. 中国种子产业发展的困境与出路 [J]. 调研世界研究，19.

[2] 耿月明. 中国种业的历史变迁 [J]. 中国种业，2004, (7)：32.

[3] 黄绍华. 浅谈县级种子运动模式与种子管理 [J]. 中国种业，2004,(3):25.

[4] 国办发〔2006〕40 号. 国务院办公厅《关于推进种子管理体制改革，加强市场监管的意见》整理.

4.4 我国种子市场现状分析

长期以来，在政府主导下，我国的种业体制形成了大田作物品种选育以科研机构为主，种子生产经营以国有种子公司为主渠道、各级乡镇推广机构为分销网络，瓜果、蔬菜、花卉等种子科研、生产、经营以科研机构、种子公司、私人种子公司、外国种子公司为主的格局（蒋和平，孙炜琳，2004）。

4.4.1 种业现状分析

1.种业经营结构

种子企业数量众多，但竞争力不强，行业集中度仍然很低。行业内拥有种子生产经营许可证的公司最多时有 8700 多家，截至 2013 年年底，虽有所减少，但仍有 6600 多家，同比 2010 年减少 1/4；但最大公司的市场份额不到 5%，行业前十名集中度 CR10 不到 20%；注册资本 3000 万元以上的企业有 324 家，约占 5%，其中上市企业 9 家；2012 年排名前十位的种子企业的营业收入首次突破 100 亿元，同比增长 20% 以上。可见，种子行业过于分散，集中度低；大多数公司经营规模小，没有市场竞争力，拥有育繁推一体化实力的公司不到 100 家,绝大多数公司没有品种权，只是"代繁"或者"经销"公司。而行业内公司过多又会导致市场混乱，抗风险能力弱，因此国家也采取了相应的措施，如 2011 年颁布的新版《农作物种子生产经营许可管理办法》就大幅提高了资本、人才方面的准入门槛，但新政策也支持和鼓励种子企业兼并重组，未来种子行业的经营将逐渐趋于规模化、集中化。

2.种子产业的规模和效益

中国是世界最大的农业生产国之一，也是最大的种子需求国之一。从市场容量来看，我国商品种子国内市场总规模超过 500 亿元，约占世界种子市场总规模的 20%，居世界第二位；常年种子使用量在 125 亿千克左右，其中商品化种子约 50 亿千克。据中商情报网发布的《2013—2018 年中国种子行业市场前景调查及投融资战略研究报告》分析，受农户长期使用自留种（如小麦等作物）的种植习惯等因素影响，目前中国良种商品化率还不到 50%,其中杂交玉米、杂交水稻（主要是籼稻）、棉花、油菜等品种较高，而常规水稻（主要是粳稻）、小麦、大豆、蔬菜等品种比较低。而国际上种子商品化率平均可达 70%；发达国家更高，达到 90% 以上。随着农民传统用种意识的转变、杂交种的普及和推广，我国种子商品化率仍有较大的上升空间。未来，随着我国良种政策的进一步实施以及种子科技含量和商品化率的提高，我国种子市场规模将进一步扩大。

从经济效益来看，目前大田作物种子的毛利率较低，平均水平为 10%～30%,而蔬菜和经济作物等的毛利率则在 50% 以上（其中杂交水稻、杂交玉米、抗虫棉和瓜菜种子的毛利率较高，高达 60% 以上）。总的来说，我国种子企业的盈利水平略高于其他传统产业。但是与发达国家相比，我国种子的相对价格和毛利率仍然很低。以美国为例，美国主要粮食价格比为 30:1，而我国为 3:1，相差 10 倍；美国种子成本占种植业产值比重为 6%，而我国仅为 1.5%，相差 4 倍，差距还是相当大的。

从社会效益来看，我国种子对种植业产量增长的贡献率达到了 30%～40%，其产生的社会效益巨大。同时，种业的社会效益还体现在其科技价值上。由于生物技术的发展而引发的育种科技革命，使种业的技术含量越来越高，未来农业的竞争将变成种业的竞争。种子产业已成为衡量一个国家农业科技水平高低的标志。

4.4.2 种子市场现状分析

1. 种子市场竞争状况

进入 21 世纪，种子企业的营销环境已发生了深刻的革命性变革。种子市场竞争的残酷性正在升级，特别是全球竞争成为种业准则后，情况更是如此。随着科技的发展、农民生活水平的提高，以及商品经济的全面推行，我国种业进入了一个新的发展阶段，种子企业的国际化、产业化、市场化、高科技化时代已经来临，种子市场将更加开放，竞争将更加激烈，种子企业优胜劣汰的局面将不可避免。尤其是随着 2000 年《种子法》的实施和 2001 年中国加入 WTO 以及 5 年过渡期的结束，我国的种子市场与国际大市场接轨，国外跨国公司利用其自身优势大举进军我国种子市场。中国种业将与国外种业在科技、人才、信息、市场等方面展开激烈的竞争，过去区域封锁的格局将被全面打破。面对国内农村政策的调整、我国农作物种植结构局面已发生改变，以及国内金融资本进入并整合种子企业，国外种子公司也大举涌入中国市场，中国种业出现了历史上少有的挑战和竞争。外资携强大的技术、资本、品牌和服务优势进入我国种业，对丰富我国农作物品种、引进先进的技术和服务理念、提高种业服务水准、增强我国种子企业的竞争意识、推动我国农业增产和农民增收等发挥了积极作用。但随着近几年外资进入我国种业的速度的加快，各界对于我国种业可能遭外资垄断和控制，从而对我国粮食和农业安全造成威胁的担忧也与日俱增。赵刚和林源园发布的研究报告就认为，中国种业面临灭顶之危。这种担忧源于外资种子公司的日渐强势和我国种子公司竞争力的下降：一方面，合资公司虽由中方控股，但种子技术与专利等核心资源却被外方掌控，同时，近几年外资公司通过加快对国内种子企业的并购，隐性突破我国产业政策的限制；另一方面，目前我国8700多家持证种子企业中，具有研发能力的只有100多家，企业规模小，缺乏科研能力，难以与外资跨国种子巨头公司竞争。目前，国内种子企业除在棉花、玉米、水稻育种的某些方面具有局部优势外，整体上已不具有竞争优势。据统计，孟山都、先正达和杜邦等70家左右的跨国公司已经进入中国市场，还有一些企业也在寻找进入的机会和方式。因而，国内种子市场将受到强烈的冲击，国内众多种子企业的生死存亡之战已经拉开序幕，种子市场的竞争将达到白热化的程度。

2. 种子市场经营状况

企业育种研发能力不足，缺乏长期发展的核心竞争力。在长期的计划经济体制下，中国的育种研发都是由国家出资、科研单位育种的，种子公司只负责销售。因此，虽然市场化已有10多年的时间，但种子公司仍然缺少自主研发的积极性，研发投入不足，大部分企业研发投入占销售收入的比例都在5%以下，远低于国外10%的先进水平。而科研单位主导的育种存在研究与市场需求脱节、缺乏分工合作、研发成果产业转化率低等问题。目前，大部分公司的经营模式是购买"品种经营权"，真正有育种研发能力的极少。就目前市场上占有率最高的玉米种子品种，如郑单958、先玉335、浚单20等，都不是参与品种推广的公司自己育成的品种。据《2012—2017年中国种子市场调研及发展预测报告》，由于种质资源、育种方法、育种人才等各方面的限制，育种水平不高、周期长、效率低，良种商品化率低，定价机制不合理。目前，中国良种商品化率还不到50%，其中杂交玉米、杂交水稻（主要是籼稻）、棉花、油菜等品种较高，而常规水稻（主要是粳稻）、麦、大豆、蔬菜等品种比较低。这一方面是由于农民的种植习惯和思维转变较慢，很多人还愿意自留种；另一方面，是由于加工、包衣、包装等方面水平比较差，大量粗制滥造的种子在市场上流通，不利于农户合理地选择、购买和使用种子。此外，种子价格整体偏低，也是由于大量低价低质的种子存在和套牌、倒卖种子的行为泛滥，导致高质量的种子卖不上高价格，严重削弱企业的盈利能力和研发积极性。目前，国内玉米、水稻等杂交种子的种粮比大概在1:（8～15）左右，而小麦等非杂交种子则更低，远低于美国1:（20～30）的比例；种子费用在种植总成本中的比例仅有6%，与种子对农作物增产高达40%的贡献率严重不匹配。

4.4.3　目前我国种业发展形势分析

目前，全国持证种子企业有 6600 多家（截至 2013 年年底），其中育繁推一体化企业有 91 家，销售额累计有 200 多亿元；市场集中度逐步提高，前 50 家企业市场占有率升至 30% 以上；企业育种创新能力增强，新品种保护年度申请量已超过科研单位。

到目前为止，美国先锋、美国孟山都、瑞士先正达、法国利马格兰、墨西哥圣尼斯等世界五大种业公司已在中国设立了 35 家种子生产经营企业，年种子销售量达 1700 多万千克。

国以农为本，农以种为先。一方面，我国人多地少，农业资源有限；另一方面，人口不断增长，城镇化进程不断加快，对土地、水等资源需求增加，耕地红线受到威胁。近年来，我国粮食供给始终处于紧平衡状态，粮食进口量不断攀升。可见，提高良种覆盖率，提高科技运用效率，从而改善农业生产效率十分重要。

当前形势下，我国种业发展既迎来机遇，也迎来大的挑战。而且总体来看，外国种业对我国种业的威胁十分明显。自 2000 年我国放开蔬菜、花卉种子市场后，孟山都、杜邦－先锋、拜耳等跨国种业公司相继进入我国，凭借自身实力瓜分国内种子市场。国外种子企业最大的优势在于育繁推一体化，以市场为主导，实现商业化运营和发展，实现了研发、生产、销售无缝对接。

外国种子企业最大的优势恰恰是制约我国种业发展的最大瓶颈。如果说外企的严重威胁是外部因素，那么，我国种业发展机制不适宜、经营模式不适应，则是制约我国种业发展的内部核心因素。国内种子企业"散、小、弱"，数量众多，却实力不强；缺乏科研实力，导致核心竞争力缺失。种子科研力量、人才集中在高校，生产和销售却需要企业，两者之间联系不紧密，如何能够做到满足市场需求以及与外企竞争呢？

外部的激烈竞争，内部的自身矛盾，让我国种业发展举步维艰，挑战性不言自明。2014 年"两会"期间，一些人大代表已经意识到问题的严重性并提出相关改善建议，这对国内种子企业来说可谓是一大利好。我国种子市场份额大概在 600 亿元，未来还会持续增长。在国家政策的鼓励和支持下，种子企业将会迎来财政、税收、补贴等各方面的优惠政策，机遇十分明显。

我国种业发展挑战大于机遇是现实情况，但仅凭国家政策等方面的支持难以改变种业遇到的威胁和挑战，关键还在于改革、完善种业当前的机制和经营模式；坚持以市场为导向、以企业为核心，提高企业的综合实力，实现育繁推一体化；让商业化育种机制和模式深入种业发展，实现规模化研究、专业化分工、集约化运行。

仔细分析我国种子市场会发现，种子市场存在品种繁多、参差不齐、价格混乱、厂家多多等问题，使得农民用户面对铺天盖地的广告无所适从。由于农民消费者自身文化水平相对较低，较少拥有种植产品的使用知识，仅仅凭经验行事，往往导致有时种子使用不当，造成生产损失。实践证明，企业若想只用广告战、促销战、价格战就占领农村市场，是相当困难的。然而企业种子经营能否成功，在很大程度上取决于一个企业能否拥有四通八达的营销网络。谁拥有了四通八达、遍布全国、直接面对广大农村消费者的营销网络，谁就等于拥有了决胜市场的控制权。

种子市场的经营关键点在于关注分销渠道，建立专有的分销渠道和网络，贴近农户，把产品和技术同时送到农民消费者手中，取得农民的信任和支持，这样，企业也就拥有了市场。

4.5 我国种业的发展趋势

《种子法》的实施、中国加入WTO、全球农业生物技术革命、国内农业产业结构调整和全球经济一体化都为国内种子公司提供了难得的发展机会，中国种业正呈现出以下几个发展趋势。

4.5.1 公司兼并与产业集中

世界种业在近10年里，企业资本运作加剧，企业重组频繁，企业国际化、垄断化经营趋势明显。1998年，美国孟山都公司收购了美国嘉吉的杂交种子公司，1999年并购了迪卡公司；1996年，瑞士诺华公司（Novatis）并购了美国的NK公司和罗克斯公司以及韩国兴农种子公司；1999年12月，诺华公司与穗兰世界著名企业阿斯特拉扎尼卡合并成立了先正达（Syngenta），成为世界第三大种子公司；2000年2月，瑞典法玛西亚公司（Phlmmcia）并购了孟山都公司；1999年，墨西哥的圣尼斯（Smnlnis）收购了美国的皮托蔬菜种子公司和阿斯克罗公司。在世界种业并购热潮中，我国大型种子公司也开始将一些小公司招入麾下。中国种子集团公司与国内外17家企业和科研单位联合；德农种业已与14家企业联合开发与营销；1998年，亚华种业整合了将湖南省农业集团有限公司、湖南省高溪集团及湖南省南山畜牧良种繁殖场。当前我国有6万～7万家种子经营公司，这些公司规模小、竞争能力差，处于一盘散沙、各自为战的局面中。国有种子公司由于多种原因缺乏竞争力；科研单位成立的种子公司虽然科研力量雄厚，但由于资金不足、市场意识缺乏，没有出现强劲的态势；几家上市种子公司虽是种业发展中的亮点，但也不同程度地出现了"背农"的现象。加入 WTO 为跨国种业集团提供了平等的竞争平台，他们以雄厚的财力、人才、科技来瓜分中国种业市场。为应对国外大型种子公司的挑战，在未来 3～10 年里，我国种业将重新洗牌，会出现大兼并、大改组、大联合的局面，届时我国种子市场将为 7～10 家公司所占领。

4.5.2　注重科教创新

新品种是种子公司发展的支撑点。作为一个种子公司，如果没有强劲的科技创新能力，就很难取得拥有自主知识产权的品种，在发展过程中难免受制于人，缺乏市场竞争力。这预示着未来种业的竞争将是在更深层次上的科研实力的竞争。打破品种繁育与种子经营相互脱节的局面，树立"种子企业是品种创新主体"的观念，是形势所迫，也是发展所需。种子企业要按照育繁推一体化经营的模式，加大对新品种的投入和科研力度，加强与科研院所的联合，力争在基因工程、细胞工程、酶工程等生物技术方面有新突破，获得自主的知识产权，为我国种业的进一步发展奠定基础。

4.5.3　重视营销，全方位打造种子企业

转变传统观念，引入营销理念，不再把种子只看作是发芽、生长、结果实的物品，而是附加了许多新的内涵。首先，企业不仅销售种子，更重要的是销售服务。企业对农户的播种、田间管理、收获都要进行全方位的指导和服务；咨询到地头、服务到田间，提高农民的科技意识和科学种田水平，甚至还要关注农产品的流通和深加工，以及农民的增收。其次，企业品牌意识要明显加强，要努力实现由品牌向名牌的转变。名牌种子不仅增加了种子的附加值，售价高，而且使种子公司在市场竞争中处于有利位置，使其占有较大的市场份额，从而使其实现规模经营，提高风险抵抗能力。名牌具有树立企业形象、提高美誉度、激起用户购买的功能。因而名牌能提高农民的鉴别能力，树立其对种子公司的信任和信心。最后，企业要注重对企业文化的培养。在借鉴外来文化的基础上，冲破计划经济时期形成的思维定势，以全新的理念指导种子公司的发展。安徽隆平高科种业公司提出的"良种服务农业、价值奉献社会"，强调以人为本、服务农业、奉献社会，就是其中一例。

4.5.4 注重人才的培养和引进

人才是竞争的焦点。兼备外语、计算机等专业知识和实践经验的人才将会在外企、民营、国有种子公司间频繁流动，成为种业中最为活跃的因素。过去的种子公司管理人员主要依靠行政干预市场，驾驭市场能力薄弱，不适应竞争的要求。因而需要更多的管理人才、科技人才和营销人才加盟种子公司，以改善其人才结构，增强企业的生存能力、适应能力和驾驭市场的能力。只有不断进行人才的培养与引进、发挥人才的创新性，才能推动种子企业超常规地发展。

4.6 种子企业市场分销渠道现状

4.6.1 我国传统渠道模式

我国地域广阔，农业和物流发展不平衡，加之种子的自然属性、市场特性、顾客和种子企业营销环境特点，决定了我国种子企业分销渠道错综复杂。笔者通过对我国部分种子企业特别是安徽市场种子企业分销状况的调查和分析，归纳出我国目前种子企业的4种基本类型和7种基本渠道模式（见图4-1）及其每种模式所占比重（见表4-2）。

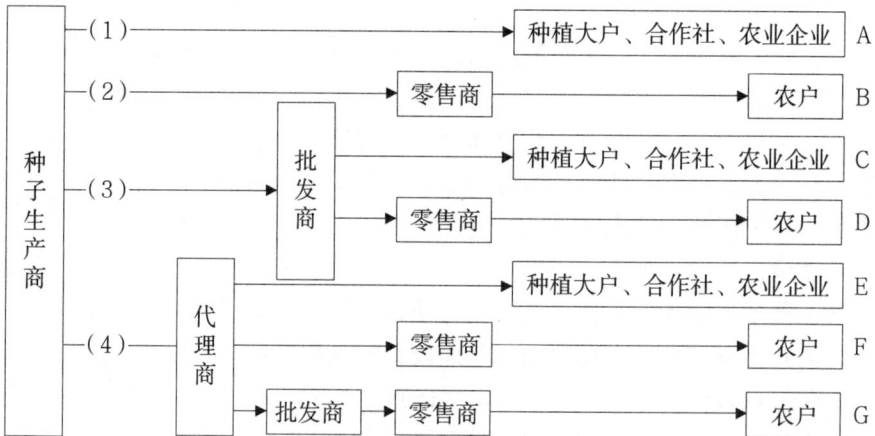

图 4-1 种子企业分销渠道模式

图4-1中，（1）、（2）、（3）、（4）分别表示种子分销渠道的4种类型：
（1）直销型。种子生产商→种子用户。直销型是指种子生产商设立分

公司或办事处，派自己的推销人员直接把种子销售给种植大户、种植型合作社和种植型农业企业，为他们提供直接的服务，对种子的分销进行全程控制。

（2）直营型。种子生产商→零售商。直营型是指种子生产商为更好地控制渠道，直接派自己的推销人员说服零售商购买其种子。

（3）批发型。种子生产商→批发商。批发型是指种子生产商直接把种子以批发价销售给批发商，再由种子批发商把种子卖给种植大户、种植型合作社和种植型农业企业或零售商。

（4）代理型。种子生产商→代理商。代理型是指种子生产商和种子代理商签订代理协议。代理协议规定代理商不能随意调整价格，不能经营与种子生产商有冲突的产品。一旦代理商违约，种子生产商将取消代理商的种子代理权或没收其押金。

图 4-1 中，A、B、C、D、E、F、G 分别表示种子分销渠道的 7 种基本模式。根据图 4-1，我们不妨对我国目前种子分销渠道模式作一下概述。

A 表示种子生产商 → 种植大户、合作社、农业企业。

B 表示种子生产商 → 零售商 → 农户。

C 表示种子生产商 → 批发商 → 种植大户、合作社、农业企业。

D 表示种子生产商 → 批发商 → 零售商 → 农户。

E 表示种子生产商 → 代理商 → 种植大户、合作社、农业企业。

F 表示种子生产商 → 代理商 → 零售商 → 农户。

G 表示种子生产商 → 代理商 → 批发商 → 零售商 → 农户。

4.6.2　种子企业分销渠道现状调查及分析

2013 年 7—8 月，"种子企业分销渠道研究"课题组以随机问卷的形式在安徽市场上对 2012 年部分种子生产商每种渠道模式的销售额进行了调查。调查中共发放问卷 15 份，收回问卷 14 份，收回率和有效率均达 93.33%，如表 4-2 所示。

表 4-2　种子企业分销渠道模式调查汇总表　　　　单位：万元

企业名称＼渠道模式 销售额	A	B	C	D	E	F	G	整合渠道	销售总额
安徽宇顺种业开发公司	230	152	88	30	65	724	80	180	1549
湖南袁隆平农业高科技公司		65	35	185		5265		490	6040

续　表

企业名称＼渠道模式销售额	A	B	C	D	E	F	G	整合渠道	销售总额
江苏大华种业集团公司		65	20	60	320	1370	900	310	3045
合肥丰乐种业股份公司	680	2795	80	160	80	85	55	345	4280
江苏泗棉种业公司		140				450		70	660
四川国豪种业公司	82	20		45		813	10	60	1030
南京红太阳种业公司		40	20	40	50	1400	80	420	2050
安徽隆平高科种业公司	320	145	80	60	75	1910	50	360	3000
江苏明天种业科技公司		60	55	50	55	1100	15	165	1500
安徽长安种业科技公司	150	60	35	40	15	715	50	50	1115
武汉惠华三农种业公司		16	30	19		280	6	12	363
深圳创世纪转基因技术公司				45		765		90	900
中棉合肥长江种业公司	55	5	60	6		260		18	404
湖南亚华种业公司		20		26		640	40	80	806
各渠道模式销售额合计	1517	3583	503	766	660	15777	1286	2650	26742
各渠道模式所占比重(%)	5.67	13.40	1.88	2.86	2.47	59.00	4.81	9.91	100

　　注：① 表中的 A、B、C、D、E、F、G 与图 4-1 中含义相同，分别表示种子企业分销渠道 7 种模式。② 每种渠道模式销售额是 2013 年各种子生产商在安徽市场的销售额。③ 每种渠道模式所占比重＝各渠道销售额合计／销售总额。

　　根据表 4-2 可知，从渠道类型来看，直销型、直营型、批发型、代理型和整合型渠道分别占渠道的比重为 5.67%（A）、13.40%（B）、4.74%（C、D 之和）、66.28%（E、F、G 之和）和 9.91%。由此，不难看出目前安徽种子市场分销渠道以代理型销售种子为主（66.28%，E、F、G 之和），以中间商为辅（18.14%，B、C、D 之和），以直销型（5.67%，A）和整合型渠道（9.91%）为补充。从具体渠道模式来看，种子企业分销渠道 66.67%（D、F、G 之和）是长渠道。由此可见，安徽种子市场分销渠道目前以长渠道占绝对统治地位，特别是种子生产商→代理商→零售商→农户，及种子生产商→代理商→批发商→零售商→农户这两种模式，占渠道比重为 63.81%（F、G 之和），说明这两种渠道模式在种子渠道中扮演着主导角色；短渠道比重较低，只占有 23.42%（A、B、C、E 之和），远不能满足种子用户的需求，短渠道比重较低的问题越来越受到种子生产商的关注；整合型渠道占9.91%，尽管比重较低，但与前几年相比，有了很大的提高，而且备受种子企业的关注，发展势头不错。

4.6.3　种子企业分销渠道病因诊断

"种子分销渠道"课题组于 2013 年 7—8 月，通过问卷调查、专家座谈、个别访谈、资料分析等方式对安徽种子市场分销渠道存在的问题进行了调查。笔者经过归纳、整理得出以下汇总表，见表 4-3。

表 4-3　种子分销渠道存在的问题汇总表

存在问题　企业名称	渠道理念落后	渠道沟通不畅	渠道成本过高	产销脱节	渠道冲突严重	结构不合理	渠道整体素质不高	服务功能不强	模式单一	电子商务制约
安徽宇顺种业开发公司	√	√	√		√			√		
湖南袁隆平农业高科技公司	√				√		√		√	√
江苏大华种业集团公司	√		√	√			√			√
合肥丰乐种业股份公司	√	√					√			√
江苏泗棉种业公司	√	√			√					
四川国豪种业公司					√		√			√
南京红太阳种业公司	√	√					√			√
安徽隆平高科种业公司		√	√				√	√		
江苏明天种业科技公司		√	√		√					√
安徽长安种业科技公司		√				√		√		√
武汉惠华三农种业公司	√				√					√
深圳创世纪转基因技术公司	√		√				√			√
中棉合肥长江种业公司		√		√			√			√
湖南亚华种业公司	√						√	√		√
所占企业的比重（%）	71.4	57.1	50.0	35.7	57.1	21.4	57.1	57.1	28.6	64.3

注：①被调查的企业在 10 个选项中选取 5 个最突出的选项。②被调查的企业都是种子生产商。③所占企业的比重项＝∑/14，14 是调查的企业数量。只是为了说明问题，仅供参考。

从表4-3的数据分析中，我们不难得出目前我国种子企业分销渠道存在以下9个方面突出问题。

1. 渠道理念落后

从表4-3可以看出，渠道理念落后占所选企业的71.4%。种子生产商大多采用传统渠道模式，渠道老化不畅，多数中间商只是为销售种子而销售种子，渠道创新思想、渠道服务意识、渠道整体观念和渠道多赢理念薄弱。

2. 渠道成员关系松散

表4-2显示，传统种子分销渠道的比例达到了90.09%（A、B、C、D、E、F、G之和）。传统种子分销渠道是由种子生产商、代理商、批发商、零售商、用户等相互独立的经济实体组成的。每个成员的目标、政策、计划、行动完全独立。整个渠道缺乏统一的目标，决策权分散在每一个成员或每一级渠道上，成员关心的是自己拥有的种子能否快速进入下一个分销环节。种子渠道成员之间除了交易关系外，不存在其他联系和约束，难以形成紧密的、长期的、稳定的渠道成员关系。正如麦克康门所描述的：高度松散的网络，其中制造商、批发商和零售商松散地联络在一起，相互间进行不亲密的讨价还价，对于销售条件各执己见，互不相让，所以各自为政、各行其是（李光国，2006）。这种关系具有较大的灵活性，可以随时、任意地淘汰或选择渠道成员。但也存在弊端：第一，渠道成员各自追求自己利益的最大化，不顾整体利益，使整体分销利益下降；第二，渠道成员间缺乏信任感和忠诚度，难以形成长期、稳定的渠道成员关系。

3. 渠道管理者整体素质不高

从表4-3不难看出，渠道管理者整体素质不高的占57.1%。由于我国种子企业渠道管理者主要是由外行业转行人员、改行的农技人员、农业系统的职工亲属等组成，因此普遍缺乏市场调查与预测、市场开发、促销、企业管理和分销渠道等知识和技能。经营者素质整体偏低，致使渠道战略不明确、渠道设计不合理、渠道成员选择不谨慎、渠道管理混乱，从而造成渠道信息不畅、成本过高、效率低下、冲突严重等问题。

4. 渠道信息沟通不畅

我们在调查中发现66.67%的种子生产企业采用长渠道销售种子，种子生产商在组建自己的渠道体系时，主要沿渠道金字塔形"顺向"建设，他们首先会同经营实力强、经营规模大的中间商建立代理或总经销关系，然后筛选并组合下一级中间商来协调总中间商分销种子，最终将种子送到更多目标消费者手里。在供大于求、竞争激烈的市场营销环境下，"多层次""顺向"的金字塔式分销渠道存在不可克服的缺点：一是厂家难以有效地控制分销渠道；二是多层结构有碍于效率的提高，且臃肿的渠道不利于形成产品加工竞争优势；三是单向式多层次流通使得信息不能准确、及时反馈，致使种子生产企业无法及时调整品种结构、良繁面积和服务，不仅错失商机，而且还造成人员和时间资源的浪费；四是厂家销售政策不能得到有效执行和落实。由表4-3可知安徽种子企业分销渠道沟通不畅达到57.1%。

5. 渠道服务功能缺乏

21世纪将是服务经济的世纪，种子企业已经到了服务制胜的时代。然而从表4-3可见，被调查的种子企业认为服务功能不强的占57.1%。由此看来，目前大多数安徽种子中间商"只管卖种，不重服务"，忽视向农民传授与良种相配套的种、管知识和技术，包括农作物的良种选择、栽培技术、病虫草防治、配方施肥等技术要领，忽视种子用户对种子销售网点、营业时间、服务态度等方面的迫切需要，忽视农民日益需求的售前、售中和售后服务，降低了用户对种子企业的忠诚度，阻碍了种子企业迅速地开拓和占领市场。

6. 过分依赖中间商

表4-2显示，经过直营型、批发型、代理型等环节分销的种子比重高达84.42%（B、C、D、E、F、G之和），种子生产商过分依赖中间商由此略见一斑。种子企业渠道人员过多地与中间商和代理商联系，不深入终端市场，不对种子市场进行调查和分析，更不理会种子用户的需求。当种子市场宏观和微观环境发生变化时，以中间商为中心的市场运作方式的弊端表现得越来越突出。其主要表现在于：一是厂家与中间商利益相矛盾，使得厂家无法确保一个稳定的市场，中间商无序经营、窜货、降价倾销现象屡见不鲜；二是厂家调动中间商积极性的成本越来越大，导致厂家无利甚至亏本经营。

7. 渠道冲突严重

从表4-3可以看出，渠道冲突比重达到了57.1%。种子企业为了在短时间内提高市场占有率，经常采取过度让利的手段以刺激中间商。而中间商一味追求自身利润，却很少考虑种子分销渠道的整体利益和长远利益。由于种子生产商和中间商追求的目标不同，带来诸如低价倾销、跨区窜货、中间商之间相互杀价、渠道成员信用恶化等渠道冲突问题，降低了整个种子渠道系统的忠诚度，导致企业的产品、品牌失去消费者的信任与支持。

8. 电子商务发展受到制约

调查得知，64.3%的种子企业认为电子商务已制约了企业的发展。虽然网络渠道的优势非常诱人，电子商务也已在其他行业风起云涌，但对种子企业来讲却受到诸多因素限制。这主要有：农民上网人数少，对电子商务缺乏认识；农村电子商务应用人才缺乏，农民的文化素质较低，对新技术、新信息反应迟钝，对电子商务没有足够的信心；农村电子商务基础设施薄弱；农村电子商务交易存在安全问题；特别是种业网站质量不高，吸引力不强，如我国目前大部分种业网站设计不够精细，信息缺乏多样性和时效性，优秀的种业信息专业搜索引擎匮乏，网站页面多为静态的，缺少网站导航，标准化程度差；种业数据库内容多为文本型的，以文献为主，涉及领域较为狭窄；信息的时效性差，缺乏第一手和第一时间的信息，而且更新速度慢，有效性低，种业信息的建设层面单一，缺少相应的应用软件支撑，仅停留在查询信息的层次。

9. 种子渠道成本过高

我国普遍存在种子渠道成本偏高的问题。通过对种子企业的调查，渠道成本过高的达50%，个别种子企业流通费用甚至占全年销售收入的1/3（林碧玲，2000）。种子流通费用过高必然导致种子渠道成本过高。种子流通费用过高主要由以下因素引起：

（1）种子公司规模小，实力弱，经营作物单一，质差量少，种子销售额不高，是种子流通费用过高的主要因素。

（2）种子流通组织不合理，运杂费支出过大，是影响流通费用高的重要因素。种子流通费用最主要的一部分是从种子生产基地到农户所耗费的费用，占费用总额的30%～40%。这种费用的大小，取决于种子生产的合理布局和运输手段的发展。当前种子生产布局分散，点多面广，延长了运输时间和运输路线，增加了运杂费的支出。

（3）种子保管不善，种子损耗率高，也会导致种子流通费用过高。种子部门经营和保管着大量的种子，在购、销、调、存过程中都有一定的损耗。如果根据种子特点采取妥当方法加以保管和保养，就可减少和避免种子的损耗，降低流通费用，而且还能保证种子的质量。

本章通过对我国种子市场的回顾，我国种子市场现状的分析以及目前我国种子企业分销渠道状况的调查、整理、分析和诊断，使我们对我国种子企业分销渠道现状特别是存在的问题有了比较全面清晰的了解和把握，为本书种子分销渠道的开发、管理和创新研究奠定了良好的基础。以下就在此基础上，将就种子分销渠道的开发、管理和创新进行探讨。

第 5 章　种子企业分销渠道的优化

我们在前面已经提到传统的种业分销渠道，它们是由一些独立的种子公司（经销点）逐渐合并而成的，各自都有自己的财务目标，独立做出决策。渠道成员间的合作主要是通过每次交易的议价与磋商获得的，他们无法得到整个渠道体系的经济性。而且由于各个成员只忠诚于自己的利益，对渠道的依赖度低，当其他种子供应商能够为其提供更多的短期利益时，就有可能出现"背叛"现象。也正是这种低的忠诚度，导致了传统渠道的脆弱性，因而必须优化现有的种子企业分销渠道。

5.1　影响种子企业分销渠道优化设计的因素

种子分销渠道优化问题的中心环节是确定到达目标市场的最佳途径。影响种子企业分销渠道优化设计的因素很多，总体来说，其主要受不断变化的种子企业营销环境的影响和种子企业分销渠道现状的制约。经过具体的分析，本章归纳出影响种子企业分销渠道优化设计的因素主要有 6 种。

5.1.1　种子的自然特点

种子企业选择分销渠道时，首先要考虑所经营的种子的特性，根据种子的特性，选择最有效、最适宜的分销渠道。

1. 种子的生命特性

种子本身的生命力特性，决定了它是一个有生命的休眠体，它既是前植物生命的归宿，又是新植物生命的源泉。种子的法定或规定的生命指标，决定着各类农作物的种子在贮藏、保管、运输的过程中，对水分、空气、温度有较为特殊的要求，否则，其会失去种性，丧失使用价值，这就对分销渠道中的成员提出了较高的技术要求。

2. 种子使用的短期时效性

种子的生命特性决定了种子只有在适宜的水分、温度和光照等环境条件下，其内在的优良性状才能得以正常发挥和显现。错过销售季节，不仅会造成种子的积压，而且延期至下一季销售，种子的种性严重削弱，生命力下降至一定程度就失去了其使用价值，只能转作他用。种子使用的短期时效性要求种子的分销网络物畅其流，不误农时。在种子销售季节，公司要进行市场调查预测，提前备货，及时铺货，并保证足量种子供应。

3. 种子使用的地域性

农作物品种具有严格的生态适应性，特定的品种总是与相应的自然条件相依靠或相适应。这就要求在种子市场细分、市场定位和分销渠道布局上，必须考虑种子使用的地域性。

4. 种子的科技密集性

"优质良种出自高科技"。种子是农业增产的内因，种子的适应性、丰产性、优质性都是内在规定的；但是其实现还需要外部的栽培技术、管理技术、加工技术以及自然环境等与之相匹配。种子的科技密集性，导致农民迫切需要获得技术指导和全程服务。这要求种子分销渠道一般采用短而窄的渠道，由种子生产企业直销给农户；或者采用短而宽的渠道，由种子生产企业通过专业中间商或农业推广机构组织销售。

5. 种子生产的季节性和周期性

作为一种农产品，种子生产具有周期性，一般生产周期为一年。但并非在一年中每天都有种子产出，只有在特定的季节才有种子产出和供给，即生产周期内生产的不连续性。这也形成了种子供给的季节性，进而引起种子分销渠道周期性闲置和资源浪费。这就要求种子企业少建种子专卖渠道，多建立一些综合性的兼容嫁接性种子分销渠道。

5.1.2 种子的市场特点

1. 需求的派生性

种子作为一种生产要素，是一种派生需求或引致需求。农民对种子的需求关键取决于消费者对农产品的需求、农产品的市场价格以及种子的增长潜力。而现阶段农产品供过于求，农民增产不增效，农业生产成本上升，农业的预期收入前景不容乐观，使得农民对种植的品种、数量以及价格等有了更慎重的考虑，这就要求分销渠道成员在选择经营品种、经营数量、种子定价等方面考虑种子需求的派生性特点。

2. 需求的小型分散性

目前，农业生产是以家庭为基本单位的，土地承包规模较小，户均经营耕地面积 7.94 亩（约 5293.3 平方米）（周发明，2006），单位购买量非常有限，市场需求极其分散，这一特点直接决定了种子分销渠道策略的选择。

3. 购买水平低

种子企业内的商品购买者多为农民，而我国农民收入普遍较低，购买水平不高，因此，应当以低定价、分期付款、赊销的方式来扩展分销渠道。

4. 质量要求高

农业是我国的基础产业，种子质量的优劣直接影响着农业的丰歉，甚至关系到农村的稳定，这就对种子质量提出了较高的要求，其分销渠道必须合理规范。

5. 服务的困难性

种子使用者单个购买量小、分散度高，技术承载的密集性和农民科技文化素质较低等特点，使得种子生产企业很难对农民进行有效的售前、售中、售后服务，因而在选择分销渠道成员时必须考虑渠道成员的服务能力。

5.1.3　种子顾客的特点

种子的最终"消费者"是农民，农民的购买行为、购买习惯对分销渠道有较大影响。

1. 农民从众心理形成的效仿行为

由于多种原因，农民接受新品种、新技术的速度快慢不一，总有一部分素质较高、有威望的种植大户的行为引起周围的注意。他们如果种植的品种表现较好，第二年就很容易扩大种植。

2. 农民文化水平相对较低形成的依赖行为

农民科技文化水平相对较低，没有关于种子的专业知识，一般属非行家购买。正是由于这个原因，农民比较依赖专家的建议和相信一些科技示范户的现身说法，易受舆论和广告宣传的影响。

3. 农民务实和偏好特性形成的惠顾行为

农民是务实的、理性的经济人,他们关心的是所购买的种子在将来能带来多大的收益,种子是否优质、高产、抗病,是否易于日常管理。这种长期的务实行为常常使相对保守的农民对某一品种或品种的某一特性特别了解,并形成一种偏爱,不容易接受新的品种。

4. 农民好奇和求新特性形成新品种的尝试行为

科技示范户和种植大户具有开拓、创新和进取精神,不墨守成规、因循守旧,他们希望种植一些新品种,在效益上有较大的突破。他们能及时捕捉市场供求信息和科技信息,甘愿冒一定的风险,接受新技术、新品种(康国光,2003)。

5. 农民购物习惯于一揽子购买

由于农村居住分散,交通不便,农民有一揽子购买习惯。如农民买种子,习惯把化肥、农药一道买回来,希望在一条街上或在一个商店里把这些东西一次买齐,因此种子企业在选择终端渠道时,要尽可能照顾农民的这种消费习惯。

5.1.4 种子公司

种子公司作为种子生产商和经营者,是种子营销渠道的重要成员,它的经济实力、人力资源和种子品牌都会对渠道产生巨大的影响。

1. 种子公司的经济实力

种子公司的经济实力是影响分销渠道的一个重要因素。它不仅影响渠道的组织形式、长度、宽度和广度,而且还影响公司在渠道中所扮演的角色。

不同渠道的销售收入和渠道成本不同,对公司规模的要求也存在差异。每一种分销渠道方案的实施都会实现一定的产品销售量,但也要为此付出一定的代价,因此公司在对分销渠道进行决策时,要根据公司的实力和市场需求来评估每个渠道利润,即每一渠道销售额扣除渠道成本后余额的大小。一般来说,利用代理商所需要的固定成本投入小于公司自己组建销售队伍,但公司付给代理商的佣金往往要高于支付给自己销售队伍的费用。所以,随着销售量的增长,利用代理商的费用增长很快,总的销售成本会高于公司的直接销售。选择代理商还是组建自己的销售队伍,问题的实质是"购买还是建立"组织方式的问题。换而言之,在什么条件下组建自己的销售队伍(通过自己建立或收购来"建立"自身的渠道)是一种合理的选择,在什么情况下依靠代理商独立运作("购买"第三方服务)更为理智。

因此，要在分析公司的经济实力、行业规模经济状况以及市场需求的基础上，选择渠道的类型。下面用图 5-1 来说明这一问题。

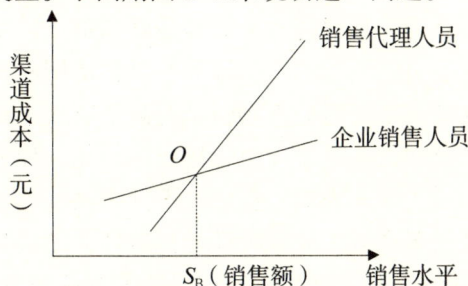

图 5-1　企业销售人员与销售代理商的经济性比较

由图 5-1 可以看出，当销售额为 S_B 时，两种分销渠道的成本相等；当销售额小于 S_B 时，利用代理商是较佳的分销渠道方案；当销售额大于 S_B 时，则由种子生产商直接销售为佳。一般来说，开始利用销售代理商的成本较企业直接销售成本低，但当销售额增长超过一定水平时，代理商所花费的成本则愈来愈高，因为代理商通常要收取较大固定比例的佣金，而企业自己的销售人员则是固定工资加部分佣金。

一般而论，代理商适用于小型公司或者大公司的某一个销售额很小的区域。公司在发展到一定规模后要组建自己的网络渠道。

另外，经济实力对公司在渠道中的角色也产生影响。种子在渠道中的角色可以从对稀缺资源的控制和公司规模来判断。如果一个公司控制了稀缺资源（如人力、资金和原材料等），那么它在与其他成员交易中就占据了优势地位。渠道中的大型公司在必要时会通过内部化和外部化兼并等方式来承担起本应由其他成员承担的功能。根据公司的规模和对稀缺资源的控制情况，通常就能确定渠道中的领袖是谁。不过，当渠道中供给方和购买方规模大致相当时，权力会相互抵消，渠道领袖就难以确定了。

2. 种子公司的人力资源

人才作为当今知识经济和社会发展最为重要的财富，是国家在激烈的国际竞争中立于不败之地的重要保障。人力资源是企业的重要战略资源，是企业在规划战略时必须要考虑的因素。设计种子分销渠道亦是如此。在我国种业界，科技人才储备雄厚，但既懂种子知识又善于经营的复合型人才匮乏。体制改革打破了区域封锁，种子企业需要组建自己的分销网络。这就要求公司市场营销人员了解农民的真正需求，找出合适的分销渠道，从而维持公司在种子市场的竞争性。种子市场营销人员必须对所有的市场进行渠道设计、定期评估及修正，以及制订策略性的营销计划及营销活动，完成种子公司核准的长期销售与利润目标，透视不同品牌良种的营销问题。同时对渠道要有强有力的驾驭能力，能够激励渠道成员发挥最高的创造力和生产力，对渠道成员的困难给予指导和帮助，协调成员间的活动，弱化渠道冲突。既懂良种技术又精通市场营销的高素质人才将是种子企业人才竞争的焦点。对这样的人才除了引进，还要留得住。种子企业要实行现代企业管理方式，增强"以人为本"理念，不仅要通过建立高效的人力资源管理机制和激励机制调动员工的积极性与创造性，而且要努力营造良好的企业文化环境，根据公司发展和员工个性化需求提供教育机会、事业空间，还要充分挖掘人的潜能，增强公司的凝聚力，从而建立起一支高素质的企业分销团队，充分发挥公司人才的主体作用。营销人员对种子公司的发展起着举足轻重的作用，然而并不是每一个种子公司都拥有这些营销精英人才的，因而不同人力资源结构的种子公司选择的分销渠道模式也不相同。例如，由科研院所转化而来的种子公司，科研人员充裕，但市场营销力量相对不足，通常采用代理渠道模式，利用代理商的渠道资源；原有的县级种子公司，不具备科研实力，但在当地拥有丰富的分销渠道资源，在未来发展中能充当其他种子公司的代理商或中间商。

3. 种业服务

服务是商品组合中的一个重要组成部分，在这个"营销为王"的年代里，人们越来越意识到服务营销在整体营销中的作用。种子行业是一个技术性强、生产周期长、市场风险和自然风险很大的弱质行业，种子企业应敢于捍卫"种子出门，负责到底"的企业全程服务理念，对用户负责，让用户满意，不断改进和完善服务态度和服务方式，做好售前、售中、售后服务，从而塑造企业形象，树立企业信誉，创建企业名牌，使企业永远立于不败之地。服务是影响渠道构建的重要因素。如何把种业服务交付给农民，及这种服务应该在什么地方进行，是设计渠道时必须要考虑的因素。

种业服务影响渠道终端的位置。对于种业服务来讲，位置的重要性取决于种子公司与农民相互作用的类型和程度。一般来说，服务提供者与消费者之间的相互作用方式有3种：顾客来找服务提供者，服务提供者来找顾客，及服务提供者与顾客在随手可及的范围内进行交易。种业的服务属于第一种，农民（农场）来找种子公司。特别是在售中服务过程中，农民在播种季节，不得不到种子公司来购买良种，使得种子公司的位置变得特别重要，使其要努力做到方便到达、畅通无阻。这就对渠道终端的地理布局提出了要求。例如，种子公司在其运营部门的服务活动的趋势是什么？竞争优势在哪里？有竞争对手加入吗？如何加入？对自己的影响程度有多大？服务的灵活性如何？这种服务是基于技术还是分销人员？因为种业服务要贴近农民，尤其是售后服务可能在田间地头，因此要与农民建立和谐的客情关系，种子分销渠道终端的位置就显得十分重要。但现代技术的应用在一定程度上可降低对服务地点的要求，如美国泛美种子公司能够利用高效物流系统快速供货。在美国，美国泛美种子公司能比任何一家种子供应商更及时地把订购的种子送到农户手中，时间不会超过 2 小时；在加拿大，所订购的良种会在两天之内到达，该公司发货及时率达到 99%。

4. 种子品牌

品牌是一种名称、术语、标记、符号或设计，或是它们的组合运用。通过品牌可以辨认某个销售者或某群销售者的产品或服务，并使之同竞争对手的产品和服务区别开来。种子品牌包括以下几个部分：核心产品——良种，形象产品——形象，延伸产品——服务，高科技载体产品——科技。四者相结合就构成了品牌种子。越来越多的种子公司从只注重农作物的品种经营向注重品种经营和品牌经营转变，通过增强质量意识、科技意识、服务意识和营销意识来树立品牌，打造名牌。

种子品牌对种业分销渠道的影响主要表现在两个方面：首先，从本质来讲，通过品牌能辨认出销售者或制造者。由于通过种子的外观难以辨认其质量高低，品牌就成了一个较为方便的评判标准，农民会根据以往的经验和品牌的美誉度到指定的种子公司或经销点来购买种子。其次，品牌对中间商有重要的影响。一般而论，中间商对于名牌产品有较高的积极性，会增大名牌种子存货量，贯彻供应商的市场政策，提高资金回流率。相反，对不知名的种子，中间商可能对其要求比较苛刻，比如要求供应商提供广告和展览等促销活动的全部费用、较高的上架费、实行零风险销售等。换而言之，对于中间商来讲，品牌响亮的种子是利润、是销量、是形象，最关键的还是销售的效率。一般来讲，名牌种子需要中间商做的市场推广工作较少，所以中间商的销售成本较低，而且还会带动相关产品的销售，这样就可以从整体上提高公司的利润。同时，因为销售速度比较快，所以中间商资金的周转速度提高了。

5.1.5　竞争者渠道

原则上讲，制造商要尽量避免和竞争者使用一样的分销渠道。如果竞争者使用和控制着传统的渠道，种子公司就应当使用其他不同的渠道或途径来推销其种子。其原因在于同一渠道中资源的稀缺性。例如，若某一区域种子中间商同时经营着两家种子公司的种子，他们就会将其有限的人力、物力投入能为其带来更多利益的品种上，而另一个公司的种子可能备遭冷落。当然，由于受农民购买行为、地理位置、交通状况等客观环境的影响，种子公司为避免采用与竞争者相同的渠道而采用其他渠道，会造成成本过高，得不偿失。因而，种子企业也可以采用与竞争者一样的渠道。例如，在偏远山区，交通欠发达，如果种子公司为避免采用与竞争者一样的渠道而采用种子邮购等直销方式，成本就会大大增加，而且有可能还耽误农时。在这种情况下，就不可避免地要与竞争者采用同一渠道。另外，在采用竞争者的渠道时，要了解目前的分销渠道状况和发展趋势，特别要研究和借鉴竞争者是如何处理渠道开支压力和保持盈利水平以及掌控中间商的。

5.1.6 宏观环境因素

宏观环境因素也是影响种子分销渠道的重要方面。宏观环境因素主要有法律因素、经济因素、技术因素等。下面就主要的法律因素、经济因素和技术因素方面进行分析。

1. 法律因素

法律因素主要是与种子有关的国家法律法规。企业在选择分销渠道时，要遵守《中华人民共和国种子法》《中华人民共和国农业法》《中华人民共和国植物新品种保护条例》《中华人民共和国产品质量法》《中华人民共和国消费者权益保护法》和2006年国务院办公厅《关于推进种子管理体制改革，加强市场监管的意见》以及2011年国务院《关于加快推进现代农作物种业发展的意见》等有关法律和规定，选择合法的中间商，采用合法的促销手段。对种子营销渠道构成直接影响的主要是《中华人民共和国种子法》《中华人民共和国植物新品种保护条例》《农作物种子生产经营许可证管理办法》《进出口农作物种子（苗）管理暂行办法》等与种子（苗）相关的法律法规。其中最为重要的是2000年颁布实施的《中华人民共和国种子法》，该法共11章78条，内容涵盖了种子选育、生产、经营和管理的各个环节，对种业的营销渠道有重大影响。

（1）《种子法》对种子生产商的影响。为了从源头上保证种子生产的质量，我国对主要农作物的商品种子生产实行生产许可证制度。所谓种子生产许可证制度，是指种子作为重要的农业生产资料，为保证其质量，一般单位和个人禁止生产，只有当事人具备规定的条件，申请并经过国家有关行政主管部门审查批准，发给相应许可证才能解除这种禁止，进行种子生产活动。适宜于实行种子生产许可证制度的种子是指主要农作物的商品种子。农民自繁、科研教学单位研究使用、种质资源保存用于扩繁、种子公司自己扩繁亲本或原种不用于商业交换的，不是商品种子，不需要办理种子生产许可证。

《种子法》规定种子生产许可必须具备如下条件：①具有繁殖种子的隔离和培育条件；②具有无检疫性病虫害的种子生产地点；③具有与种子生产相适应的资金和生产检验设施；④具有相应的种子生产和检验技术人员；⑤法律、法规规定的其他条件（详见附录 2）。这些规定排除了不具备种子生产能力的单位和个人任意生产种子的现象，也就是说，对种子生产商的资格做出了严格的规定，否定了种子供应者的随意性，对种子分销渠道的上游做出了限制。

（2）《种子法》对种子经营者的影响。为了保证农业生产的安全和种子的质量，我国把种子作为一般禁止商品，实行种子经营许可证制度。种子经营许可证制度是指只有具备一定条件，经过国家有关行政主管部门审查批准，发给相应许可证才能解除这种禁止，开展种子经营活动的制度规定。《种子法》对种子经营的条件进行了一般性的规定：①具有与经营种子种类和数量相适应的资金及独立承担民事责任的能力；②具有能够正确识别所经营的种子，检验种子质量，掌握种子贮藏、保管技术的人员；③具有与经营种子的种类、数量相适应的营业场所及加工、包装、贮藏保管设施和检验种子质量的仪器设备；④法律、法规规定的其他条件（详见附录 2）。《农作物种子生产经营许可证管理办法》对一般农作物种子、主要农作物杂交种子等 5 类种子从注册资本、仪器设备、技术人员等方面做了详细规定，限于篇幅，在此就不作陈述（详见附录 1），《种子法》从资金、仓储设施、加工检验仪器设备、技术人员等方面规定了经营者的资格条件，这些条件相对于种子生产商是苛刻的。根据这些规定，种子企业数量将大大减少。其对种子分销渠道成员，特别是渠道终端成员（乡镇种子经销点）的要求过高，这为种子分销渠道的扁平化、精耕终端设置了障碍。不过，从另一方面来讲，《种子法》对于潜在的进入者也设置了较高的进入壁垒。尽管《种子法》规定了 4 种可以不办理经营许可证的情况，但是第 41 条关于先行赔偿的规定让种子经营的开放大打折扣。

（3）《SPS 协定》对进出口种子（苗）的规定。WTO 的《实施卫生与植物卫生措施协定》（*Agreement on the Application of Sanitary and*

Phytosanitary Measures，以下简称《SPS 协定》）确定了各成员国在动物卫生、植物卫生和食品安全管理以及在农产品进出口贸易中应遵循的规则。根据《中国加入 WTO 议定书》，我国政府已承诺并保证，自加入 WTO 之日起，完全遵守《SPS 协定》，所有与 SPS 措施有关的法律、法规、法令、要求和程序均符合《SPS 协定》。这些承诺对我国植物检疫管理体制、法律制度提出了更高的要求。与进出口种子（苗）关系最为密切的《SPS 植物检疫条例》及其《SPS 实施细则规定》《进出境动植物检疫法》将统一于《SPS 协定》。例如，对于引进植物繁殖材料入境后在内地种植期间的疫情监测，《植物检疫条例》及其《实施细则》规定："从国外引进可能潜伏有危险性病、虫的种子、苗木和其他繁殖材料，必须隔离试种，（国内）植物检疫机构应进行调查、观察和检疫。"而《进出境动植物检疫法》也做出相应的规定："进出境动物和植物种子、种苗及其他繁殖材料，需要隔离作饲养、隔离种植的，在隔离期间，应当接受口岸动植物检疫机构的检疫监督。"这些法规统一之后，将会减少重复检疫、资源浪费的情况，将会加快优良品种和种质资源的引进，将会从源头对种子价值链产生影响。外资种子公司可以直接从国外带来作物品种，不用再花大气力从中国科研院所买断品种经营权，也不用与科研院所实行嫁接，可以直接利用资金、管理、技术等优势构建渠道（侯技峰，2013）。

2. 经济因素

经济形势变化引起市场需求的变化，也影响分销渠道的选择。直接和间接影响我国种子分销渠道的经济因素有很多，主要有"绿箱"政策、农业种植结构调整政策和地方保护主义等。

（1）"绿箱"政策。中国加入 WTO 后，虽然减少了对农业和农民的直接价格补贴等形式的国内支持，但可以采用"绿箱"政策来扶持国内农业。所谓"绿箱"政策，是指那些对生产和贸易不造成扭曲影响或影响非常微弱的政策。由于种子具有公共物品的属性，因而国家应对种子育种、科技成果推广等方面进行投资。影响到种子渠道的政策具体包括政府的一般服务，如对新品种的培育或老品种的改良研究的支持、良种的推广和咨询服务、检验服务、营销和促销服务等。尽管在《中美贸易协议》中明确规定："三年内中国将逐步批准外国企业参与进口商品的分销业务。"但是，种子分销业务作为一个特殊的领域，国家在政策层面上给予了大力的支持。农业部出台了多项种业扶持政策，如 2012 年 7—10 月做好《种子工程建设规划（2011—2015 年）》论证、修改等工作，2012 年年底前发布《全国现代农作物种业发展规划（2011—2020 年）》，这些会对种子产业的变革产生积极的作用。《全国现代农作物种业发展规划（2011—2020 年）》的主题是支持种子资源保护、品种改良、良繁基地、质量检验和监控等，着力培育一批育繁推一体化的大型种子龙头企业，提高良种覆盖率，提升种业竞争力。

（2）农业种植结构调整政策。农业种植结构的调整会直接影响到种子公司经营的作物品种，进而引起种子公司对渠道成员的角色转换，甚至是分销渠道的取舍。例如，湖北省调整农业生产结构，减小了小麦的种植面积，加大了油菜的种植面积，进而导致小麦良种需求锐减，油菜种子需求增大。这有可能使种子公司小麦渠道中的主要成员、内部竞争者后退到渠道的补充者、旁观者，甚至退出小麦分销渠道；而在油菜渠道中则可能表现出积极的渠道角色。在农业结构调整，需求上升时，种子生产企业应考虑采用短而宽的分销渠道，减少流通环节，以降低成本和价格。

（3）地方保护主义的阻碍。种子公司对各级政府的依赖性大，造成垄断权力的扩张。长期以来，种子公司、种子站合二为一，以"政、事、企"三位一体模式存在，作为一个政府职能部门，它与各级政权组织构成了紧密的亲缘关系。尽管现在种子管理机构和种子经营单位已在 2003 年 6 月 30 日前分开，但是地方和部门保护主义思想仍然较为严重，阻碍了全国统一、有序的市场的形成。它阻止了其他种子企业的进入，借助当地各级政权组织的行政权力通过各种手段打击在该区域设置的其他种子经营机构，有损种业渠道的整体布局。

3. 技术因素

技术因素是从整个社会的角度来讲的，是指社会各成员都可以享用的生物技术、信息技术等，是社会为企业发展所提供的技术平台。生物技术的广泛应用提高了种子的适应能力，降低了种子对运输、储存、栽培技术等方面的要求，降低了对种子渠道成员资金、技术等方面的要求。分子标记技术、转基因技术在油菜育种方面的应用提高了油菜抗病能力，降低了农民对相关服务的需求，进而减少了技术服务的需求，降低了分销渠道成本。

信息技术的快速发展为渠道的信息沟通提供了有利条件。首先，信息技术的广泛运用能够加快信息传递的速度，提高渠道效率。网络技术能够使农民和中间商足不出户就获得种子市场信息、种子公司经营状况等。其次，信息技术的运用为种子分销渠道提供了新发展模式——电子商务模式。IT 等行业网络渠道得到了空前的发展。但就中国种业而言，电子商务还只是一个未来的发展方向，并非现在的种业主渠道。由于农村信息设施落后、农民科技素质较低等客观因素的约束，种子公司在构建网络渠道时要持有慎重的态度。随着网络在中小城市进一步的普及，种子公司可将电子商务渠道与传统种子分销渠道结合，实现优势互补，开拓市场。

5.2 种子企业分销渠道优化设计原则

种子公司在设计了一个良好的渠道系统后，不能放任其自由运行而不采取任何改进措施。事实上，为了适应种子市场的快速变化，种子公司整个分销渠道系统必须在评估的基础上，随时加以修正和优化。在进行种子分销渠道模式的修正和优化中，种子企业要遵循以下原则。

5.2.1 渠道理念要现代化

按照供应链管理思想，"让自己活，也让别人活"，因此，种子企业和中间商要树立合作共赢的渠道理念，共同设计切实可行的分销渠道，提高渠道整体的市场竞争能力，在渠道管理过程中实现种子生产商与中间商风险共担、利益共享的一体化经营。从表4-3可以看出，有71.4%的种子企业认为自己的渠道理念落后。可以说，树立现代化渠道理念、建立合作共赢的分销渠道模式是提高渠道效率，解决渠道冲突的最佳选择和途径。

5.2.2 渠道结构要扁平化

没有健康的渠道，就没有健康的企业。从表4-2可见，目前安徽种子企业分销渠道中，短渠道的比例只占23.42%（A、B、C、E之和），长渠道占有绝对统治地位。长渠道层次多、通路长，存在诸多无法克服的弊端。笔者认为，种子渠道建设的总思路是压缩中间商规模，力求扁平化。所谓"扁"是指种子分销渠道要尽可能短，种子流通的环节要尽可能少；"平"是指种子零售商要尽可能多，种子终端销售的覆盖面要尽可能广。种子生命性、技术密集性以及季节性要求种子应在最短的时间内由生产者转移到种子用户手中，因此分销渠道不能太长；同时种子需求的分散性又要求设置更多、更广的零售点，以方便农户购买。2013年，笔者通过对安徽种子市场的调查发现，越来越多的种子生产商、代理商和批发商摆脱其他中间商直接供种给种植大户、农业合作社和农业企业。据安徽宇顺种业开发有限公司（以下称宇顺种业公司）市场部不完全统计，安庆市的种植大户、农业合作社和农业企业播种面积达80多万亩（约533.3平方千米，并且有进一步扩大趋势），约占该市播种面积的 30%，短渠道模式将有广阔的发展前景。构建扁平化渠道体系，能够较好地克服原有"金字塔"式分销渠道的弊端，使种子生产商有效控制渠道成员，提高效率，降低成本，增强种子企业的竞争能力。实践证明，分销层级越少，则可以减少中间环节，节约流通费用，促进信息的双向沟通，增加企业对渠道的控制力；终端网点增多可以方便用户的购买，提高了种子销售量。

5.2.3　渠道成员关系要战略化

从表 4-2 可见，传统种子分销渠道达到了 90.09%（A、B、C、D、E、F、G 之和），这种交易型的种子分销渠道成员都是一个独立的经营实体，他们往往为了自己的利益而与其他成员进行短期合作。通过渠道成员关系的优化整合，将渠道成员的关系由传统的交易型转变成战略伙伴型，形成一种战略联盟，真正实现种子渠道成员的优势互补，价值共享，既实现企业品牌价值提升，又实现渠道价值提升。为此，种子生产企业必须从长远、全局出发制订企业的战略性渠道建设规划，实现种子生产企业对渠道成员的有效控制，减少渠道冲突，最终实现多赢。

5.2.4　渠道重心要终端化

表 4-2 显示，经过批发商和代理商环节分销的种子比例达 71.02%（C、D、E、F、G 之和），可见当前绝大多数种子企业以代理商和批发商为重心。但当种子市场逐渐供大于求时，过多关注渠道的顶端建设的弊端将越来越突出。通过上述分析我们可以看出，农民既需要各种服务，又不能承担太高的价格，所以种子分销重心下移，移到县市级，甚至到乡、镇、村。种子企业"决胜在终端"已成为不争的事实，要特别加强对分销渠道终端的建设和管理。从农民的偏好来说，种子在农民的观念中并不存在太大的差别，大多数农民对种子的选择具有随机性、效仿性和依赖性，很大程度上取决于舆论和终端促销人员的宣传。因此，种子企业要有意识地选择好渠道终端，有计划地选聘和培训终端从业人员。我们在与专家座谈和了解集体意见中得知，不少大的种子生产商逐渐取消代理商和批发商，直接与乡镇甚至村级零售商联系。例如，合肥丰乐种业公司、安徽宇顺种业公司和安徽隆平高科种业公司分别有 65.3%、9.81% 和 4.83% 的业务做到乡、镇、村终端市场；山西屯玉种业科技股份有限公司在东北、西北、西南、中原4 大玉米主产区,建立了 1 万家乡村级联销店，逐步发展了 10 万个屯玉品

种种植示范户，实现了渠道重心的下移。座谈会上，很多种业老总、营销经理认为：种子渠道重心下沉，是客观形势的需要，是今后发展的必然趋势。它既能节省流通时间和费用，方便沟通，便于服务，又能有利于渠道成员建立直接、密切的合作关系，减少矛盾和冲突，从而有效克服以代理商和批发商为中心的市场运作方式的种种弊端。

5.2.5 渠道服务要一体化

种子是繁衍后代的载体，是物化了的科技成果，具有较大的潜在价值。但种子价值的最终实现除了种子自身品质外，还必须与外部的自然条件（温度、湿度、水分、土壤等）、栽培技术、管理技术、加工技术等相匹配。正如农民常说"三分种，七分管"（刘鹏魁，2012）。未来种子的销售应该以技术服务为主，以种子销售为辅，只有提供良好的一体化的技术服务才能促进种子销售。为此，渠道服务一体化应具体做到以下几点：首先要提供各种各样的信息服务，如天气预报、市场行情、竞争品牌动态、种业发展趋势、用户需求变化等。其次要提供农业技术、市场营销、企业管理等服务。种子企业通过对中间商和用户进行专业的农业技术培训、咨询和指导；通过对种子中间商进行高层的市场营销、企业管理的集中培训，提高中间商的管理、促销、渠道开发和自我提升能力；通过向中间商输出管理、输出人才，帮助中间商拓展业务、管理市场。最后要提供仓储配送和融资服务。为用户提供更便捷的送货服务和多样的融资服务，如安徽宇顺种业公司建立了多种形式和多种层次的种子渠道服务一体化网络。一是核心层次——公司的客户服务部。客户服务部长年聘请3位享受国务院特殊津贴的农业专家，负责编写各区域农技服务总体方案及相关技术资料，排解重大技术难题，主持大型技术讲座，通过专家咨询和服务热线开展咨询活动。二是关键层次——该公司与各乡镇农技站组建技物连锁服务网。乡镇农技站负责对安徽宇顺种业公司拟定的技术服务方案提出意见和建议，使技术方案更加符合当地生产实际和适应农民需要；负责种植技术的宣传、培训、指导及病虫害的测报和防治。三是基层层次——各区域专职农技人员及营销员。他们直接服务于经营网点和各区域农户，负责配合公司和农技站做好试验、示范工作，组织区域级农民培训和技术咨询，并以此为突破口带动新品种、新技术的应用和推广（戴德民，陈群，2006）。此外，该公司还与安庆市农村经济信息中心联合办报——《安庆农网信息报》，开通了农业专家咨询热线和投诉电话（1600121）；免费发放各种资料和农业科普书籍，积极开展"万村千乡"培训工作。安徽宇顺种业公司通过形式多样的服务，大大提升了该公司在皖西南及周边地区（江西、湖北）的品牌形象，拓展了市场，促进了销售。由此可见，渠道服务一体化能够有效健全渠道服务功能，提高渠道管理者的综合服务素质。

5.2.6 渠道构建顺序要逆向化

在传统的种子分销渠道构建中，种子生产商一般顺向选择各级中间商，造成种子企业不能真正了解用户需求，对渠道终端失去控制。所谓"渠道构建逆向化"，就是指种子生产商不是遵循"先向总中间商推销产品，再由总中间商向二级批发商推荐……"这种"顺向"顺序，而是反向地从渠道金字塔底部基础层开始工作。具体地说，先由种子生产商从分销渠道末端开始向上考虑整条渠道的选择，即根据消费需求、消费行为和产品特性选择零售终端，充分考虑零售终端的特性和利益，并根据中间商财力、信誉、能力和与零售终端的关系，进一步向上选择批发商或代理商。渠道构建顺序逆向化充分体现了以"种子用户满意为中心"的渠道管理思想，目前已成为新企业、新品种进入市场的重要营销手段，可以在一定程度上缓解渠道成员间的松散交易型关系，使种子企业更快地创造一个时间短、速度快、费用省、双向沟通、效益高的渠道体系，使种子企业的工作接近目标市场，更好地创造产品的时间和地点效用，更好地满足目标市场需求（侯云合，2011）。

5.2.7 渠道物流配送要系统化

人类历史上曾经主要有两大提供利润的领域：第一个是物质资源领域，第二个是人力资源领域。在这两个利润源潜力越来越小、利润提升越来越困难的情况下，物流领域的利润潜力逐渐被重视，成为"第三利润源"。分销渠道的高效率需要物流系统的高效率。种子企业加强物流体系建设，有利于降低种子运营成本，优化种子库存结构，减少种子资金占用，缩短运输周期。种子企业通过建立共同的物流系统，可以大大提高整个分销渠道的运行效率和竞争力。由于种子新鲜性、易腐性和生命性等理化性质，因此在储存、运输、销售和使用过程中，对种子的保鲜、冻藏和包装等技术要求较高，这就要求物流系统必须方便快捷、体系完备。

鉴于种子的特殊性，在建设种子物流配送系统过程中，必须重视以下问题：一是种子的库存问题；二是种子的运输问题，对于种子而言，时间资源是最为稀缺的；三是合理确定种子的配送半径问题；四是种子的绿色物流问题。只有妥善地解决好这些问题，才能不断提高物流链的运营绩效，有效地促进分销渠道整体功能的提升。

5.2.8 渠道交易平台要网络化

种子电子商务是指利用互联网、计算机、多媒体等现代信息技术，在种子的生产、加工、配送、销售和服务过程中全面导入电子商务系统，在网上完成种子或服务的购买、销售和电子支付等业务的过程。

种子企业受市场风险和自然风险双重约束。农作物新品种选育周期长、投入大、风险大，生产的前置期长且最终的繁殖制种产量往往由自然条件决定。种子加工和储存对条件的要求越来越高，市场需求及竞争状态的不确定性，售后的田间生产管理等具有高风险性，决定了种子行业是经营难度很大、风险很高的行业。种子行业又是一个季节性特强的行业，信息的及时获取与传递对企业非常重要。种子企业通过网络采购种子，可以大大节省采购成本，缩短采购时间；通过与供应商的在线沟通，加快库存种子的市场流通，就可最大限度地减轻种子库存的压力，从而有效降低企业的库存成本；电子化交易直接构建市场交易的信息平台，作为网络化营销的高效手段，提高了营销效率，使营销队伍更为精化，从而减少了营销开支；客户通过电子商务平台订购种子，即时实现付货之前的电子结算，这样可为企业增加现金流，从而缓解企业的资金困难；通过互联网，企业还可以更快地获取竞争对手有价值的信息，使自己在市场运作进行决策时处于更有力的地位，做到游刃有余。由此可见，电子商务在降低种子企业的经营成本的同时，还显著提高了经营效率。

5.3 现有种子分销渠道的优化

随着种业的发展，种子技术的进步，市场环境已发生了很大的变化。种子用户对种子的品质更加注重，对新品种种子的需求加大，对技术服务的要求更高。中间商对种子货源的选择越来越多，现有种子分销渠道都不同程度地存在这样或那样的问题，制约着种子企业的发展。现有种子分销渠道的优化是对现有的直销、代理、经销等渠道模式在原有的基础上进行的修正和补充，是提升原有渠道竞争力的一种方式。下面主要对直销、代理和经销3种模式的优化进行讨论。

5.3.1　种子直销型渠道优化

直销型渠道即零层渠道,指由种子生产商直接将产品销售给种子用户,没有其他中间环节的参与。这是一种产销结合的营销渠道,通常由种子生产商在某些城镇租赁店铺或自建门店,配备销售人员,从事种子展示、销售、服务以及技术支持等活动,将企业种子直接销售给用户。其主要形式有3种:直接销售、直效营销和种子企业或者种子科研院所自办店。针对种子直销型渠道优化,种子企业要大力开展自办店营销和直接邮寄营销两种形式。

1. 自办店营销

在经济发达、交通便利或离种子生产基地近的地区,种子用户最有可能去种子生产基地或者种子科研院所购买种子。因此,在条件许可下,种子生产企业和种子科研院所应积极开设自办店,大力开展自办店营销。目前,这种种子直销的方式在整个种子销售中所占比重很小,但是自办店营销的优势仍是非常明显的,种子价格便宜,用户可以得到更多的、更为直接的服务。问题是,种子公司对成千上万农民直销的交易成本是高昂的(见图5-1)。

```
┌─────────┐         ┌─────────┐
│ 种子生产商 │ ──────→ │ 种子用户  │
└─────────┘         └─────────┘
```

图 5-1　直销模式

对于直接上门购种的农民,特别是用种户,企业应加强渠道的服务功能,为他们提供良好的售后跟踪服务。下面将就自办店营销的优势和劣势展开分析。

(1)自办店营销优势

相对于种子中间商销售,种子生产商开设自办店具有以下优势:

①有利于企业制订灵活的销售策略。由于种子销售的复杂性,种子销售策略就变得十分重要。种子生产商自办店营销可以有效地对种子销售过程加以控制,同时制订灵活的销售策略。

②进入市场的谈判成本低,速度更快。借助中间商销售产品,种子生产商必须在寻找和甄选中间商等过程中花费不少的时间、精力和费用。对那些需要迅速进入市场、时间是保证推广成功的重要因素的种子而言,种子生产商自办店营销在进入市场成本、进入市场速度两方面无疑具有一定的优势。

③节省佣金支出。种子生产商使用中间商(主要指代理商)必须花费

一定的佣金，佣金数额与产品的性质、中间商的讨价还价能力等因素相关。一些大中间商在价格谈判上具有较强的能力，种子生产商自办店营销就可以节省佣金支出。

④独立性强，不会受制于大中间商。种子生产商借助少数大中间商销售产品，有可能造成对这些中间商的依赖，导致企业的市场开拓能力萎缩，以致中间商在与种子生产商打交道的过程中处于强势地位，从各方面制约和影响企业，在不知不觉中取得对生产者的控制权。这对种子生产商来说是十分危险的，而种子生产商自办店营销则可避免这种依赖性。

⑤更具有攻击性，在竞争中更容易获胜。种子在市场推广中必然会遇到其他种子的竞争，竞争在市场经济中是必然存在的。出于维护本企业利益的目的，种子自办店营销在竞争中更具有攻击性，更容易击败竞争对手而取得较大的市场份额。

⑥更容易获得企业人、财、物、技术等方面的支持。由于种子销售是一个复杂的过程，种子生产商对这一过程的支持极为重要。特别是种子技术含量非常高，种子生产商对销售的技术支持十分重要。

⑦自办店营销及其成员对企业的忠诚度高。由于中间商销售生产商的种子主要是以自身能否获利为出发点的，而且中间商往往同时销售几家生产者的种子，这些种子之间有时因为具有相互替代性而不免产生竞争，中间商在推销某一种子时往往不会像自办店营销那样尽心尽力。而自办店是企业的一个组成部分，其性质是企业的一个销售部门，与企业有着紧密的利益关系。

（2）自办店营销劣势

当然，自办店营销的劣势也十分明显，主要表现在以下几方面。

①组建成本高。组建自办店是一项复杂的工作，种子生产商要组建比中间商分销效率更高的销售组织必然要花费很大的成本。而在种子生产商普遍重视现金流的今天，将大量现金投入销售组织的建设中无疑是有风险的。

②对种子生产商的管理能力要求很高。自办店的管理是一项很专业化的工作，包括销售人员的管理、销售账款的管理等。种子企业不能像引进生产设备一样引进完全适合自己的销售组织，而必须结合企业的实际情况制定适合的管理制度，还要有合适的人去管理。

③售后服务成本高。种子生产商为了维持固定的顾客必须重视售后服务，由种子生产商自办店承担这项工作往往比利用中间商成本更高。

④不易形成规模效益。与中间商相比，种子生产商的自办店经营的种

子品种、销售数量总是少得多, 不易形成规模效益。

2. 直接邮寄营销

种子企业除了开展自办店销售种子以外, 还应丰富直销渠道的形式。考虑到现实情况, 种子直接邮寄营销是一种较为方便可行的直销方式。

(1) 直接邮寄营销模式

种子直接邮寄营销, 就是指邮政系统与种子公司签订种子邮购合作协议, 通过邮政的手段来达成的一种种子营销行为。在这种营销过程中, 产品的信息是通过邮政系统或者其他信息渠道传递的, 农民在获得良种的各种信息后, 通过邮政系统来完成种子货款的结算和良种实物的传递。这样, 整个邮寄营销的过程即告结束, 种子公司和农民各得其所(见图5-2)。例如, 湖南省邮政局与亚华种业公司联合, 把双方的邮政网络、运输优势和品种、技术有机地结合起来, 开办了种子邮寄包裹直投业务。亚华种业公司承诺保证质量, 如果种子纯度达不到国家规定标准, 公司将赔偿因此造成的产量损失, 同时建立经营档案, 对种子生长发芽、结实等情况进行跟踪服务, 还聘请农艺师为农民现场指导。湖南省邮政局设立了专门领导小组, 将种子邮购业务作为农村邮政第二支柱业务来抓; 利用电视、《中邮专送广告》广造声势, 全员出动, 将种子邮购业务宣传资料发放到每个自然村、集镇、供销社和农民朋友往来频繁的场所, 形成铺天盖地的宣传攻势, 使种子邮购业务家喻户晓, 让农民朋友真正了解种子邮购在质量、价格、信誉上的优势。在该营销方式中, 邮政系统主要执行信息传递、实物运输和货款支付职能。种子邮购业务不但加快了良种的推广和普及, 还有效地减轻了农民的负担。湖南省邮政部门自2000年3月开办种子邮政业务至今, 已为广大农民邮购良种2750吨, 种子邮购服务网点已延伸至4万多个行政村, 深受农民好评。

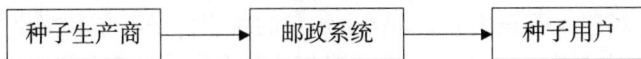

图 5-2 种子邮寄模式

(2) 种子邮购优点和不足

种子邮购的直销方式具有以下4个优点: ①节省种子公司大量人、财、物资源。邮政系统拥有遍布城乡的邮政网络与训练有素的投递队伍。到目前为止, 全国邮政局所、代办点合计6.6万处, 其中, 设在农村的局所、代办点有4.7万处。邮政妥投点达3752.9万处。邮政储蓄点有3.5万处,全国开办邮政储蓄业务的乡（镇）达 2.1 万个，开办 11185 客户服务中心的地（市）298 个。全国拥有专用邮政运输飞机 9 架，邮船 5 艘，火车邮厢 406 辆，各类邮政汽车 5 万辆（其中，邮运汽车 1.2 万辆），邮路 2.2 万多条，邮路总长度近 300 万千米，基本形成了航空、铁路、公路、水路等多种运输途径综合利用的快速邮政运输网络。在这种渠道模式中，种子公司借助邮政系统这一遍布全国的社会性资源的支持，不需要与批发商、零售商接触，不需要强大的销售队伍，就能完成种子的销售。因此，销售力量相对薄弱的科研型种子公司比较青睐这种营销渠道模式。

②适应农民分布广泛、单个农户需种量小的特点。我国户均耕地 0.5hm，假设全部种植华杂六号油菜，农户平均需油菜种子 0.75kg（种植标准按 1.5kg/hm 计算）。这种小批量的、零散的需求特点符合邮政系统的轻便、快捷的特点，因而这种种子邮购渠道模式对 B2C 种子交易业务具有优势。

③加速种子公司资金回流。一般来说，农民先按照需种量的多少，通过邮政系统或银行系统进行现金支付，然后种子公司再执行实物分销的职能，从而有效地减少应收账款金额，加快渠道资金的回流，能够从源头上有效解决货款难收的问题，从而降低企业风险。

④树立品牌形象。种子公司借助邮政系统的认真负责的服务形象、独特的"绿色"服务标记等企业形象以及农民对邮政部门的信任和大力的宣传力度，能够提升自我的品牌形象。

邮政系统虽然具有这些优势，但是也存在不足之处。种子的自然特性对运输、储藏以及技术服务都有较高的要求，这是邮政部门必须克服的困难。邮购销售最基本的局限性在于以下 3 点：①用种户无法在购种之前看到实物。②用种户无法得到良好的售前服务，当他们面对手中众多的邮购目录时，会感到无从选择。③邮购成本较高。

美国 BurPee 公司是比较成功地利用网络直接销售种子的企业，他们通过在目标市场建立配送中心，为网上购种的用户传送种子和提供技术服务。虽然目前我国种子企业与 BurPee 公司所处的市场环境有很大的差异，我们不可能完全照搬他们的做法，但仍可借鉴其成功的思路来改进我国的邮购销售方法。例如，精心设计自有网站来展示自己的品种，利用 800 免费电话解答农民的疑难问题，在农民邮购种子时免收邮费以降低他们的购种成本，有条件的地方也可利用当地的零售商建立配送点，降低渠道的运行成本。如果邮政部门能充分利用邮政网点多、人员熟的优势，在邮送种子的同时再配送一些相关的农业科技知识，认真介绍种子的科学种植技巧、田间管理方法等，在邮到之后再开展一些经常性的回访，邀请农艺师进行现场讲解，及时发现种子在种植过程中的错误与问题，既可以拉近邮政服务与农民之间的关系，又可最大限度地避免纠纷，同时还拓展了种子的直销渠道。

（3）种子邮购的构建策略

种子公司与邮政系统通过建立战略伙伴关系，构建新的渠道模式，实现优势互补、资源共享。具体从以下 5 个方面着手：

①邮政系统严格规范业务范围。各地邮购部门在开展种子邮购业务时，应采取措施强化管理，严格规范自身行为和业务范围，如只负责传递信息、运输种子及技术服务，不参与销售的经营形式。

②邮政系统要严控操作规程。种子特性决定了运储的特殊要求，因而在具体操作上，要制订详细的运作方法和工作要求。种子邮购必须保证一证一票（植物检疫证、发票）齐全，缺一者停办；严格按包裹邮寄相关手续操作；必须封装邮袋，拴挂袋牌，使用邮运车辆拉运，一证一票必须随车和种子包裹同行，建立详细的种子销售档案；不许强制用户征订等。

③种子公司要做好售后服务工作。要求邮政系统人员掌握相关的农技方面的知识和技能是不可能的，也是不现实的。因此，种子公司就要加强售后的跟踪服务，除了在种子邮购过程中散发详尽的技术宣传资料外，公司也要定期派出技术人员到乡镇给附近农民以技术指导。在必要的情况下，可以开设 800 免费电话随时答复来电咨询的种子用户。

④打破地域封锁，清除地方保护主义，为该渠道模式的顺利发展创造一个良好的社会环境。邮政部门开展这项业务直接威胁到地方种子经销部门的利益，可能会受其干扰。因此，要保证种子邮购模式顺利实施，必须要打破地域封锁，清除地方保护主义。

⑤邮政系统重新制定邮费制度。种子公司与邮政系统就邮费问题进行协商，将邮费计入种子价格内。农民在邮购种子时，只支付种子价款，邮费由种子公司支付给邮政系统。这种做法的好处在于，在与邮政系统谈判时，种子公司比单个农民更具优势，更容易获取优惠政策，从而降低单位重量种子的邮购费用。

5.3.2　种子代理型渠道优化

种子代理销售是当前主要的一种分销模式。从表 4-2 可以看出，在安徽种子市场，代理型分销渠道占 66.28%（E、F、G 之和）。对于这种模式，需要改进之处就是尽量压缩渠道的长度，最好能够达到一级渠道（见图

5-3），最多不超过二级渠道（见图5-4）。表4-2显示代理型分销渠道中一级渠道只占2.47%（E）。由此可见，对代理型分销渠道的优化改造任重道远。除此之外，还要解决种子代理商的诚信问题，同时注重对乡镇种子中间商的培训。

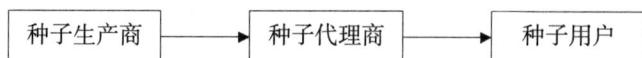

```
┌─────────┐     ┌─────────┐     ┌─────────┐
│ 种子生产商 │ ──> │ 种子代理商 │ ──> │ 种子用户  │
└─────────┘     └─────────┘     └─────────┘
```

图 5-3　理想的种子代理模式

```
┌─────────┐   ┌─────────┐   ┌─────────┐   ┌─────────┐
│ 种子生产商 │─>│ 种子代理商 │─>│ 乡镇零售商 │─>│ 种子用户  │
└─────────┘   └─────────┘   └─────────┘   └─────────┘
```

图 5-4　改进后的中间商型渠道模式

目前，渠道成员缺乏诚信而导致的渠道冲突比比皆是。如果继续利用种子代理营销型模式，就非常有必要建立和完善种子市场的信用体系。笔者认为可以从以下3个方面着手来完善信用体系、提高乡镇中间商的经营水平和服务意识。

（1）完善政府立法。首先，通过立法对那些不守信用的种子代理商和中间商给予经济处罚，以经济手段规范种业市场。其次，信用立法有助于企业树立企业信用意识和"诚信为本，操守为重"的观念。

（2）种子公司强化对种子代理商的管理。在对种子代理商充分调查的基础上，对其进行信用等级分类，并做好信用记录，根据不同的信用等级实行不同的代理政策；实行货款"拿二付一"的销售政策，即在拿到第二批种子前，必须要把第一批种子货款付清，信誉好的代理商可以适度放宽；加强对种子营销人员的财务管理，其绩效不仅与销售额有关，而且还要与应收账款挂钩，做到应收账款当年收回。

（3）加强对乡镇种子代理商的培训。培训不仅包括种子实用技术，而且包括企业经营知识和营销技巧。首先，宣传种子公司的营销理念和发展战略，增强其做好区域代理商和零售代理商的积极性；其次，讲授企业管理和市场知识，强化其市场意识和开拓种子市场的能动性；最后，讲授种子实用知识，提高代理商的科技素质。

5.3.3　种子经销型分销渠道优化

经销型分销渠道是当前种子企业应用较为广泛的渠道模式。目前，在渠道构建过程中，其主要有以下几个方面需要改进。

1. 渠道长度的改进

分销渠道的长度是指渠道所包含的中间商购销环节，即渠道层级的多少。在种子分销过程中，经过的环节越多，渠道越长；反之，渠道越短。间接分销渠道即除直接分销渠道以外的包含一个以上中间环节的渠道类型。根据中间环节的多少，间接渠道又可分为一层渠道、二层渠道及多层渠道。对于种子生产商来说，间接渠道可以减少渠道的重复设置，有利于提高销售效率和扩大产品的市场占有率。但渠道环节越多，控制和向客户传递信息的难度就越大，渠道管理越困难。经销型分销渠道是当前种子企业应用较为广泛的间接营销渠道模式。对于这种分销渠道模式，需要改进之处就是要尽量把分销渠道的重心下移，减少渠道的层级数，向扁平化方向发展，最好能够达到一级渠道（见图 5-5），最多不宜超过二级渠道（见图 5-6）。通过安徽种子市场的调查，理想的中间商模式（如图 5-5 所示）只占 15.28%（B、C 之和），远远不能满足种子用户的需要。

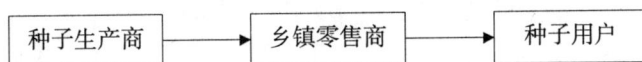

种子生产商　→　乡镇零售商　→　种子用户

图 5-5　理想的中间商模式

种子生产商　→　县级批发商　→　乡镇零售商　→　种子用户

图 5-6　改进后的经销型渠道模式

在当今竞争激烈的种子市场，多层次的渠道结构存在许多不可克服的缺点：一是种子企业难以有效地控制渠道；二是多层结构有碍于效率的提高，且臃肿的渠道剥夺了大部分利润，不利于终端市场形成价格竞争优势；三是单项式多层次的流通不能将季节性很强的种子在第一时间送往终端市场，同时市场信息不能及时反馈，这样不仅容易错失商机，而且还会造成大量的人力、物力及时间的浪费，这对于一年一季的种子销售是致命的打击。针对这些缺点，将这种种子分销渠道结构由金字塔形向扁平化方向发展，可以减少渠道环节，降低渠道成本，提高渠道效率。丰乐种业公司在这方面进行了有益的尝试并取得了一定的成功。他们在安徽省设立了 1000多个经销点，而总经销就直接建在县一级，甚至是在乡镇一级。由于营销渠道重心下移，销售网点增多，从而增强了企业对渠道的控制力，大大提高了种子的销售量。

2. 分销模式的改进

根据同一渠道层次中间商的多少，可供选择的分销模式一般有3种：独家分销、选择分销和密集分销。独家分销是指在一定的市场区域内只使用唯一的中间商；选择分销是指在一个特定的层级只有经过仔细挑选的中间商才被使用；密集分销是指在渠道的各个层级使用尽可能多的中间商。3种类型的渠道分销模式优劣比较见表5-1。

表5-1　独家分销、选择分销、密集分销优劣比较

渠道类型	内容	优点	缺点
独家分销	种子生产商在既定市场只选一个中间商经销自己的种子	中间商市场竞争程度低，厂家与中间商关系较为密切	因缺乏竞争，顾客满意度可能受影响
选择分销	种子生产商运用尽可能多的同层次中间商来分销种子，以求迅速进入目标市场或扩大市场	市场覆盖率高	渠道成员间竞争激烈，容易导致市场混乱，破坏企业的营销意图，渠道管理成本高
密集分销	种子生产商在某一种子市场对有意经营本企业种子的中间商进行针对性地精选，力图使挑选出来的中间商能够较好地贯彻种子企业的经营思路，配合种子企业的销售政策，更好地销售种子	种子生产商与中间商形成良好的合作关系；掌握一定的渠道控制权；有足够的市场覆盖面	渠道成员间竞争较为激烈；增加渠道管理成本

目前，国内种子市场上独家分销的做法相当普遍。在缺乏强势中间商的种子行业，大多数种子中间商的地域性比较强，画地为牢的现象非常普遍，他们的势力范围通常局限于一个或几个乡镇，大部分中间商不具备完全覆盖目标市场的能力，而且在实际操作中，许多享有独家分销权的种子中间商还同时经营多家商品。因此，单纯使用独家分销这种模式对种子企业来说是弊大于利，企业既浪费了渠道资源，又经常受制于中间商。本书认为，对于种子用户高度分散的种子市场，可选择一种介于独家分销和密集分销之间的模式，即在一定的市场区域内，根据市场容量和市场区域的大小，选择几家中间商，企业利用品种对分销渠道进行适度区隔，允许他们各自独家经营一个或几个品种，而不是简单地把自己所有的品种全部交给一个中间商独家经营。这样，既可提高中间商之间的竞争与合作，又能充分利用渠道资源，掌握渠道的主动权。种子作为一种生产资料，需求弹

性很低，其消费量在某一区域市场变化不大，加上目前种子企业的渠道管理水平十分有限，因此密集分销并不太适合种子市场。当然，如果种子企业专注某个区域市场，也可以采用密集分销。

第 6 章　种子企业分销渠道的管理

由于种子企业与种植户等终端消费者之间存在中间环节，这就要求种子企业把各分销渠道，包括零售状况都当成自己的事来对待。只有这样，分销渠道内的信息才会因有种子企业自身的参与而得到及时传递，这种参与实际上就是种子企业分销渠道管理。种子分销渠道管理是指种子企业为实现分销目标而对现有渠道进行管理，以保证渠道成员之间相互协调、通力合作的一切活动。渠道管理的目标：一是货畅其流，保证农民能够方便、及时地购买到所需的种子；二是维护合理的价格体系，确保渠道成员有利可图；三是提高种子企业知名度，扩大种子的市场占有率，使市场最大化。全面有效的渠道管理可以维护既有的渠道结构，保持与现有渠道成员的良好关系；而不当、失效的渠道管理，可能导致现有渠道成员关系紧张或渠道成员流失，影响渠道的运行效率和效果。针对种子营销渠道的特点和种子企业在进行渠道管理时所存在的普遍问题，本章主要对渠道成员选择、渠道成员激励、渠道成员评估、渠道调整和改进以及渠道冲突的整治方面进行探讨。

6.1　种子企业分销渠道成员选择

渠道成员的选择要求种子企业能对自身有清晰的认识，对渠道的发展变化有准确的把握，对种子用户有深切的感知。只有这样，种子企业才能知道什么样的渠道成员是适合自己的，才能选对渠道成员。

6.1.1　渠道成员选择的原则

渠道成员的合理选择是为公司今后的渠道管理打下良好的基础。一般来说，种子生产商选择渠道成员，需要遵循如下基本原则。

1. 相互认同原则——最基本的原则

相互认同原则是种子生产商选择渠道成员的最基本的原则。种子生产商与渠道成员之间的相互认同是合作前提，种子生产商应选择与本企业理念、价值和产品相同的渠道成员。

2. 进入目标市场原则——最重要的原则

让种子生产商的种子迅速地进入目标市场，以方便目标市场的消费者就近地购买到种子生产商的种子。这就要求渠道经理、渠道总监或其他决策者在选择渠道成员时需要注意该渠道成员当前是否在目标市场拥有分销通路及销售场所等。

3. 种子销售原则——最核心的原则

种子销售原则要求所选择的分销渠道伙伴在经营方向和专业能力方面符合分销渠道要求，能够承担分销的职能，提高分销效率。种子生产商选择渠道成员的核心目的在于通过渠道成员帮助种子生产商完成营销目标，因此种子生产商在选择渠道成员作为合作伙伴时，通常比较注重渠道成员的实际销售能力。

4. 形象匹配原则——最普遍的原则

形象匹配原则也就是我们通常所说的"门当户对"。一个渠道成员的形象必然代表着种子生产商的企业形象。对于拥有卓越品牌的种子生产商来说，尤其要重视对渠道成员形象的考虑。通常情况下，知名种子生产商总是与资金实力雄厚、商誉好的渠道成员结为合作伙伴或战略合作伙伴。

6.1.2　渠道成员选择的依据

为选定的渠道招募合适的中间商，这些中间商就成为企业产品分销渠道的成员。一般来说，那些知名度高、享有盛誉、产品利润大的生产者，可以毫不费力地找到合适的中间商；而那些知名度较低或其产品利润不大的生产者，则必须费尽心机，才能找到合适的中间商。但不管是容易还是困难，种子生产商挑选中间商时应注意以下基本条件。

1. 中间商的规模、财力

要挑选在规模和财力上能承担种子生产企业所要求的销售量的中

间商。

2.中间商的稳定性

要调查中间商的历史情况，包括何时成立的机构、以往工作业绩等，以及现在的财务状况、偿债能力、有无经营不稳定的因素。

3.中间商商誉与种子生产企业品牌的适宜性

种子生产企业的产品如果是名牌品牌，就必须寻找能保证企业品牌形象的商誉非常好的中间商。

4.中间商的经验

如果某个中间商过去长期经营种子以外的其他农业生产资料，现在想做种子的中间商，种子生产企业就要考虑这个中间商是否具有丰富的相关产品知识和技能。

5.中间商的地理位置

种子零售商应位于顾客流量大的地段，批发商应有较好的交通运输及仓储条件。

6.中间商的经营管理水平、员工的素质、整体服务水平以及合同履行态度等

如果中间商的经营管理水平比较低、员工的素质差、整体服务水平低，种子生产企业就不能考虑其为中间商。

6.1.3 渠道成员选择的条件

种子生产商在决定使用间接渠道将产品分销职能交与不同类型中间商执行前，还必须规定各渠道成员参与交易的条件和应负的责任。

如果种子生产商确定了其产品销售策略，选择间接渠道进入市场，那么下一步即应做出选择中间商的决策，包括代理中间商、批发中间商和零售中间商。中间商选择是否得当，直接关系着种子生产企业的市场营销效果。选择中间商，首先要广泛搜集有关中间商的业务经营、资信、市场范围、服务、水平等方面的信息，确定审核和比较的标准。选定了中间商还要努力说服对方接受你的产品，因为并不是所有的中间商对你的商品都感兴趣。投资规模大，并有名牌产品的生产企业完成决策并付诸实际是不太困难的，而对那些刚刚兴业的中小企业来说就不是一件容易的事情了。一般情况下，要选择具体的中间商必须考虑以下条件。

1. 中间商的市场范围

种子市场范围是选择中间商最关键的原因。首先，要考虑预先订的中间商的经营范围所包括的地区与产品的预计销售地区是否一致。例如，产品在东北地区，中间商的经营范围就必须包括这个地区。其次，中间商的销售对象是否是种子生产商所希望的潜在顾客，这是最根本的一个条件。因为种子生产商都希望中间商能打入自己已确定的目标市场，并最终说服种子用户购买自己的产品。

2. 中间商的产品政策

中间商承销的产品种类及其组合情况是中间商产品政策的具体体现。选择时，一要看中间商有多少"产品线"（即供应的来源）；二要看各种经销产品的组合关系，是竞争产品还是促销产品。一般认为应该避免选用有竞争产品的中间商，即中间商经销的产品与本企业的产品是同类产品。但是若产品的竞争优势明显，就可以选择出售竞争者产品的中间商。因为种子用户会在对不同企业生产的产品作客观比较后，再决定购买有竞争力的种子。

3. 中间商的地理区位优势

区位优势即位置优势。选择种子零售商最理想的区位应该是顾客流量较大的地点。种子批发商的选择则要考虑它所处的位置是否有利于产品的批量储存与运输，通常以交通枢纽为宜。

4. 中间商的产品知识

许多中间商被规模巨大而且有名牌产品的种子生产商选中，往往是因为它们对销售某种种子有专门的经验。选择对产品销售有专门经验的中间商就会很快地打开销路，因此种子生产企业应根据产品的特征选择有经验的中间商。

5. 预期合作程度

中间商与种子生产企业合作得好，那么它就会积极主动地推销企业的产品，对双方都有益。有些中间商希望种子生产企业也参与促销，扩大市场需求，并相信这样会获得更高的利润。种子生产企业应根据产品销售的需要确定与中间商合作的具体方式，然后再选择最理想的中间商。

6. 中间商的财务状况及管理水平

中间商能否按时结算包括在必要时预付货款，取决于中间商的财力大小；整个企业销售管理是否规范、高效，关系着中间商营销的成败。而这些都与种子生产企业的发展休戚相关,因此,这两方面的条件也必须考虑。

7. 中间商的促销政策和技术

采用何种方式推销商品及运用选定的促销手段的能力直接影响销售规模。有些种子用广告促销比较合适,而有些种子则适合通过销售人员推销;有的种子需要有效的储存,有的种子则应快速运输。这就要考虑中间商是否愿意承担一定的促销费用以及有没有必要物质、技术基础和相应的人才。也就是说,选择中间商前必须对其所能完成的某种产品销售的市场营销政策和技术的现实可能程度作全面评价。

8. 中间商的综合服务能力

种子营销服务项目甚多,选择中间商要看其综合服务能力如何。有些种子需要中间商向顾客提供售后服务;有些种子在销售中要提供技术指导或财务帮助(如赊购或分期付款);有些种子还需要专门的运输存储设备。因此,合适的中间商所能提供的综合服务项目和服务能力应与种子生产企业产品销售所需要的服务要求相一致。

6.1.4 渠道成员任务选定

每一个种子生产商都必须解决如何将产品转移到目标市场这一问题。当渠道问题被视为市场营销工作分派时,可从下列4种市场营销工作的组合来思考交替方案的使用。

假设:

T 为运输,即将产品运送至目标市场的工作;

A 为广告,即通过广告媒体通知并影响购买者的工作;

S 为储存,即准备接受订货的物品存储工作;

K 为接触,即寻找购买者,并与购买者协商交易条件的推销工作。

再假设每一中间商可负责完成一项或多项工作,而目前所使用的渠道结构为:生产者(P)→批发商(W)→零售商(R)→消费者(C)。

以此为基础,来研究某一特定层次R(零售商)及其所完成的工作。当R负责完成运输、广告、储存及接触4项工作时,则以TASK表示之。当R只负责广告和接触两项工作时,则以OAOK表示之。当R不负责任何工作时,则以OOOO表示之。如果列举所有可能分派给R的工作,则将有16种组合可供参考。暂时假设上述几种可能性都合理,即从事上述任何工作都与零售商的身份相符合。同样,可以假定生产者和批发商从事16种组合中的任何一种工作,并假定每一渠道层次都能独立地选择其负责的市场分销渠道（郭国庆，2005）。

如四川国豪种业公司的分销系统：种子生产商（P——四川国豪）、批发商（W——安徽宇顺种业）、零售商（R——望江雷港经销店）。其各负责工作的组合如下：P / TAOK；W / TOSO；R / OAOK。

在这种渠道中，种子生产商四川国豪（P）负责广告（A）、消费者分析（K）和运输产品（T）至宇顺种业仓库 3 项工作；储存工作由宇顺种业（W）负责，此外，它还负责运输工作（T）；而零售商望江雷港经销店（R）则负责接触顾客销售商品（K），并配合四川国豪（P）向农民广告宣传（A）。

在 4096（16×16×16）种种子分销渠道类型中，许多类型是不能采用的，所以必须取消。如：P/OOOK；W/OOOK；R/OOOK。这种渠道类型的主要问题是：3 个层次的机构均致力于最后的顾客接触工作，就不免要发生渠道冲突。

有些渠道类型因其不经济、不合法或不稳定，也应予以剔除，其结果必然是在市场营销工作分派上可行的渠道很少，有效组合的也不多，而且还必须做进一步的仔细评估。这就是为何在市场中实际可行的分销渠道只有为数不多的几种的原因。

6.1.5　渠道成员选择途径

对于有营销经验的种子企业来讲，尤其是对于拥有独立销售队伍的企业来讲，想要足不出户就获得丰富的潜在渠道成员名单，那就只有通过企业的现场销售队伍。这些活跃在批发和零售层面上的销售队伍，通过多年与现有中间商的接触和交往，比谁都更了解在某些地域有哪些潜在的渠道成员。

事实上，许多种子企业正是通过现有的现场销售人员来获得潜在渠道成员的。原因很简单，通过长期在销售现场的经常性交往和接触，他们可以掌握有关地区的大部分种子中间商的基本信息。对销售人员来说，出于敏感或由于工作接触的关系，他们通常与那些不代理本企业的销售中间商内部的某些管理和销售人员相识。因此，如果种子企业打算在某一个地区重新选择渠道成员，该地区的销售人员不仅可以提供较完善的潜在中间商的名单，甚至还可以为这些潜在的中间商排序，充分估算他们被开发成为真正的渠道成员的可能性。显然，当需要改变现有的渠道销售网络或者增加新的渠道成员时，渠道经理应该尽量通过销售人员的介绍来获得新的渠道成员。

除现场销售人员外，公司还可以发动内部人力资源的关系网络来获得潜在的渠道成员。有时，公司内部的某些成员由于来自不同的地区，可能对该区域中间商的情况比较了解，通过他们获得潜在渠道成员的名单也是可取的。当然，这种信息必须经过更详细的调查和分析才可以利用。

但是，对于那些新创立的企业，寻找可能的合作伙伴就是一项必须做的工作。一般来说，寻找渠道成员时，搜寻的范围越大越好。搜寻的范围越大，找到合适渠道成员的机会就越大。企业还可以通过以下几种方法寻找合适的渠道成员。

寻找中间商最简单的方法是在大众媒体上刊登招商广告，但这个方法费用高，而且针对性不强，投入与产出相比得不偿失，所以企业在实际运作中并不常用此方法。

以下是几种有效的寻找中间商的方法。

1. 交易会

在种子行业中，每年都有几次大型交易会。例如"全国种子双交会""武汉种子交易会""郑州种子交易会""哈尔滨种子交易会""北京种子交易会"等都会定期举行，种子行业的代理商应者云集，大量的机遇孕育其中。因此，通过展位、产品展示、房间洽谈等方式寻找代理商是非常有效的。

2. 行业杂志招商

各行各业都有业内的杂志，在种子行业里有《种子世界》《中国种业》《种子科技》等十余种杂志，每一种都有自身的特色。这类杂志专业性强、针对性强，大部分从事种业的代理商在时刻不停地寻找好的品种，寻找有前途的、有潜力产品的厂家，因此双方很容易产生共鸣。

3. 网上招商

随着网络时代的来临，每家企业都有自己的网站，种业也有一些知名的种业网站，如中国种子网、中国玉米种子网、中华种业信息网、中国种子论坛、玉米种子论坛、新农网等，企业可通过这些网站进行招商。网上招商成为今后招商的重要形式，具有极为广阔的发展空间。

4. 其他媒体招商

在招商上，其他传媒指大众媒体，如在农业报纸、涉农电台和电视、12316新农村热线、农业信息平台等媒体招商。

5. 电话查询

通过种业通讯录查询各地中间商，这种方法比较节省费用。

6. 市场拜访

门店拜访是寻找渠道成员最主要的方法，通过业务员、区域主管的市场走访，向中间商介绍品种的优点、公司的销售政策，进行业务洽谈，达成合作意向。

7. 同业介绍

种子行业内的中间商有很多彼此熟悉，通过现有的中间商介绍，去寻找其他区域的渠道成员。这种经人介绍渠道成员的成功可能性大，是寻找渠道成员的一个捷径。

8. 会议招商

通过组织新品种现场会、品种推荐会、中间商订货会进行招商，是寻找渠道成员最重要的方法。

6.1.6　选择中间商的误区

1. "傍大款"

在选择中间商时，许多种子生产商喜欢选择规模大、资历深、经验足、客户多、资金实力强的中间商。其实，这样的中间商不能轻易选择：首先，他们虽然有很多优点，但他们在营销理念和接受新事物上可能按照自己的经验办事，很难被说服。其次，他们经营很多品种，特别是竞争对手的品种，不会全力以赴为一个公司、一个品种去做工作。最后，如果配合不好，他们做负面宣传的范围也广。实力强、客户多，这样的中间商往往是"窜货专业户"。因此，衡量一个中间商是否优秀，不在于规模而在于其经营模式。只有经营模式先进的中间商才能给种子企业带来长远的利润。新的中间商或规模较小的中间商更容易接受新思想、新事物，更愿意做新品种。

2. 依赖中间商

有些种子企业认为，选择中间商之后就万事大吉了，把精力全部放在与中间商客情关系维护上。认为只要选好中间商，产品就会自动销售出去，业务人员不用再操心销售问题了，或者全部围绕中间商转，这是一种致命的错误。因为业务人员才做了一个职业销售员应该做的部分工作，而中间商的选择、分销渠道的建设只是目标销售诸多要素中的一项，只是营销活动中的一个环节，而不是营销活动的全部。

3. 盲目独家代理

作为一个种业销售人员，在中间商选择的过程中，首先遇到的一个问题就是独家代理的问题。中间商第一个要求就是实施区域独家代理，接下来就是要求广告支持、服务、配货、市场管理等一大堆约束条件。业务人员就像犯了什么错误似的，被审了一大通，然后答应中间商所有的要求。这样做法的弊病有三：一是中间商的要求不可能全部满足和全部做到，业务人员被中间商牵着鼻子走，工作很被动；二是独家代理，如中间商工作不到位或分销能力不行，就把这个品种、这个区域市场给耽误了，甚至可能断送品种生命；三是新品种刚入市，选择独家代理不利于品种的推广与扩散。

4.盲目追求中间商数量

许多企业和销售人员在选择中间商时，认为中间商越多越好，"中间商越多，销量也越大"。实际上，中间商的多少要根据品种、品种的生命阶段、市场竞争策略、竞争对手的渠道策略等来匹配。中间商过多，由于中间商之间的竞争（担心效益、积压、窜货、恶性降价等），会使中间商出现短期利益和既得利益行为。

5.把渠道合作当作权宜之计

很多营销人员甚至企业高层认为：渠道合作只是一种相互利用的关系，是一种经济关系，用则合，不用则分；维持长久的合作关系是不可能的，而且在经济上也是不划算的。实际上，这种观点也是不正确的。现代营销正从交易营销转向关系营销、整合营销，渠道成员之间的合作关系变得越来越重要。跨国企业非常重视与中间商的长远合作，建立战略伙伴关系，运用系统与合作平台参与市场竞争。这样做最大的优势就是可以使企业节约防范监督成本，集中精力从事种子研发、生产、营销等环节的工作，并能够获得长远发展。

6.1.7 渠道成员选择的方法

1.评分法

评分法又被称为加权平均法，即对拟选择合作的中间商，分别就其所具备商品分销的各项能力和条件进行打分，然后按照分数高低进行选择。具体步骤如下：

（1）生产企业列出分销渠道成员选择中所需考虑的全部因素。

（2）将对渠道功能有影响的各个因素根据不同的重要程度赋予一定的权重。

（3）生产企业根据渠道成员在不同因素中的表现分别打分。

（4）将每个成员在每一个因素上的得分与该因素的权重相乘，得出每个成员在每一因素上的加权分。

（5）将每个成员在每一因素上的加权分数相加，得出该渠道成员的总分。

（6）将各渠道成员的总分进行排序，为渠道成员的选择提供标准。

例如，一家种子生产企业决定在某地区采用独家分销渠道模式建立自己的种子分销渠道，为此，该种子企业初步筛选了3家候选中间商作为备选。该种子企业在选择中间商时看重的主要因素有经营规模、地理位置、市场声望、可控性、客流量、信息沟通及货款结算等。各候选种子中间商都在某一方面具有优势，但没有一家在全部因素中占据绝对优势。因此，该种子企业对这3家候选中间商采用评分法进行评价，见表6-1所示。从结果中分析，虽然中间商1和中间商3的打分总和相等，都是575分，但由于各评价因素的重要性不同，因此，最后的选择应根据加权总分的排序。该企业将选择中间商3作为独家渠道代理。

表 6-1　加权评分法选择渠道成员

评价因素	权重	中间商 1		中间商 2		中间商 3	
		打分	加权分	打分	加权分	打分	加权分
经营规模	0.20	80	16.00	85	17.00	80	16.00
地理位置	0.15	85	12.75	85	12.75	90	13.50
市场声望	0.20	90	18.00	80	16.00	85	17.00
可控性	0.10	80	8.00	85	8.50	80	8.00
客流量	0.15	90	13.50	85	12.75	90	13.50
信息沟通	0.05	75	3.75	65	3.25	70	3.50
货款结算	0.15	75	11.25	85	12.75	80	12.00
总分	1.00	575	83.25	570	83.00	575	83.50

注：打分时，每个因素的得分区间为 0 ～ 100 分。

2. 销售成本评估法

利用种子中间商销售商品是有成本的，主要包括市场开拓费用、让利促销费用、因延迟货款支付而带来的收益损失、谈判和监督履约的费用等。这些费用构成了销售费用或流通费用，减少了种子生产商的净收益。企业可以通过控制流通费用来提高渠道的效益，进而增加净收益。因此，种子企业也可以把预期销售费用看作是中间商选择的一种指标。常用的方法有以下3种。

（1）总销售成本比较法。在分析有关"中间商"的合作态度、营销战略、市场声誉、顾客流量、销售记录的基础上，估算各个"候选人"作为分销渠道成员在执行分销功能过程中的销售费用。然后，选择其中费用最低的中间商。

（2）单位商品销售成本比较法。当销售费用一定时，销量越多，则单位商品的销售成本越低，渠道成员的效率就越高。因此，在评价有关中间商的优劣时，需要把销售量与销售成本两个因素联系起来综合评价，就是将中间商的预期总销售成本与该中间商能够实现的商品销售量（或销售额）之比值，即单位商品（单位销售额）销售成本作比较，选出比值最低者作为分销渠道成员。

（3）成本效率分析法。这就是以销售业绩与销售费用的比值作为评价依据，选择最佳中间商。与前者不同的是，此方法采用的比值是某中间商能够实现的销售业绩（销售量或者销售额）除以该中间商总销售费用，称为成本效率。

成本效率＝某中间商的总销售额（或总销售量）/ 该中间商的总销售费用。

可以看出，成本效率是单位商品销售费用的倒数，成本效率高的中间商就是最佳的渠道成员。

6.2　种子企业分销渠道成员激励

种子生产商不仅要选择中间商，而且要经常激励中间商，使之尽职尽责。促使中间商进入渠道的因素和条件已经构成部分激励因素，但仍需种子生产商不断地监督、指导与鼓励。

6.2.1　激励渠道成员的必要性

激励激发热情，挖掘潜能。中间商需要激励，否则难以充分发挥自己的能力。激励的首要原则是站在别人的立场上，设身处地为别人着想，而不应只从自己的观点出发看问题。我们常常听到许多种子生产商抱怨，批评某些中间商不重视某些品牌的销售，缺乏产品知识，不认真使用供应商提供的广告资料，忽略某些顾客，不能准确保存销售记录，甚至有时遗漏品牌名称等。但以下几点是种子生产商没有想到的。

（1）中间商特性。中间商不是种子生产商铸造的营销链中的一个环节，而是一个独立的经营者，他们有自己的目标、利益和策略。

（2）中间商首先是顾客的采购代理，其次才是种子生产商的销售代理。

他们所重视的是卖得最快的那些种子，而不是种子生产商指定的一些品种。

（3）在没有激励的前提下，中间商往往不愿意为某单独产品付出销售努力；或是不能系统地、准确地提供销售记录、产品价格、包装和种植户类型等方面的信息资料。

（4）种子生产商不仅利用中间商销售产品，而且把产品销售给中间商。中间商总是努力将它所经营的所有产品进行科学搭配，然后卖给顾客，其销售目标是取得一整套科学搭配的订单，而不是单一货色的订单。凡此种种都表明激励中间商这一工作十分有必要。

根据以上对中间商的分析，不难想象种子生产商为了提高自己种子在市场上的销售量，必须要采取一些激励措施，激发渠道成员销售本企业种子的兴趣。因此，对于渠道成员的有效激励，就成了几乎所有种子生产商渠道管理中的一项不可或缺的重要内容。

6.2.2 渠道激励的原则

渠道激励作为调动渠道成员积极性的一种手段，需要遵循一定的规律或原则。否则，不但起不到激励的作用，还有可能引起渠道成员的不满、渠道领袖和渠道成员之间的矛盾、渠道成员与成员之间的争斗，以及一个种子企业不同渠道之间的混乱。

1. 有的放矢原则

渠道激励的起点是满足渠道成员的需要。但是，不同渠道成员的需要存在差异性和动态性，因人而异，因时而异。因此，种子渠道领袖在进行激励时，要有的放矢，深入了解各个渠道成员的实际需要。只有在调查研究的基础上，根据大多数渠道成员的需要层次和需要结构，有针对性地采取激励措施，才能收到实效。

2. 及时激励原则

及时激励原则，是指在激励过程中应注意时机的把握。如果时机把握不当，应奖励时不奖励，则会使渠道成员丧失工作的积极性，甚至产生不满和消极情绪。另外，还会引致导向错误，如过分重视短期效应的激励措施，则会使渠道成员产生错误的营销理念，只顾眼前，采取不道德的手段销货，损害企业形象，酿成恶果。因此，激励要及时，要注重长期效应。

3. 兼顾公平原则

人们通常用两种方法来判断自己所得报酬是否公平，即横向比较和纵向比较。横向比较，即拿自己与别人比较来判断自己所获报酬是否公平；

纵向比较，即把自己目前的状况与过去进行比较。一个人对所获得的报酬、奖励是否满意，是通过纵横比较看其相对值的。如果经过比较认为自己的所得偏低就会感到不公平、不合理，从而影响工作热情。因此，种子渠道领袖在激励渠道成员时一定要遵循公平的原则，可以适当拉开差距，但要兼顾公平。只有这样，才能充分调动整个渠道大多数成员的积极性。

4. 目标一致原则

在激励机制中，目标设置是一个关键环节。目标设置必须体现组织的目标要求，并兼顾个体目标，力求使个体目标与组织目标一致，力求使渠道中各成员之间的目标相辅相成，以激励共同的目标取向。当渠道目标与某些渠道成员的目标相左时，种子渠道领袖应设法激励符合组织利益的目标。

5. 多样性原则

渠道激励的多样性原则是指针对渠道成员的不同需要及愿望，结合不同的时机和环境，将激励的一般法则灵活地加以运用，以期达到最好的激励效果。例如，激励对象，除了将渠道成员作为整体进行奖励外，还可对具体的销售人员进行奖励；而激励形式则包含了物质激励、培训激励、参与性激励等多种方式，必须根据激励对象的不同有重点地结合使用。

6. 奖惩结合原则

奖励只有与惩罚相结合，才能收到最大的激励效果。奖励是一种正激励，处罚是一种负激励，两者都是必要的。只奖不惩，种子渠道领袖没有威严；只惩不奖，渠道成员没有积极性。因此，种子渠道领袖在激励时要善于正负结合，以正为主，以负为辅，鼓舞士气。

6.2.3 对中间商的激励措施

种子生产商激励中间商以适度激励为基本原则，既要避免激励过分，又要防止激励不足。种子生产商对中间商激励的具体措施有如下几方面。

1. 向中间商提供适销对路、物美价廉的种子

提供适销对路的优质种子，这是对中间商的最好激励。中间商认为适销对路的种子是销售成功的一半，因而种子生产商提供符合市场需求的种子就会受到中间商的欢迎。

2. 合理分配利润

种子生产商在产品定价方面要充分考虑中间商的利益，要对进货数量、信誉、财力、管理等不同的中间商给予不同的价格折扣，使中间商感到经

营某种子生产商的种子会得到较理想的利润收入。

3. 促销支持

种子生产商承担宣传推广种子的全部或部分费用，不要求中间商承担或只要求承担部分费用。同时派出营销员协助中间商安排商品陈列、举办展览和操作表演、帮助培训推销人员等，都会得到中间商的欢迎。

4. 资金资助

种子生产商可通过融资，采取售后付款或先部分付款的方式，促进中间商积极进货，努力推销产品。

5. 提供情报

种子生产商将获得的市场信息及时通报给自己的中间商，同时也将生产方面的发展状况告诉中间商，使中间商心中有数，或邀请中间商共同探讨市场状态及发展动向，制定扩大销售的措施，使中间商能够有效地安排销售。

6. 对中间商进行人员培训

任何农作物良种都有特定的生育期、抗病性、抗逆性以及田间栽培要点等，而且种子在生长过程中易受气候、病虫害的影响，进而影响农产品的产量。这些售前、售中和售后服务的活动是种子生产商不能完成或不能全部完成的，就必须请中间商代为完成，因此就必须要帮助中间商进行人员培训。

6.2.4 依据种子生产商与中间商关系进行激励

在跨组织的环境下，为获得一个高积极性的、和谐的渠道成员合作团队，种子生产商必须与中间商建立良好的关系，依不同情况可采取3种方法，即合作、伙伴和分销规划。

1. 合作关系

合作关系是种子生产商向渠道成员提供支持的最简单的、最不全面的方法。在批发、零售环节上，种子生产商和渠道成员的合作方案是用来刺激传统地、松散地结合在一起的渠道成员的一种最常见的方法。种子生产商仅仅依据单方面的"刺激—反映"模式将众多的激励因素拼凑在一起，自然难以收到预期的效果。种子生产商与渠道成员所使用的每一种合作方案，随企业不同而变化各异。根据种子企业的情况，种子生产商与渠道成员合作方案的类型见表6-2（伯特·罗森布洛姆，2006）。

表 6-2　生产者向渠道成员提供合作方案的典型类型

序号	类型
1	共同付费广告补贴
2	支付内部展览，包括货架延伸、抛售展览、"A"位置、走廊展示等
3	买方竞争、销售人员竞争等
4	各种仓储功能补贴
5	支付橱窗陈列费用和安装费用
6	检查存货、供应库存、进行全面促销等的人员
7	展示样品
8	赠券处理补贴
9	免税商品
10	保障销售
11	店铺和橱窗展示材料
12	当地调查研究工作
13	为顾客提供邮寄补贴
14	预计费
15	自动再订购系统
16	零售商或批发商单个店铺的运送费用
17	大量研究，如存货管理会计研究
18	自由退货权
19	向店铺人员喜爱的公益机构捐赠
20	为特殊周年纪念日捐款
21	当购买者参观陈列室时，提供奖品以及娱乐
22	培训销售人员
23	支付店铺设备
24	支付新店铺成本或改进费用
25	多种多样的促销补贴
26	为独家特许经营支付特殊费用
27	支付部分销售人员薪水
28	生产商销售人员参与实际零售店或参与中间商现场销售
29	存货价格调整
30	广告中出现店铺或中间商名称

一个好的合作方案应该具备以下条件：①以渠道成员的需求和问题为中心，在经济衰退的困难时期，提供众人欢迎的销售刺激和货币奖励；②简单明了，没有复杂的规则和需要遵循的程序；③清晰传达互利感，因为即使该方案是不加掩饰地被设计用来推销某一特定生产商的产品，它仍

然向参与的中间商提供了直接的、有形的回报。

2. 伙伴关系

伙伴关系就是在种子生产商和渠道成员之间建立一种持续的、相互支持的关系，并为建立一个更高积极性的团队、网络系统或渠道伙伴联盟而努力。首先，种子生产商要仔细研究并明确自己应该为中间商做些什么，如产品供应、市场开发、技术指导、售后服务、销售折扣等；其次，也让中间商明确他的责任和义务，如他的市场覆盖面、市场潜量以及应提供的咨询服务和市场信息等；最后，根据协议执行情况对中间商支付报酬并给予必要的奖励。

渠道成员之间建立伙伴关系，应遵循以下原则，见表 6-3（Frank K. Sonnenberg, 1992）。

表 6-3　建立成功的渠道合伙关系的基本原则

原则	描述
合伙双方都应从中受益	双赢的结构关系使双方都能取得成功
每一方都应受到尊重	重点是理解每个合伙人的文化（而不仅仅是资产），所有的承诺都应兑现
只承诺能够做到的	合伙人应当兑现建立的预期
在关系紧密建立之前应当确定具体的目标	如果关系无目标地波动，将不可避免地产生问题
努力实现长期承诺对双方都很重要	有些行动可能不会使合伙人立刻受益，但将使其长期受益
每一方都应当花时间理解对方的文化	理解对方的需求，了解内部动作，理解不同的优缺点
每一方都设有关系的维护者	双方公司应该指派一个主要的联系人以负责配合与合作方的工作
应当保持沟通	在产生冲突前讨论不同的观点
最好的决策是共同制定的	应当避免单方面决策，强迫一方接受决策将产生不信任
保持关系的连续性	合伙企业的重大人事变动不利于合伙的生命力，因此，确保平缓的人事变动至关重要

3. 分销规划

分销规划指种子生产商与中间商建立的最密切、最复杂、最广泛的关系。种子生产商与中间商建立一个有计划的、实行专业化管理的垂直市场营销系统，统一规划营销工作，如拟定销售目标、存货水平、商品陈列计划、广告和营业推广计划等，把种子生产商的需要和中间商的需要结合起来，在提高营销工作绩效中共同发展。

制定一个综合的分销规划的第一步，是种子生产商要分析营销的目标，以及为达到这样的目标需要从渠道成员那里得到的支持的种类和水平。此外，种子生产商必须弄清楚渠道成员所在领域的需求和问题（附录 C 概括地分析了种子生产商和渠道成员两者所应包括的主要方面）。

通过以上分析之后，种子生产商还要制订具体的渠道政策。

表 6-4 列出了每一类中较常遇到的政策选择。

表 6-4　渠道政策选择举例

Ⅰ.价格让步	Ⅱ.资金支持	Ⅲ.保护条款
A.折扣结构	A.合同贷款协议	A.价格保护
商业折扣（功能折扣）	定期贷款	贴标签前商品
数量折扣	存货平面计划	"特许"价格
现金折扣	应付票据融资	代理协议
预期补贴	设备设施分期付款金融通	B.存货保护
免税商品	租用和票据担保方案	寄售
预付运费	应收账款融资	代销
新产品、展示和广告补贴	B.展期	自由退货条款
（无业绩要求）	月底展期	回扣计划
季节性折扣	已收货展期	再订购保障
整车装运优惠	延迟交付日	销售保障支持
超库配送优惠	延期	维持现货和快速送货
交易契约		C.区域保护
B.折扣替代		选择性分销
展示材料		排他性经销
贴标签前商品		
存货控制规划		
目录和销售促销文字		
培训计划		
货架堆放计划		
广告组合		
管理咨询服务		
商品销售规划		
销售佣金		
技术援助		
支付销售人员和展示人员薪水		
促销和广告补贴（有业绩要求）		

6.2.5　借助某些权力来赢得中间商的合作

种子生产商可以借助某些权力来赢得中间商的合作。

1. 胁迫力

胁迫力指种子生产商对不合作（如服务差、未实现销售目标、窜货等）的中间商威胁撤回某种资源或中止关系而形成的权力。中间商对种子生产商的依赖性越强，这种权力的效果越明显。

2. 付酬力

付酬力指种子生产商给执行了某种职能的中间商额外付酬而形成的权力。付酬力的负面效应是中间商为种子生产商服务往往不是出于固有的信念，而是因为额外的报酬。每当种子生产商要求中间商执行某种职能时，中间商往往要求更高的报酬。

3. 法定力

法定力指种子生产商要求中间商履行双方达成的合同而执行某些职能的权力。

4. 专家力

专家力指种子生产商因拥有某种专业知识而对中间商构成的控制力。例如，种子生产商可借助复杂精密的系统，领导或控制中间商，也可向中间商提供专业培训或系统升级服务，如果中间商得不到这些专业服务，其经营就很难成功，由此可形成专家力。一旦专业知识传授给了中间商，这种专家力就会削弱。

5. 声誉力

声誉力指中间商对种子生产商深怀敬意并希望与之长期合作而形成的权力。

一般情况下，种子生产商应注重运用声誉力、专家力、法定力和付酬力，尽量避免使用胁迫力，这样往往容易收到理想的效果。

6.3　种子企业分销渠道成员评估

种子分销渠道评估，是指种子生产商通过系统化的手段或措施，对其分销渠道成员的效率和效果客观地进行考核和评价的活动过程。随着营销环境的变化、竞争对手策略的更新、企业自身资源条件和地位的变化，种子企业必须对分销渠道进行评估。对分销渠道运行状况及渠道成员进行评估，是分销渠道管理的重要内容。分销渠道评价的目的，是为了对企业整合分销渠道、调整渠道结构和增减渠道成员提供决策依据。因此，种子生产商要定期对渠道成员进行评估，考查中间商业绩。如果某一渠道成员的绩效过分低于既定标准，则需找出主要原因，采取相应的补救措施。

6.3.1 种子分销渠道评估原则

种子生产商在设计了一个良好的渠道系统后，不能放任其自由运行而不采取任何改进措施。事实上，为了适应种子市场的快速变化，种子生产商整个分销渠道系统必须在评估的基础上，随时加以修正和改进。根据种子渠道综合评价标准确定直接渠道和间接渠道以后，还要对以上渠道的多种方案进行评估，并选出能满足种子企业长远目标要求的最佳方案。根据渠道和种子管理的理论，依据种子企业营销环境分析，笔者在多位专家讨论的基础上进行了深入细致分析，提出以下具有针对性的优化评估原则。

1. 畅通高效原则

优化后的种子分销渠道要在流通时间、速度、费用等方面比原有渠道更符合物畅其流、经济高效的要求。改进后的渠道要以农民需求为导向，将良种尽快、尽早通过最短的路线，以优惠的价格送达种子用户。从种子生产商角度讲，要尽量提高分销效率、降低渠道费用，从而获得最大的经济效益。同时，根据农民购买的时间习惯和种植需求，种子生产商至少要在播种前45天进行铺货，并保证能随时调剂种子余缺。

2. 覆盖适度原则

降低渠道成本是在覆盖适度原则基础之上的，不能一味强调降低分销费用。若没有达到足够大的市场覆盖面，必然会影响种子品种的市场占有率，从而达不到经济利益和社会利益最大化。在执行该原则时要注意以下两个问题。

（1）与作物品种的适应种植地域范围相结合。如果品种分销渠道覆盖到其适用地理区域以外的地域，不仅会给公司造成资源的浪费，而且还会给农民造成更大的经济损失。

（2）努力打破地方保护主义。地方保护主义给市场覆盖面"印"上一个个"空白补丁"，无法形成真正的统一种业大市场。

3. 稳定可控原则

渠道稳定可控性是指种子生产商对渠道成员的控制能力，即在一定时期内能保证顺利实施厂商的政策，以减少渠道冲突，降低失控风险。种子分销渠道一旦建成，就具有相对稳定性和惯性，一般不作较大幅度的调整。但当某一渠道成员不再符合渠道要求或阻碍适应渠道的发展时，就要考虑渠道成员的除旧纳新、升级换代。优化后的渠道应保持适应力和生命力，在可控制的范围内保持基本的稳定状态。这是基于以下两点考虑的：其一，渠道成员的稳定有利于培养渠道成员的忠诚度；其二，种子自然特性对渠道成员农技方面的要求很高，如果随意更换渠道成员，会增加种子生产商的培训成本等渠道支出。具体地说，如果种子生产商直接与批发商、零售商接触，则种子生产商对批发商、零售商的控制能力就比较强；如果种子生产商通过销售代理商与批发商和零售商接触，则种子生产商对批发商和零售商的控制能力就比较弱；如果种子生产商采取自营方式销售产品，种子生产商对渠道的控制能力就很强。种子生产商对分销渠道成员的控制力越强，种子生产商与渠道成员的联系就越直接、越密切；种子生产商越能与渠道成员在交易条件和相互权利义务方面直接协商，就越能激励渠道成员积极销售种子产品，为种植户提供优良的服务，提高种子生产商产品的品牌地位，使种子生产商和渠道成员在销售增长中同时获益。随着种子渠道由交易型关系向伙伴型关系转变、由金字塔向扁平化方向转变、由以总中间商为中心向以终端市场建设为中心转变，随着种子渠道不断优化、整合和创新，种子生产商对分销渠道的掌控能力将会不断增强。

4. 协调平衡原则

协调平衡原则就是渠道成员选择匹配的问题，包括渠道的抗冲击力和可变性，即当外部环境发生变化时所选择的渠道能否抵御外来的冲击并保持市场销售和价格的均衡，以及当种子生产商总体销售战略调整时所选择的渠道能否快速灵活地进行调整，以适应新政策和市场变化。我们知道，种子类别与特性、种植区域性、种子市场特性、种子企业特性、政府法律、法规都会影响种子生产商对分销渠道的选择。而企业在发展中，以上5个因素又是在不断变化的，各种因素又会有新的组合。种子生产商的分销渠道若在很多方面能适应各种变化，分销渠道的适应性就比较好；若在很多方面不能适应各种变化，分销渠道的适应性就比较差。所以种子生产商与中间商签订长期合约时要特别慎重。在签约期内不能根据需要随时优化渠道，将会使渠道失去灵活性和适应性，使企业失去一些获利机会。现在种子行业的竞争已经不是单个种子企业的竞争，而是种子企业所处的价值链体系与另一个价值链体系的竞争。该价值链中的所有渠道成员是一荣俱荣、一损俱损。因此，在改进渠道时，要综合考虑各个渠道成员的利益，协调各方的利益，达到一种均衡状态。分销渠道的优化是在 3 个层面上进行的：

（1）在经营层次上，其优化可能涉及增加或剔除某些渠道成员。

（2）在特定市场层次上，可能是某个特定市场渠道的增加或减少。

（3）在企业系统规划层次上，可能涉及所有市场进行经营的新方法。

种子企业可根据这些原则对现有种子分销渠道的改进提出具体对策。总之，在渠道优化时，将渠道冲突和矛盾降到最低；在渠道合作与管理上，引导渠道成员平衡发展、协同竞争、合作共赢。只有双赢的合作结果，才能使种子生产商与渠道成员长远合作。

5. 发挥优势原则

现代的竞争是资源整合、专业分工。发挥自己的强项很容易；弥补自己的缺点很难，甚至做不到。合作中，不是取长补短，而是充分发挥各自的优势。种子企业在渠道优化时，要对企业的本身和渠道进行 SWOT 分析，根据种子企业的市场营销目标、市场战略和营销计划，来进行渠道优化与整合，使之优势互补、功能更强。

6.3.2　种子分销渠道评估的标准

种子生产商在对分销渠道做出优化设计后，还要对各种渠道方案作出综合评价。虽然每种渠道都能销售种子，但不是每一种渠道对实现企业的长期目标都是最有利的。因此，种子生产商在选择自营渠道和分销渠道时，除考虑种子企业自身资源、当时所处的市场环境和种子特性外，很重要的一方面还应该考虑成本。下面，笔者根据专家座谈和集体意见，依据成本高低进行归纳和整理，得出以下选择和评价标准。

1. 中间商的发达程度

中间商越发达，越应采取中间商渠道模式；中间商越不发达，越应采取自营渠道模式。

2. 渠道所在地的劳动力成本

劳动力成本越低，越应采取自营渠道模式；劳动力成本越高，越应采取中间商渠道模式。

3. 自营渠道的固定成本

固定成本越低，越应采取自营渠道模式；固定成本越高，越应采取分销渠道模式。

4.同行之间竞争激烈程度

同行之间竞争越激烈，越应采取自营渠道模式；竞争越不激烈，越应采取分销渠道模式。

5.应收账款的回收风险

应收账款的回收风险越大，越应采取自营渠道模式；风险越小，越应采取分销渠道模式。

6.目标市场规模

目标市场规模越大，越应采取分销渠道模式；目标市场规模越小，越应采取自营渠道模式。

在实际应用中，可以把上述标准量化（见表6-5）进行综合分析，使其更具有可操作性。

表6-5 种子渠道模式综合评价表

	初步分数					权数	分数（初步分数×权数）
	大	较大	中	较小	小		
中间商发达程度	2	1	0	-1	-2	1.5	A
劳动力成本	2	1	0	-1	-2	1	B
自营固定成本	2	1	0	-1	-2	0.5	C
竞争激烈程度	2	1	0	-1	-2	1	D
应收账款风险	-2	-1	0	1	2	2	E
目标市场容量	-2	-1	0	1	2	4	F

注：①A、B、C、D、E、F分别为每个标准分数。②初步分数的确定是以种子企业平均水平为准的。③权数的确定应依据该因素对整体决策重要程度而设立。

由表6-5可知，A+B+C+D+E+F>0，宜采用直接渠道；A+B+C+D+E+F<0，宜采用间接渠道。

6.3.3 种子分销渠道评估的方法

种子分销渠道评估主要有两种方法：历史比较评估法和区域内比较评估法。

1.历史比较评估法

历史比较评估法即将每一中间商的销售绩效与上期的绩效进行比较，并以整个群体的升降百分比作为评价标准。

对低于该群体平均水平的中间商，种子生产商必须加强评估与激励措施。需要注意的是，如果对后进中间商的环境因素加以调查，可能发现一些可原谅因素，如当地经济衰退、某些顾客的失去不可避免、主力推销员的丧失或退休等。其中，某些因素可在下一期弥补。这样，种子生产商就不应因这些因素而对中间商采取任何惩罚措施。

2.区域内比较评估法

区域内比较评估法即将各中间商的绩效与该地区基于销售潜量分析所设立的配额相比较。

在销售期过后，根据中间商的实际销售额与其潜在销售额的比例，将各中间商按先后名次进行排列。这样，种子生产商的调整与激励措施可以集中用于那些未达既定比例的中间商。

6.3.4　种子分销渠道评估的内容

1.分销渠道系统评估的非量化指标

通常情况下，对分销渠道系统的评估主要包括以下几个方面：

（1）渠道系统管理组织评估。一个种子企业的渠道网络是否健康，在很大程度上取决于种子企业内部渠道管理的有效性和效率。渠道系统管理组织的评估包括以下两个方面的内容：①要考察渠道系统中销售经理的素质和能力；②要考察种子生产商分支机构对零售终端的控制能力。评价的主要标准是：种子企业的自销比重、零售商或中间商对种子企业的依赖程度、种子企业针对零售商或中间商的渠道权力。

（2）客户管理评估。客户管理评估包括以下三个方面的内容：①最终客户；②组织客户，或称商业客户；③渠道成员的业务人员。对于最终客户的管理，需要考察是否建有最终客户数据库。在客户管理评估方面，主要看两个指标：一是种子生产商分支机构中的最终客户和组织客户数量分别占该地区同类客户的比例；二是种子生产商分支机构掌握多少渠道成员的业务员档案。第一个指标的比例越高，第二个指标的数量越大，那么就表明种子生产商分支机构工作做得越深入细致，种子生产商渠道系统抗风险的能力就越大。

（3）渠道成员铺货管理评估。渠道成员铺货管理的评估分为以下两个步骤：第一步是对构成渠道系统相关层级的渠道成员的信用状况进行评估，这一步至关重要，直接关系到后面的铺货风险问题。根据对评估下来的渠道成员信用等级情况，确定是否铺货或者铺多少货等。第二步是控制铺货金额。对于一般的零售终端来说，要确定合适的铺货量。不能太低，太低了可能造成缺货或断货；但又不能太高，太高了增加风险。对于规模大一些的主要负责分销的渠道成员，需要根据其信用状况确定另外的铺货量。

在渠道成员铺货管理的评估中，有一项很重要的指标，那就是看整个渠道系统的渠道成员的质量状况。如果在综合评定后，拥有较高信用级别的渠道成员数量所占比例较高的话，那么说明该渠道系统具有较高的质量，否则认为质量一般或较差。

（4）渠道成员沟通评估。渠道成员沟通评估主要通过种子生产商对渠道成员的培训来间接考察。一般情况下，种子生产商的渠道系统都是由与种子生产商在资本上分离的不同渠道成员组成的。因此，种子生产商需要通过培训，将分散的渠道成员统一于种子生产商的企业文化之中。

在该项评估上，可以通过考察中间商接受种子生产商理念及文化的程度、种子生产商与中间商面对面沟通的频率与效果、种子生产商与中间商之间的关系水平、中间商参与种子企业培训的次数及效果、种子企业与中间商联合活动的次数与效果等指标来衡量。如果这几项指标都比较高，则反映种子生产商与渠道成员沟通比较有效，合作比较融洽；否则，就说明种子生产商与渠道成员在有效沟通上存在不足或有问题。

（5）市场促销活动评估。无论是由种子生产商自身组织、渠道成员辅助实施的市场促销活动，还是由渠道成员自身组织、种子生产商辅助实施的市场促销活动，通常情况下，一般需要从以下 5 个方面加以考察：促销目的是否明确，促销原则是否正确，促销中间环节是否把握好终端顾客的拉力、渠道成员的推力以及种子生产商的引力，促销切入点是否找好并达到一定的要求。

在理解了市场促销的上述要求后，就可以对市场促销实施评估。主要有两个评价指标：一是考察种子生产商促销活动持续的天数占当月或当年有效工作天数的比例；二是考察种子生产商万元促销费用所带来的销售额。这两个指标越高，表明促销拉动效果越好，就越有利于分销渠道系统的健康发展。

2. 分销渠道效率评价的量化指标

分销渠道效率评价的量化指标是以分销渠道产出的可量化因素为基础计算而来的，主要包括以下几项。

（1）销售增长率。销售增长率，即用过去某一渠道或某一渠道成员的销售量作为评价的基准，对目前这条渠道或渠道成员的商品流量水平做出评价。其计算公式如下：

销售增长率 =（本期销售量－前期销售量）/ 前期销售量 ×100%。

销售增长率实际上是使用历史比较法来评价种子企业某一渠道或种子企业某一渠道中的某一成员的效率。在使用这一指标评价渠道效率时，既可以进行纵向比较，如种子企业直销渠道本期的销售增长率与种子企业直销渠道以前销售增长率的比较，以便了解种子企业某一渠道或某一渠道成员发展变化的趋势；也可以进行横向比较，如某一渠道成员与同一渠道内其他成员在销售增长率上的比较，以便掌握种子企业某一渠道或某一渠道成员在种子企业产品销售中未来可能的地位变化。

（2）渠道市场占有率。渠道市场占有率又称为渠道市场份额，是指在同一市场的一定时期内，一条分销渠道销售产品的数量占该时期内同类产品销售总量的比重，其计算公式如下：

渠道市场占有率＝经由某渠道的产品销售量／市场上同类产品的销售量之和 ×100%。

该指标用来评价不同渠道在某一商品的销售中所占的地位。一条渠道在某一种产品的销售中的市场占有率越大，说明这条渠道对于这种产品的销售越重要；反之，则不是。

实际上，对于使用多渠道策略的种子企业，有一个更有用的渠道市场占有率指标，即企业渠道市场占有率。它指的是在同一市场的一定时期内，一条分销渠道销售种子企业产品的数量占该时期内同类产品销售总量的比重。其计算公式如下：

企业渠道市场占有率＝企业产品经由某渠道的销售量／企业同类产品的总销售量 ×100%。

该指标用来评价不同渠道在种子企业销售某一产品中的地位。一条渠道在企业渠道市场中的占有率越大，说明这条渠道对该企业产品的销售越重要。

（3）渠道计划执行率。渠道效率的分析判断也可以通过比较计划期的销售量与实际的销售量来进行。渠道计划是企业根据市场的变化规律、竞争状态、各渠道的优劣势分析和销售预测来制定的，是对种子企业、种子企业的某一条渠道以及某一条渠道中的某一成员争取的销售业绩的规定。因此，渠道计划执行率可以在一定程度上反映企业的渠道管理水平，也可以反映企业的渠道管理人员和渠道成员的努力程度。其计算公式如下：

渠道计划执行率＝某一条渠道或渠道某一个渠道成员企业产品的实际销售量／某一条渠道或渠道某一个渠道成员企业产品的计划销售量 ×100%。

由该公式可以看出，渠道计划执行率可能大于、等于或小于100%。如果计划制订本身没有问题，当渠道计划执行率大于或等于100%时，就说明企业的某一条渠道或某一个渠道成员达到较高的渠道效率；当渠道计划执行率小于100％时，就说明企业的某一条渠道或某一个渠道成员的渠道效率较低，需要找出问题的根源所在，加以解决。

（4）平均误差。在统计学中，平均误差指标主要用作分析一组样本值偏离样本平均值的程度。在评价渠道效率时，平均误差可用来分析渠道运行和渠道成员经营的稳定性。在计算过程中，需要把一个时期分成若干阶段，然后先计算每个阶段的平均销售量，再计算实际销售量与平均销售量之差的平方和，最后得到平均误差。例如，把种子企业某一条分销渠道全年的销售量按12个月来划分，那么就有：

各月平均销售量 = 全年销售量 / 12；

$$平均误差 = \sqrt{\sum_{i=1}^{12}（第i月实际销售量 - 平均销售量）^2 \bigg/ 12}$$

因为平均误差的大小一方面受到种子销售季节性因素的影响，另一方面也受到分销渠道的合作和渠道成员管理水平的影响，所以该指标在一定程度上能够反映渠道合作状态和渠道成员的经营管理水平。一般而言，在其他方面相同时，平均误差越小，说明渠道成员之间合作越默契，渠道成员的经营管理水平越高。

（5）销售额。销售额是指企业的产品经由分销渠道销售而产生的现金额，也称为销售收入。一般而言，销售额与销售量呈正比，即销售量越大，销售额也越大，可以用下面的关系式表示：

销售额 = 商品平均销售价格 × 销售量。

从该公式可以看出，价格上升或销售量增加都会使分销渠道的销售额增加。因此，种子企业可以通过一定的价格策略和促销策略来提高分销渠道的销售额。例如，增加服务内容或改善服务方法，使种子用户得到更多的附加利益，支付更高的价格；或降价促销，刺激消费需求，以增加产品销售量，增加销售额。

另外，从这个公式还可以看出，销售额和销售量有可能产生背离——销售量最大的渠道或渠道成员的销售额并不一定最大。有的渠道或渠道成员的销售量可能是由"低价冲货"冲出来的，虽然量最大，但被低价抵消了。

销售额既可以是渠道销售额，也可以是种子企业销售额。渠道销售额特指种子企业的产品经由某一条分销渠道销售而产生的现金额，用于评价某一条分销渠道的效率；种子企业销售额则指渠道成员经营某一个产品而产生的销售收入，用于评价某一个渠道成员的效率。

注意：用销售额或其他现金流量指标评价某条渠道的整体效率时，应以最后销售环节的销售额为准，并且要计算这条渠道中所有最后环节的成员在各细分市场上的销售总额。

（6）销售费用和费用率。分销渠道在运行过程中需要支付各种费用，包括员工的工资、经营管理费用、商品运输费用、包装费用、储存费用以及占压资金给银行支付的利息等。从投入产出关系上分析，销售费用是投入。在产出不变的情况下，投入越小，渠道效率越高。从销售费用角度评价渠道效率，可以用以下具体指标来进行综合分析：

第一，单位商品销售费用，即在一定时期内销售费用总额与该时期内商品销售量的比值，可以是某一条渠道的单位商品销售费用，也可以是某一个渠道成员的单位商品销售费用。其计算公式如下：

单位商品销售费用＝销售费用总额／商品销售量。

第二，销售费用率，即一定时期内销售费用总额与该时期内销售额的比值，可以是某一条渠道的销售费用率，也可以是某一个渠道成员的销售费用率。其计算公式如下：

销售费用率＝销售费用总额／商品销售额 ×100%。

第三，销售投入产出率，即在一定时期内商品销售额（量）与销售费用之间的比值，可以是某一条渠道的销售投入产出率，也可以是某一个渠道成员的销售投入产出率。其计算公式如下：

销售投入产出率＝产品销售额（量）／销售费用总额 ×100%。

一般而言，销售费用与产品销售额应保持一个合理的比例关系。然而，在实践中，经常会出现费用在大幅度增长，而销售额增长速度缓慢或不增长的现象。在市场竞争十分激烈的情况下，这种现象可能经常发生，因为费用支出的效果会被竞争所抵消。当然，也可能是种子企业的分销渠道出了问题。一般来说，在不削弱种子分销渠道功能的前提下，渠道费用的增长幅度低于销售额的增长幅度是较理想的情况。

（7）销售利润额和利润率。取得利润是企业最重要的目标之一。以现代市场营销观念来理解，利润是种子企业对种子用户满意程度的标志，也是种子对种子企业经营活动的奖励。因此，对于利润和利润率的分析，历来为种子企业所高度重视，在渠道效率的评价中具有非常重要的地位。如果一个种子企业或一条渠道只是得到了很大的销售量或销售额，而没有得到足够大的利润，那么就是"只赚吆喝不赚钱"。

对于种子生产企业，利润就是种子生产企业的销售收入减去生产成本、经营费用和税金等项目之后的余额，即：

利润＝销售收入－生产成本－经营费用－税金。

对于中间商，利润就是企业的进销差价减去经营费用和税金等项目之后的余额，即：

利润＝销售收入－进货成本－经营费用－税金。

销售利润率是利润与销售额之比，可以用来显示单位销售额中利润的比例。其计算公式如下：

销售利润率＝利润额／商品销售额 ×100%。

利润和销售利润率也可以按照分销渠道和渠道成员两个不同的层面进行计算和分析。分销渠道层面上的利润和销售利润率，以企业的渠道为单位，计算不同渠道给企业创造的利润和渠道效率；渠道成员层面的利润和销售利润率，则是以企业某一条渠道的渠道成员为单位，计算不同渠道成员的利润和经营效率。

3. 中间商绩效评估

对中间商绩效的测量有许多种指标，一般采用两种：一种是以行为为基础的定性测量，如种子服务质量、产品保证、顾客投诉处理能力、中间商竞争能力和中间商的适应能力等；另一种是以产出为基础的定量测算，如销售额、利润、利润率和存货周转等。

（1）对中间商评估的特定量化指标。分销渠道系统评价的量化指标通用的是渠道效率评价指标。该指标既可在渠道层面上对渠道系统的不同渠道效率进行评价，也可用于对渠道中各不同渠道成员的效率进行评估。但是由于中间商所承担的渠道功能差异较大，要全面地判断中间商的经营效率，还需要采用一些特定的效率指标，主要包括货款支付率、存货周转率、资产使用效率3个方面的指标。

①货款支付率：指中间商应付货款与其平均采购额之比。这是用来评价中间商能否快速支付货款的指标。其计算公式如下：

货款支付率＝应付货款／平均采购额 ×100%。

在种子生产商规定的期限内，中间商对种子生产商的货款支付率越高，越说明中间商是一个可以依赖的合作者；反之，就需要对中间商的合作诚意、素质及经营效率进行更进一步的分析，看是否存在问题。

②存货周转率：指中间商的存货销售速度与存货的补充更新速度之比，一般用年采购次数或存货平均周转天数测算。其计算公式如下：

存货周转率（年采购次数）＝年度销售额／平均存货量。

存货周转率（周转天数）＝平均存货量／日均销售量。

平均存货量和存货周转率一方面反映中间商的经营能力，另一方面也反映中间商的经营管理水平。一般而言，在存货周转速度一定时，中间商的平均存货量越大，说明它的经营能力越强；而在平均存货量一定时，中间商的存货周转速度越快，则说明它的经营效率和管理水平越高。

③资产使用效率：指一个企业单位资产实现商品销售额的多少，主要用于显示中间商在承担渠道功能时投入资产的利用情况，也称为资产使用效率。其计算公式如下：

资产使用效率＝年度销售额／总资产额 ×100%。

一般而言，资产使用效率越大，实现了较大的年度销售额，说明中间商经营效率越高，用相同的资产或用较少的资产实现了相同的年度销售额。

（2）对中间商评估的非量化指标。评价中间商的非量化指标是指在评估中间商的绩效时，以行为为基础的定性测量方法，可以根据以下7个方面因素进行描述。

①对销售额的贡献。关于销售额的贡献可以从以下几个方面进行调查：在上一年中，中间商在所处市场领域的经济增长水平和竞争条件下，为种子生产商创造的销售数量是否高于平均水平；比较本地区的其他竞争对手，此中间商是否已经为种子生产商争取了一个较高的市场渗透度；此中间商从种子生产商那里获得的销售收入是否比本地区的其他竞争对手的高。

②对利润的贡献。依据种子生产商向中间商提供支持和服务的成本是否合理，确定此中间商从种子生产商获取的业务总量；中间商持续要求种子生产商对其提供支持，结果给种子生产商造成利润不充足的状态；由于种子生产商在上一年中为支持中间商而投入的时间、精力、人力数量，使种子生产商从中间商不能获得令人满意的利润。

③中间商的竞争能力。中间商是否充分了解生产商的产品和服务的特性；中间商是否具备成功经营生产产品所必需的经营技能；中间商及其员工是否了解其他竞争对手的产品和服务的知识以及销售队伍情况。

④中间商的应变能力。中间商能否察觉出市场领域的长期发展趋势，并不断地调整自己的销售行为；中间商能否适应市场领域的竞争变化；中间商在销售种子生产商的产品和服务时是否具有很强的创新能力。

⑤中间商的服从度。中间商是否经常拒绝种子生产商的一些合理要求；中间商是否经常违反与种子生产商签订的合同或协议中的条款；中间商是否总是服从种子生产商规定的各种工作程序和步骤。

⑥中间商对销售增长的贡献。中间商是否会继续成为或很快成为种子生产商的主要收入来源；在将来的几年里，种子生产商预期从中间商那里获得的收入是否比从本地区内的其他中间商获得的收入增长得快；过去，

种子生产商与此中间商的业务量或保修期获得的市场份额是否一直平衡增长。

⑦顾客的满意度。种子生产商是否经常收到从顾客那里针对中间商的投诉；中间商是否经常努力争取使顾客达到满意；在解决与种子生产商的产品和服务有关的问题中，中间商能否为顾客或最终的用户提供良好的支持和帮助。

6.4　种子企业分销渠道调整和改进

随着种子市场营销环境的不断变化，种子企业原有分销渠道系统能否适应市场营销环境的变化，直接影响种子企业产品的销售情况。因此，种子企业必须随着市场营销环境的变化，灵活并及时改进和修正其渠道系统。

6.4.1　分销渠道调整的原因

对中间商评估完毕后，种子生产商应该马上采取适当的措施对渠道进行调整改进，对于协议完成情况好的中间商给予一定的奖励，而对于那些业绩不佳的中间商则给予建议，重新培训或重新激励。如果还不行的话，种子企业就应当考虑中止关系。总之，赏罚分明，以充分调动中间商的积极性。

企业调整自己的营销渠道一般是出于以下几方面的原因。

1. 现有分销渠道未达到发展的整体要求

种子企业发展战略的实现必须借助分销的能力。如果现有分销渠道在设计上有误或中间商选择不当、管理不足，均会促使种子企业进行调整。

2. 客观经济条件发生变化

当初设计的分销渠道虽然在当时的经济条件下是科学的，但现在各个因素发生了重大变化，从而有必要调整分销渠道。因此，种子企业要定期地、经常地对影响分销渠道变化的因素进行分析，提前对分销渠道实施调整。

3. 种子企业的战略发生变化

任何分销渠道的设计都围绕着种子企业的发展战略，种子企业的发展战略发生变化，自然也会要求企业调整分销渠道。

6.4.2　分销渠道调整的步骤

一个良好的分销渠道，不能放任其运行。因为一切都在变化，种子企业想要生存和发展，就必须适应营销环境的变化，而且即使外部环境变化不大，营销工作本身也需要不断地调整与完善。对分销渠道的调整与完善，一般是在对其评估的基础上实施的。

（1）分析分销渠道调整的原因，确定这些原因是否为分销渠道调整的必然要求。

（2）在对分销渠道选择的限制因素研究的基础上，重新制定分销渠道目标。

（3）对现有分销渠道进行评估。如果通过加强管理能够达到新分销渠道目标，则无须建立新分销渠道；反之，则应考虑建立新分销渠道的成本与收益。

（4）分销渠道的调整与改进。企业分销渠道的调整可以从3个层次进行研究：①从经营层次看，分销渠道调整可能涉及增加或剔除某些特定的分销渠道；②从特定市场的规划层次看，其改变也可能涉及增加或剔除某些特定的分销渠道；③从企业系统计划层次看，其改变可能涉及所有市场经营的新方法。

6.4.3 渠道调整与完善的方法

分销渠道的建立，是基于一定的市场营销环境的，特别是基于一定的种子用户需求基础上的。市场环境时刻都在变化，种子用户需求也是不断变化的。因此，种子企业必须创造性地去适应市场环境变化的要求，及时调整和完善分销渠道，实现种子企业既定的市场目标。种子企业应该注意，市场环境的变化一部分是周期性的，比如经济周期、流行趋势等，这就需要分销渠道具有一定的适应性和弹性，并进行适当的微调。而市场环境的变化也可能是由于政治、经济、文化的发展进步而表现出的不可逆性，即具有一定的发展趋势。当过去的分销渠道模式和这种趋势相抵触时，种子企业就必须顺应趋势，对渠道模式进行全局的、重大的调整。种子渠道的调整与完善主要有以下3种方式。

1. 增减渠道成员

增减渠道成员就是增减分销渠道成员的数量，即在某一种子企业分销渠道里增减个别中间商，而不是增减各种渠道模式，以此提高分销渠道的效率。例如在某区域种子市场，种子企业授予新的中间商特许经营权等。作这种调整时，种子企业要分析增加或减少某个中间商会对种子分销、企业利润造成什么影响，影响程度如何。例如种子企业决定在某一目标市场增加一家批发商，不仅要考虑这么做是否会给企业增加销售量，而且还要考虑对其他中间商的需求、成本和情绪的影响等问题。

2. 增减分销渠道功能

增减分销渠道功能就是重新分配分销渠道成员所应执行的功能，使之能最大限度地发挥自身潜力，从而提高整个分销渠道的效率，即增减某一渠道功能，而不是增减渠道里的个别中间商。例如，种子企业有时会发现某一特定地区市场正处在迅速变化之中，亟须拓展有效的分销渠道以适应市场变化。在减少或增加某种渠道功能时，种子企业要考虑增减所带来的经济效益以及其他渠道的反映，并且要估计到被剔除的渠道日后可能成为本企业渠道的竞争者，而保留渠道是否会产生不安全感，从而降低销售量等的可能性。种子企业要对此采取预防措施。

3. 变动分销系统

变动分销系统是指种子企业对现有的分销体系、制度作通盘调整。由于企业自身条件、市场条件、商品条件的变化，如果原有分销渠道模式已经制约了企业的发展，就有必要对整个分销渠道系统作根本的、实质性的调整。这种调整涉及面广、影响大、执行困难，不仅要突破种子企业已有渠道本身的惯性，而且由于涉及利益调整，会遭到某些渠道成员的强烈抵制。这种调整通常属于高层的决策。种子企业要特别谨慎从事，筹划周全，要进行系统分析，以防考虑不周，影响企业全部销售。如果种子企业将直接式渠道模式改为间接式渠道模式，将单一的渠道模式改为复式渠道模式等，那么它不仅使全部分销渠道改观，而且还会涉及营销组合因素的相应调整和营销策略的改变。种子企业一般在两种情况下才会做出对现有渠道模式进行根本调整的决策：一是由于种子企业整体战略和策略的调整而引起的渠道模式及结构的不适应；二是原有的种子渠道模式和结构发生重大的问题，无力纠正，且无法继续使用。

6.4.4 分销渠道调整与完善的方向和措施

为了适应市场需要的变化，整个渠道系统或部分渠道必须在评估的基础上随时加以调整与完善。当然，这种调整与完善是相互的，一方面要尊重中间商的选择，另一方面种子企业可以和中间商按股份制原则结成更为紧密的关系。但一般情况下，这种调整与完善应不断地进行局部的调整。在调整过程中，要注意处理好种子企业内部营销人员和中间商之间的感情和利益关系，防止出现较大的负面影响，尤其是要避免负激励将中间商推向竞争对手的情况。中间商在分销过程中不可忽视的作用决定了种子企业必须充分考虑中间商的利益，这样才能使合作长久地进行下去。

分销渠道的落后及其变革意味着许多机会的存在，种子企业在调整与完善自身分销渠道的过程中，可从以下几个方向采取措施。

1. 关注顾客满意度

面对顾客的不满，种子企业应找出使顾客满意的关键驱动因素，投资于那些给顾客带来实际效益而成本较低的渠道。

2. 开发新渠道

新兴的分销渠道会带来全新的顾客期望值，并且会重新定义成本和服务标准。例如在种子行业，仓储式大型超市重新划定了规模和价格 / 价值关系，从而获得了传统零售商不可比拟的成本优势。所以种子企业应定期全面评估现有的和可替换的渠道，以开发利用新渠道，服务新细分市场。

3. 填补市场空白

各个分销渠道趋向于服务各个不同的细分市场，如果种子企业未使用其中一种分销渠道，便可能错过整个细分市场。

4. 重组渠道

成功的种子企业往往在管理内部问题之余，也积极维护整个分销系统的竞争力。由于渠道成本受规模成本影响，因此种子企业可通过鼓励中间商整合来加强其网络系统，取得成本优势。此外，那些向优秀中间商提供优惠政策的渠道优化重组也可提升整个渠道的经济性。

6.5　种子企业分销渠道冲突的整治

渠道冲突是指渠道成员之间因为利益关系产生的各种矛盾和不协调，如冷战、要挟、拖欠、讲条件、窜货及乱价等。冲突主体为渠道成员，包括种子生产商、代理商、批发商、终端零售商、种子用户等；冲突形式有矛盾（激烈对抗）、不协调（冷战、排斥）；冲突根源主要是利益问题（经济利益、渠道权力）。分销渠道过程充满矛盾和冲突，让种子企业头疼、困惑。对此，种子企业间的认识、态度和处理方式体现出差异，有的听任冲突，有的害怕冲突，有的能够有效利用冲突。其实，冲突无时不在，无处不有。种子企业不应回避冲突，更不可能从根本上消灭冲突，因为矛盾是事物发展的动力，它是普遍存在、无时不有的。当然，恶性冲突是一种破坏性的力量，必须坚决制止；但良性冲突则是渠道运动和发展的动力，必须加以利用。

6.5.1 种子企业分销渠道冲突的现状

由图4-1可见，种子企业分销渠道的冲突大体可分为以下4类。

1. 垂直渠道冲突——同一渠道不同层次的冲突

如图4-1中，以单箭头连接的两成员之间的冲突均为垂直渠道冲突。如渠道C的种子生产商与批发商之间，批发商与种植大户、合作社、农业企业之间的利益冲突。冲突表现在种子生产商与代理商或批发商之间、批发商或代理商与零售商之间，它们可能就种子的质量、服务、物流、价格、促销、返利、优惠政策、信誉、存货及结算等方面发生冲突。

2. 水平渠道冲突——同一渠道同一层次的冲突

如图4-1中，渠道D的批发商和渠道F的代理商下面的若干个零售商之间的冲突；渠道G的代理商下的若干个批发商之间，批发商下面的若干个零售商之间的利益与冲突。冲突主要表现在价格战、促销战、服务不规范，还有道德方面问题如有的中间商在销售中弄虚作假，损害种子品牌形象，引起其他批发商和零售商的不满。

3. 多渠道冲突——同一地区市场不同渠道的冲突

如图4-1所示，多渠道冲突有以下几个层次：第一层次为渠道F的代理商与渠道D的批发商在同一地区市场争夺零售商的冲突；第二层次为渠道G的批发商与渠道D的批发商在同一地区市场中争夺零售商的冲突；第三层次为B、D、F、G四条渠道中零售商在同一地区市场中竞争农户的冲突；第四层次为渠道C的批发商、渠道E的代理商和渠道A的种子生产商在同一地区市场中竞争种植大户、合作社、农业企业的冲突。其主要表现在：不同渠道竞争者的进价不一样、服务不统一，导致中间商间的摩擦和农户的不满，特别是有的中间商在销售中不诚信经营，损害了同一品牌的形象和其他中间商的利益。

4. 窜货——不同地区市场的冲突

窜货是指商品越区销售，包括自然窜货和恶性窜货。自然窜货是指中间商在获取正常利润的同时，无意中向自己辖区以外的市场销售种子的行为。该现象容易得到纠正，不会引起高水平冲突。恶性窜货是指中间商置经销协议和种子生产商长期利益于不顾，蓄意进行种子跨地区销售。恶性窜货是最高水平的渠道冲突，危害极大。其主要表现为价格战、肆意倾销、恶意报复、市场秩序混乱、中间商和用户对种子品牌失去信心等。

6.5.2　种子分销渠道冲突的成因

渠道存在的基础是专业化分工所带来的相互依赖，种子生产商、批发商（代理商）和零售商只有依靠各自的专业化分工一起协作，才能共同完成产品价值链的价值实现。然而各个独立业务实体的利益不可能总一致，种子生产商与中间商之间总会有某些矛盾，这样便产生了分销渠道冲突问题。种子分销渠道冲突成因多种多样，可归纳为以下几个方面。

1. 渠道成员营销理念差异

由于渠道成员的营销理念具有较大的差异性，因此在种子经营过程中，面对用户、企业、渠道其他成员和社会诸方面关系时，有的能把用户利益放在第一位，而有的则一味考虑企业的短期利益。营销理念的差异，必然会产生矛盾和冲突。

2. 渠道成员的目标不相容

如果同一渠道系统中的所有成员有着共同的目标，那么它们的效率就会大大提高，整个渠道的效益也会最大化。然而，每个公司事实上是一个独立的法人实体，即渠道中每一个成员都有其雇员、股东或所有者，因而每个渠道成员均有自己的目标。有的以生存为目标，有的以市场份额为目标，有的以种子的质量为目标，有的以当前利润为目标，而有的以企业形象最佳化为目标。这些目标中，有些可能重叠，有些则可能与其他成员的目标有很大差异甚至背道而驰。当渠道成员的目标之间不一致或不相容时，就容易产生冲突。

3. 成员之间存在认识上的差异

即使各方搜集的信息完全相同，渠道成员由于各种原因也会有不同的结论，因为成员之间存在认识上的差异，这些认识上的差异必然伴随着结论分歧，导致渠道中矛盾冲突的发生。一般来讲，认识的差异往往来自于大、小公司对于管理的不同理解。一个大的种子生产商要进入新的领域，进一步扩展业务；而对于小的批发商，扩张意味着其当前控制权的丧失，往往会拒绝扩张业务。在这种情况下，大、小公司的管理层将难以达成共识，冲突也在所难免。在给定的情形下，渠道成员也会根据可获得的信息以及先前的经验，对现实做出不同判断。例如，生产商可能对近期经济形势的预期比较乐观，希望中间商经销高档商品；而中间商对经济形势的预期可能并不乐观，那么中间商在销售高档商品上就会比较保守。因此，当渠道成员对实现预期目标采取不同方法，或者对问题采取不同的解决方法时，冲突也就产生了。

4. 渠道结构不合理

由于我国种子企业长期受计划经济的影响，市场区域分割和行政垄断现象严重，多数渠道过长、过窄，如按行政区划设置省、市、县等多级代理商和多级批发商，零售商只设在乡、镇和村等，远远不能适应种子的生命性、季节性和地域性的特点以及市场的分散性和服务要求高的特性。渠道过长、过窄，不仅导致成本上升、利润减少、流通速度慢、不便于用户选购和实施技术服务，而且加剧了渠道成员之间的矛盾和冲突。

5. 渠道成员沟通不畅

沟通就是在信息的流动过程中获得共享。在分销渠道研究领域，沟通曾被描述为"分销渠道各组成部分的黏着剂"，构成了渠道成员之间、渠道及其环境之间发送和接收信息的基础（邓少军，2005）。种子渠道成员是不同的组织，它们有着不同的目标、职责和利益，在市场中不同地位的渠道成员的隐秘行为造成沟通不足或者沟通中渠道成员缺乏诚信。由于沟通不畅，轻则造成渠道成员之间的误解和不快，重则导致冲突升级，渠道成员关系恶化。

6. 分销渠道管理不规范

随着国家对种子市场的放开，种子市场竞争趋向白热化。许多种子生产商和中间商在竞争压力下，一味追求市场的扩张和短期利益，对分销渠道管理意识非常淡薄，管理粗糙、随意。渠道成员之间没有统一的渠道管理规范，没有完善的冲突处理条例，没有专门的渠道管理组织机构和人员，渠道成员各自为政、各行其是，都为追求其自身利益最大化而与其他成员短期合作或展开竞争。

7. 奖励制度不健全

为了激发渠道成员的积极性，渠道内部往往会制定相关的奖励或惩罚制度，将渠道成员的行为与渠道最终绩效结合起来。但是这种看似理所当然的制度有时却变成了渠道冲突产生的推动力之一，尤其是当奖励制度针对个体成员而非渠道整体绩效时，更容易导致冲突的产生。虽然渠道个体成员的行为是完全独立的，但渠道成员之间的行为又是相互依存、相互联系的。生产商在与中间商签订正式经销合约时，以试销期间的销售量加上推广、促销投入后的市场销售量提升进行评估，最后形成一个年度目标，年终根据完成量与目标量的比较，决定年终奖励的多少。有些生产商为确保完成年初提出的经营目标，在年中时盲目加量，超过中间商的实际消化能力，导致中间商在完不成任务的情况下向周边地区低价倾销，迫使其他中间商也效仿。这样一来，整个渠道就会出现无序销售。

6.5.3　渠道冲突的利弊分析

1. 渠道冲突的危害

在激烈的市场竞争中，许多渠道冲突会对渠道产生不良的后果，如中间商窜货、打价格战、进销存等问题。概括起来，渠道冲突的危害主要有以下几点。

（1）破坏渠道成员的关系，损害双方的利益。许多渠道成员间的关系是从一些微小的局部利益摩擦或认知误差产生的，如果协调不力，将可能使冲突一方针对另一方采取严重的报复行为，由此不仅会导致冲突双方的关系由互相依存的合作伙伴关系变成势不两立的竞争对手关系，而且会使其出现明显的目标偏移，将提升渠道业绩和获取企业利益的营销目标抛于脑后，甚至可能做出不顾一切打击对方的非理智行为，最终损害双方甚至整个渠道的整体利益。

（2）降低整个渠道的销售业绩。在充分竞争的市场环境中，种子销售的成功需要整个种子渠道成员的努力，任何一个环节的冲突都会导致整体销售业绩的下降。

（3）使整个渠道的规则体系受到破坏。在渠道建设初期，种子生产商通常会制定一整套渠道成员的行为规范，借此规定中间商的权利和义务，并以此为标准对中间商予以检查和评价。规则的主要内容包括价格政策、付款方式、中间商的区域范围以及双方应提供的特定服务内容等方面。某些中间商为了获取更大的利润，常常超越规定区域进行销售或擅自压低商品价格。如果不能及时发现并制止这种行为，必将使渠道其他成员由于担心利益受到损害而纷纷效仿，最终导致原有的价格体系、中间商区域划分规则完全崩溃。

（4）影响种子品牌在消费者心目中的地位。对种子用户来说，判断一个种子品牌价值的高低，最直观的标准应该是具备可靠的质量、稳定的价格、放心的服务和良好的口碑，而渠道成员间的恶性冲突则常常将这些毁于一旦。

2. 渠道冲突的益处

有些时候，渠道成员间的冲突是积极且有益的，这种冲突可能促使渠道产生一种新的更有效率的运作模式，或者使渠道成员间互相监督、互相促进，关系变得更为密切。另外，渠道冲突还可以成为判断冲突双方实力及商品热销与否的"检验表"。在这种冲突中，渠道成员都非常明白它们之间的互相依赖性，在将对方作为竞争对手进行挑战的同时，互相指出对方的弱点并监督改进，以此共同提高彼此的业绩。这种积极冲突的有益之处在于：

（1）使渠道沟通变得更加频繁和有效。冲突的产生使双方都意识到沟通的必要性和紧迫性，冲突中的沟通会更加务实和有针对性。

（2）把渠道冲突转化为渠道活力。管理学中强调一种"鲶鱼效应"，即只有在一个激烈竞争的市场中，种子企业才会保持旺盛的生命力。同样，渠道成员只有在冲突不断产生和解决的过程中，才能更加清晰地认识到自己的问题所在和对方的实力，并及时加以修正和提高，最终达到共同超越的效果。

（3）使渠道管理更加科学、客观、规范。在很多情况下，渠道冲突的产生是由于渠道成员对渠道利益和资源分配不满意造成的。因此，冲突的解决过程必然是渠道管理者综合考虑各方面利益，使渠道的权利分配和系统资源体系更加合理的过程。同时，冲突将使得渠道成员共同建立起一套完善的处理冲突的标准规则和制度体系，从而健全整个渠道的管理体制。

（4）客观上强化了种子生产商的"领袖"地位。在水平渠道冲突中，由于冲突双方平等的权利、地位及特殊的利益依存关系，往往使中间商在解决冲突时无法直接向对方施加压力，转而寄希望于种子生产商能为自己"主持公道"，如此便自然地提升种子生产商的地位，同时增强了中间商对种子生产商的依赖性。

6.5.4　种子分销渠道冲突解决措施

对分销渠道冲突，种子企业要有正确的认识。一方面，种子企业分销渠道冲突是一个客观事实，不可能被消灭；另一方面，渠道冲突水平不同，对渠道效率的影响是不一样的。渠道冲突水平与渠道效率之间的关系可用图 6-1 表示。根据图 6-1，不妨对种子企业不同渠道冲突水平作一比较，见表 6-6。

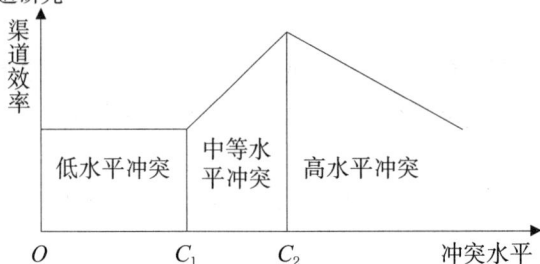

图 6-1　冲突水平和渠道效率之间的关系

表 6-6　种子企业不同渠道冲突水平比较

冲突类型	区间	表现	关系	处理措施
低水平冲突	O—C_1	相互抱怨、不满，双方较少争执，没有行为上的对抗	低水平冲突对渠道效率没有影响	关注，通过引导使之成为中等水平冲突
中等水平冲突	C_1—C_2	为消除渠道成员之间潜在的有害气氛和病态对抗，属功能性或建设性冲突，如一定的激励、监督和惩罚措施，使成员间竞争适度	渠道冲突水平越高，渠道效率越高	密切关注，努力控制冲突，使之不发展为高水平冲突
高水平冲突	$>C_2$	蓄意窜货、诚信危机、砸价、倾销、促销战、市场秩序混乱、货款拖欠而且远远超过授信额度、种子质量出现问题相互推诿等	渠道冲突水平越高，破坏性越大，渠道效率越低	认真对待，严肃处理，采取果断措施缓解冲突

由图 6-1、表 6-6 可见，渠道管理者要辨证地分析渠道冲突，对不同类型渠道冲突要区别对待。在此，本论文主要探讨高水平冲突问题的解决措施。

1.树立统一的理念和共同的目标

（1）种子企业分销渠道成员要树立现代营销理念。种子渠道成员要充分认识到"国以农为本，农以种为先"，种业发展必须以保护农民利益和促进农业发展为根本思想，始终将种子用户的利益放在首位，正确处理渠道成员间的关系，关注长期利益的获取；根据种子的自然属性、市场特性和种子用户的偏好及消费心理，制订合理的营销策略，用以指导企业的营销活动，充分满足种子用户的现实需求和潜在需求。

（2）确立共同的目标。要树立统一的理念和共同的目标，渠道组织可加强两方面工作：一要谨慎选择渠道成员，在选择渠道成员时，除了遵循经济性、适合性、可控性和发展性原则，还要尽量选择理念认同、目标相同或相近的成员；二要在培训、沟通上积极工作，要定期或不定期地对渠道成员进行培训，通过网络、信件、电话、会议等形式进行广泛沟通，以达到思想统一、理念认同、目标一致。

2. 构建渠道伙伴关系

构建长期伙伴关系既是激励中间商的一种方式，也是管理渠道冲突的一种方式。

（1）精明的企业常会与中间商建立长期合作关系。这类企业会详细了解它能从中间商那里得到什么，所有这些都可从市场覆盖面、种子可获得性、市场开发、寻找顾客、技术方法与服务以及市场信息等方面来测量。同时，种子企业都希望中间商能支持其发展战略，并按照中间商遵守企业有关政策的情形来建立报酬制度。

（2）生产企业与中间商进行分销规划。生产企业与中间商进行分销规划是指建立一套有计划的、专业管理的垂直市场营销体系，把企业及中间商的需要结合起来。企业在市场营销部门下成立一个专门的部门，即分销关系规划处，主要工作为确认中间商的需要量，制订交易计划及其他方案，以帮助中间商以最适当的方式经营。该部门与中间商合作决定交易目标、存货水平、商品陈列方案、销售训练要求、广告及促销计划等。种子分销渠道成员作为企业外部组织，和企业一起构成了价值链，是种子价值实现的必要环节。因此，种子分销渠道成员都必须认识到，每一个分销渠道成员的关系不是对立的，而是共同实现种子价值的伙伴关系。只有这样，即使产生矛盾和冲突，分销渠道成员也能优先考虑渠道的整体利益和长远利益，通过各方共同努力，将渠道冲突控制在适当水平。生产企业与中间商进行分销规划，更有利于企业与中间商进一步建立长期关系。

3. 制定完善统一的渠道管理体系

（1）种子分销渠道成员间要成立渠道管理委员会（赵霓君，2004）。为了确保渠道健康、高效地运作，有一定实力和规模的种子生产商或中间商可以借鉴"统一"润滑油的做法，在渠道成员间成立种子渠道委员会。渠道委员会领袖（或首脑）由渠道成员选举产生，或由种子生产商担任，或由中间商担任。种子渠道委员会的职责：一是召集渠道成员共同制定统一的渠道管理行为规范和冲突处理细则，通过正式合约明确成员的"游戏规则"；二是建立定期或不定期的沟通机制，使渠道成员提高对共同理念、目标的认识，加深相互理解，减少彼此间的不信任和不合作；三是委员会成员本着平等互利、共同发展的原则和目的，共同签订合作协议，并相互监督、共同遵守；四是定期评估、预防和处理各种高水平的渠道冲突。

（2）制定统一的渠道管理行为规范。种子渠道委员会要根据区域种子市场需求特点和分销渠道模式特点，详细界定渠道成员间的权利、责任、义务等。在制定准则时，要充分考虑各方的赢利水平、经营规模、销售区域、渠道分工、技术服务等因素，制定出一系列各方都能接受的行为约束与激励准则。任何渠道成员违背了准则要求，使其他成员蒙受经济损失，都应该受到一定惩罚；反之，将受到激励。

（3）制定完善的冲突处理细则。种子渠道委员会要针对种子价格、促销、窜货、关系、赊销、服务、信用、市场范围等问题制定透明、统一、可行性的执行标准，由种子渠道委员会负责执行。

4.制定渠道冲突的解决方法

（1）谈判。谈判的目的在于停止成员间的冲突。妥协也许会避免冲突爆发，但不能解决导致冲突的根本原因。只要压力继续存在，终究会导致冲突产生。其实，谈判是渠道成员讨价的一个方法。在谈判过程中，每个成员会放弃一些东西，从而避免冲突发生，但利用谈判或劝说要看成员的沟通能力。事实上，用谈判方法解决冲突时，需要每一位成员形成一个独立的战略方法以确保问题能解决。

（2）调解。调解是这样的一个过程：第三方试图劝说争论双方，要么继续谈判，要么考虑接受调解程序性的或是独立的建议。调解人一般会对情况有一个全新的看法，并且能发现"局内人"所不能发现的机会。有效的调解可以成功地澄清事实，保持对方的接触，寻求达成共识的可能基础，促使双方同意某些提议，而且监督协议的实施。

（3）仲裁。仲裁能够代替调解，它可以是强制的或自愿的。强制性的程序是双方必须按照法律规定服从于第三方做出的最终和综合性决定；而自觉仲裁的程序是双方自愿服从于第三方做出的最终和综合决定。利用仲裁解决问题时，需要第三方的加入。也许仲裁方会提出一个建议，矛盾双方不一定都能接受。用仲裁来解决问题很普遍，但事实上往往不能解决问题，主要是因为很少能找到一个合适的仲裁人，并且提出一个大家都能接受的建议。

（4）法律手段。诉诸法律也是借助外力来解决问题的方法。对于这种方法的采用也意味着渠道中的领导力不起作用，即通过谈判、劝说等途径已没有效果。

（5）清除替补。在中间商达不到分销合同所要求的条款时，就必须采取渠道成员清除和替补的办法了。例如，当中间商进行恶意的跨地区窜货销售或恶意价格竞争，而将种子生产商的政策和双方的合同条款置之不理时，应该立即停止分销合同的执行，将对方以"红牌"罚下场。

（6）退出。解决冲突的最后一种方法就是退出该分销渠道。事实上，退出某一分销渠道是解决冲突的普遍方法。一个企图退出渠道的企业要么应该为自己留条后路，要么愿意改变其根本不能实现的业务目标。若一个公司想继续从事原事业，必须有其他可供选择的渠道。对于该公司而言，可供选择的渠道成本至少不应比现在大，除非它愿意花更大的成本避免现有矛盾。当水平性或垂直性冲突在不可调和的情况下时，退出是一种可取的方法。需要注意的是，种子企业从现有渠道中退出意味着中断与某个或某些渠道成员的合同关系，由此可能产生以下四个方面的负面影响：①由于生产和管理费用被分摊在较少的产品上，单位产品的生产成本将会提高。②可能闲置部分设备，引起有限资源的人为浪费。③原来占有的一些市场机会可能转到竞争者手中，增加竞争企业的机会。④退出某个渠道可能引起其他中间商的不安和不稳定感。

6.5.5　窜货的治理

窜货被誉为"渠道的顽疾"，它对种子企业品牌和市场具有巨大的破坏力，是真正的"渠道杀手"，种子企业应给予充分重视。窜货俗称冲货，是销售网络中的分销机构受短期利益驱使，违反销售协议，有意识地跨区域低价销售产品，并造成市场混乱，严重影响种子企业声誉及渠道关系的恶性销售行为。区域窜货方式如图 6-2 所示（A 区域中间商窜货）。

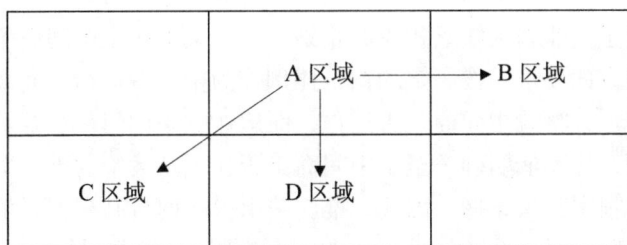

图 6-2　区域窜货

具体来讲，窜货表现为分销机构跨区域销售，即将自己经营的种子销售到本来不属于自己的销售区域或渠道领域，同时伴随着低价或变相低价。而且，所谓窜货，属偷偷摸摸的销售行为，是分销机构有意识的违规行为，其实质是追求眼前的利润或者渠道权力，最终会殃及价格体系和市场秩序，从而引发价格战，伤害种子企业的信誉和品牌。所以，窜货通常被认为是恶性销售行为。

1. 窜货的一般原因

（1）价格诱惑。目前仍有许多种子企业采用长渠道模式，渠道层次多，每个层次的价格有所差异。这种价格体系中的每一个层次都有一定的折扣，如果总中间商直接做终端，减少了其中的层次（假如减少了两级层次），其中两级层次的价格折扣便成为相当丰厚的利润。如果中间商只看重短期利益，那么这个价格体系所产生的利润空间差异就非常大，形成了让其他中间商跨区销售的基础。

（2）销售目标过高。当种子企业盲目向中间商增加销售指标时，也很容易诱导或逼迫中间商走上窜货的道路。很多种子企业对某个产品在某个区域的市场消费总量未进行科学预测和理性判断，单凭感觉和过去的经验，盲目确定指标。这导致中间商在完不成指标的情况下，只能向周边地区开展销售行为，其结果是引起周边地区的中间商也降价窜货，导致市场价格体系的混乱。

（3）对中间商激励不当。为激励中间商的销售热情，提高销售量，现在很多种子企业对中间商实行"年终奖励"等返利措施。通常，种子企业与中间商在签订年度目标时，往往以完成多少销量奖励多少百分比来激励中间商，超额越多，年终奖励（或称返利）的折扣就越高。于是，原先制定好的价格体系被年终折扣拉开空间，导致那些为了获得年终奖励的中间商开始不择手段地提高销量。

（4）推广费运用不当。推广费是种子企业在运作市场时的一种基本投入。一些种子企业因为缺乏相关的企划人才，又不愿跟中间商争论，往往会同意中间商的要求，按一定的销量比例作为推广费拨给中间商使用，种子企业只是派人察看中间商是否运作，而运作效果如何往往要等结果出来后才能评判，故不能明确。至于中间商是否将厂家拨给的推广费全部用于推广，其实根本无法掌握。因此，推广费由中间商自己掌握后可能被用于调低价位，造成新的价格空间，为"跨区销售"提供便利条件。

2. 窜货的根本原因

窜货的根本原因在种子企业。窜货虽然是中间商的行为，但往往是由于种子企业的销售政策和管理不当所致的。因为大多数种子企业是"渠道领袖"，是渠道规则的制定者和执行者，当然要为渠道问题承担主要责任。综观渠道窜货现象，不外乎有以下几大诱因：

（1）冲销量。种子企业给中间商下达的销售任务太高，迫使其为了完成任务而跨区销售，因为完不成销售任务"脸上无光"，在种子企业眼里没有地位，甚至会危及经销权，更谈不上获取优惠政策。

（2）搏回扣。追逐利润是渠道的天性，种子企业在渠道促销、年终返利等方面力度过大，也会诱使中间商为搏高额返点而大肆窜货。

（3）清库存。由于种子企业销售管理不严、品类管理不当，大量压货至渠道，也会造成中间商的部分产品积压、滞销。如果种子企业不能及时帮助中间商消化库存，那么，中间商必然低价抛货以化解库存风险。这种现象非常多见。

（4）抢地盘。种子企业在划定各中间商的经营区域或渠道领域时模糊不清，存在交叉、真空部分时，往往会出现中间商之间以低价冲货争抢地盘和客户的现象。

（5）报复行为。因种子企业违约未兑现承诺，或者因撤换区域中间商而引发冲突，或者中间商之间有过节，都会引发中间商恶意报复的行为。其目的在于以少量低价产品扰乱区域价格，给对方添乱。

（6）价格差异。中间商之间由于获得的优惠政策不同，会产生价格差异，这是导致窜货的内在动因。如果种子企业实行价格歧视，对于不同的中间商，其返利、扣点、渠道促销、费用支持差距较大，就为窜货创造了利润空间。一些种子企业过分倚重大客户的政策常常会导致窜货的出现。

（7）绩效考核。如果种子企业以结果为导向对销售人员以单一销量考核，收入与销售量直接挂钩，那么销售人员出于自身的利益考虑，会默认、纵容甚至协助中间商有目的地进行跨区窜货，这是由管理制度本身的疏漏造成的。

除此之外，由于市场发育程度不均，或者相邻两地供求不平衡，也会导致成熟市场向周边非成熟市场以变相低价（贴运费）的形式窜货，这是客观原因。中间商有时也会用畅销产品以低价的形式搭带非畅销产品销售到外区（俗称"带货"），形成事实上的窜货，这是主观原因。但无论如何，窜货的主要根源在于种子企业，治理的根本也在于种子企业。

3. 窜货的危害

对于成熟产品、成熟市场来说，恶性窜货无异于慢性自杀，这就是好卖的种子往往不挣钱、热销产品会突然销声匿迹的原因。

（1）窜货会破坏价格体系。以低价为特征的窜货必然会使被窜货市场的产品价格降低，破坏该地区价格体系，引发价格战，致使被窜货地区中间商利润受损，由此对种子企业产生不满，失去销售信心。因为价格一旦降低，当地中间商不得不跟风降价，否则产品将无法销售。而价格的变动很微妙，一旦降低，将很难回升到原来的水平。如果反复竞价，最后很可能因价格太低使各中间商都失去利润空间，导致中间商失去信心转而经营其他品牌或产品。此时，市场上的竞争品牌乘虚而入，取而代之。

（2）窜货为假冒伪劣产品提供了空间。以低价为特征的窜货必然会引起该地区的价格混乱，为假冒伪劣产品提供生存空间。同时，由于价格混乱，种子用户担心买到假冒种子而对该品牌或产品不敢问津，进而影响用户的消费信心和品牌忠诚度，客观上缩短了该产品的生命周期，这对产品的销售是非常不利的。

（3）窜货会影响品牌形象。窜货带来的是价格波动、市场混乱、用户质疑、中间商不满，这些负面的影响都只能由品牌来承载，因此都会殃及品牌，影响品牌的美誉度，进而影响消费者的满意度和中间商的忠诚度。而这些对于企业经营者来说，都是至关重要的。

（4）窜货会引起中间商之间的互相倾轧。窜货，一方面表现为对渠道利益的争夺，因为它抢夺的是本属于对方的销售量和利润，同时降低了对方原来的利润水平；另一方面，也是双方对渠道权力的争夺。争抢地盘、争抢客户、报复行为，其实都是为了获取渠道控制权。而这些冲突的受害者不单是被窜货一方，还有种子企业、品牌和市场，甚至种子用户，从而引发渠道冲突，殃及整个渠道关系。

4. 窜货的治理策略

分销渠道成员都是独立的经济实体，往往都有各自独立的利益追求。从这个意义上讲，跨区域窜货是无法完全避免的，但我们总有办法控制和减少这种恶性冲突的发生。窜货不能根除，但可以治理，主要有以下几项措施：

（1）严格设计价格体系。必须严格设计和执行分销层次与价格层次相匹配的级差价格体系，保证分销过程中每一个环节的利润空间，并且制定强有力的措施保证每个环节按计划规定执行价格，这是治标又治本的办法。从横向来讲，实行到岸价，由种子生产企业承担运费，以保证各分销机构进价统一；从纵向来讲，率先设定分销层次，设定各级合理价差（利润）以及对应价格。以三级分销为例，可以制定相应的厂价（针对中间商）、批发价（针对二批）、KA价（针对大型零售终端、团购）以及建议零售价，逐级加利，保证层层有合理利润，当然还需辅助一些惩戒措施，以保证价格体系得以严格施行。

（2）严格控制促销。必须控制渠道促销的力度、频度以及执行程度，并且考虑区域联动因素。事实上，很多窜货是由促销引起的。例如，促销奖励力度太大，中间商往往将促销奖励的一部分预期打入价格，降低价格出货，以促进销量。返利太高也有同样的效果。另外，促销不宜过度频繁，如果过频，原有压货未消化又有新促销，中间商只能低价抛售，势必引起窜货，而且价格再也反弹不上去，只能持续走低，这是非常危险的。由于渠道促销在力度和频度上均存在微妙性，会对周边市场造成影响，因此促销时必须考虑周边联动，以减少价格波动和冲击。

（3）制定合理的销量目标。销量目标应尽可能客观合理，不强行压货、压销量。种子企业的目标年年攀升，给中间商的任务也年年加码，虽说没有压力就没有动力，但如果压力过大，可能把中间商压垮，导致被迫冲货，结果得不偿失。所以，销量目标不但要具有挑战性，还要具有可实现性，要遵循适度原则，最好由厂商本着求实的精神协商确定。

（4）制定公平的销售政策。销售政策应尽量兼顾公平，避免厚此薄彼，以减少分销机构之间的价差。特别在渠道激励上，尽量避免过分偏向大客户，避免因激励了少数几个大客户而打击了大多数中小客户。激励方式上应多采用物品、培训和助销，少采用返利和优惠价格，尽量减少市场上的价格反差和价格歧视。

（5）加强库存管理。积极疏导中间商库存。有的企业只管向分销机构压货，而不考虑分销机构是否能消化，在品类管理上也没有章法，结果导致大量货品积压，最终不得不下大力度促销清货。这正是窜货的一大源头，必须通过加强销售管理和客户关系管理来减少和避免窜货。

（6）明确双方权力和责任。合同上明确双方权利和责任，合理、清楚地界定中间商的分销区域和价格。通过合理划分分销区域，保持每一个区域中间商的合理密度，防止过密导致供过于求而引起窜货。同时避免分销区域交叉重叠，还要保持区域内中间商规模、范围与销售指标的均衡。

（7）建立综合渠道考核制度。建立综合渠道考核制度，并将不冲货、不乱价作为年终返利的必要条件，鼓励中间商遵守规则，共同维护价格体系和市场秩序。很多种子企业对中间商只进行销量考核，只重结果不重过程，特别在返利计算上只依据销量指标，这是十分危险的，是鼓励窜货的制度根源所在。如果将返利的条件设定为综合指标，比如销量目标完成、价格体系保持、分销网络维护、品牌推广支持等，将返利总额分解到各个指标考核发放，情况将大为改观。

（8）对种子产品进行区域标码识别。对种子企业产品进行区域标码识别以实现区隔，并结合处罚制度执行，这是治标的一种手段。区域货物标码可分明标、暗标、外箱标码和内箱标码，可用文字、颜色、符号和批号相区隔，只要能够识别区域货主即可。标码可以作为查处的凭据，对各区域中间商也是一种管理上的威慑。

（9）建立严格的窜货处罚制度并坚决执行。实行"窜货处罚、不窜货奖励"的市场维护条例，并需签入合同，双方签字认可，以增强反窜货的有效性。有的种子企业设立专门机构，配备专职人员执行，收到较好的效果。在这个问题上，处罚条例要清楚严厉，奖励条例也要明确、及时兑现，决不能心慈手软，也不能讲人情。例如，第一次发现窜货，除了罚款（按X元/每件计）外，减去窜货者相应销售额，同时增加被窜中间商相应的销售额，外加整改报告；第二次发现则在第一款上外加"取消年终评优评奖资格"；第三次发现则在第二款上外加"取消相应年终返利"的严厉处罚条款，严重者甚至"取消经销资格"。而对遵守条例不冲货、不乱价者给予一定比例返利（奖励）。这样一来，中间商想跨区域销售时就会有所顾忌，权衡得失。当然，这些严厉处罚条款的执行也会考验种子企业的态度和决心。

（10）制定相应的业务人员业绩考核指标。和渠道考量一样，对业务人员的业绩考核也应制定相应的综合指标，如客户开发、市场维护、价格体系、品牌推广等，而非单一的销量指标。业务人员的收入也要与综合指标挂钩，以免业务员为了个人私利不顾种子企业整体利益，帮助中间商进行有意识的跨区域窜货。

窜货虽然是一种极其可怕的渠道病症，它会对种子企业的品牌和市场造成致命伤害，但只要认清它的实质和根源，掌握其发生、发展和运动的规律，这"顽疾"还是可以治理的。从理论上讲，我们虽然不能将其根除，但可以通过完善的政策和有效的管理，控制和减少此类恶性窜货现象的发生。总之，"千里之堤"容易"毁于蚁穴"，对于窜货，我们不能轻视，更不能纵容。中间商不能"以小而为之"，种子企业也不能"因小而不为"。

5. 窜货的整治方法

为了整治种子分销渠道中的窜货现象，首先从引起窜货的原因着手，采取相应的方法，有效地遏制窜货现象的发生。这主要方法有以下几种：

（1）签订不窜货乱价协议。种子生产商与各地中间商之间是平等的企业法人关系，需要通过签订不窜货合同来约束中间商的市场行为。在合同中要明确加入"禁止跨地区销售"的条款及违反此条款的惩处措施，或要求中间商缴纳市场保证金，将其销售活动严格限制在自己的市场区域内。另外，由于相当多的种子生产商对推销人员的奖励政策是按量提成的，从而导致本公司推销人员迁就纵容中间商窜货，牟取暴利。因此，在企业内部推销员之间也要签订不窜货、不乱价协议，加大处罚力度，并且应当鼓励中间商、推销员之间相互监督。

（2）规范渠道管理。规范渠道管理应做到以下 3 点。第一，积极主动，加强监控。特别要关注种子销售终端，关注种子零售市场。如果销售或价格有明显变化，应该及时找原因，其中重点是向上级渠道搜索检查是否有窜货现象发生。第二，信息沟通渠道要畅通。最关心窜货的，除了种子生产商外，就是被窜货地区的中间商。他们往往第一个发现问题，所以应有一个畅通的渠道能让他们及时地反馈及沟通信息，以便及时掌控市场窜货。第三，出了问题，严肃处理。例如，对进行跨区销售的中间商按跨区销售行为的严重程度实行相应的处罚，处罚的方法有警告、停止广告支持、取消当年返利和取消经销权等等。只有实行严格有效的市场区域管制，制止各种跨区销售活动才能建立起健康有效的销售网络，并实现建立销售网络的真正价值。

（3）完善营销政策。种子生产商应当制定完善的销售政策，包括价格政策、专营权政策、促销政策和返利政策等 3 个方面。

①完善的价格政策。分销网络价格不平衡是产生市场窜货的根源，种子生产商要坚决杜绝对同一层次中间商差别供货，要采取统一价格策略。对批发商实行统一的供货价格后，批发商向下分销时，还要统一种子中间商的加价率，保证同一层次渠道中间商供货价格的一致性。在制定了价格之后，种子生产商还要控制价格体系的执行情况，并制定对违反价格政策现象的处理办法。种子生产商有一个完善的价格政策体系，中间商就无空可钻。

②完善的专营权政策。在区域专营权的制定上，关键是法律手续的完备与否。在制定专营权政策时，种子生产商要对跨区销售问题做出明确的规定，并使其具有法律效力，从而产生法律约束力。

③完善的促销政策和返利政策。在制定促销政策时，大多数种子生产商过多地看重结果，而忽视了过程，从而造成了一促销就窜货，停止促销就不动的局面。常常是促销一次，价格下降一次，这就表明种子生产商制定的促销政策应当考虑合理的促销目标、适度的奖励措施、促销时间的控制、严格的兑奖措施和市场监控，确保整个促销活动是在受控之中进行的，不会出现失控现象。

第 7 章　种子企业分销渠道模式创新

俗话说得好："一招鲜，吃遍天。"随着种子企业微观和宏观环境的变化，传统种子分销渠道正面临严峻的挑战，分销渠道创新越来越为企业所重视，已成为种子企业新的利益增长点。目前，许多种子企业在充分调整和优化原有分销渠道的同时，正积极探索新的种子分销渠道模式。但笔者认为种子分销渠道的整合和创新必须因地制宜地实施多元分销渠道整合策略，根据不同区域市场特性和种子企业实际情况采用不同的渠道组合。根据市场调查、专家讨论意见、种子企业创新实践和借鉴其他行业创新经验，笔者对种子企业分销渠道的整合和创新作了以下几种构想。

7.1　种子连锁经营模式

连锁经营产生于美国，已有 100 多年的历史了，连锁店的产生和发展被称为零售业的"第三次革命"。现在，连锁店已成为当今世界发达国家和地区商业发展特别是零售业发展依托的主要形式。如果把这种先进的经营方式引入中国种业，将会引起一场强烈的革新。

7.1.1　连锁经营的基本理论

连锁经营是指经营同类商品或服务的若干个门店，通过一定的联结纽带，按照一定的规则，组合成一个联合体，在整体规划下进行专业分工，并在此基础上实施集中化管理和标准化运作，最终使复杂的商业活动简单化，以提高经营效益、谋取规模效益的一种经营方式。连锁经营通过不同区域、不同店铺间的产品统一配送、统一标准、统一价格、统一宣传、统一管理、统一核算等来最大限度地占领市场。按所有权和经营管理权的集中程度，可把连锁经营分为以下3种类型。

1. 直营连锁

直营连锁是指连锁总部通过独资、控股或吞并、兼并等途径开设门店，发展壮大自身实力和规模的一种形式，是一种较为紧密的连锁形式，也称正规连锁。直营连锁有以下4个特点：

（1）同一资本开设门店。各门店的资本同属于一个所有者，归一个企业、一个联合组织或一个人，各门店不具备法人资格。

（2）直营连锁的核心是管理经营者的高度集中统一。直营连锁的所有权、经营权、监督权完全集中在总部。

（3）统一核算制度。各门店的店长由总部委派，他是雇员，不是老板。各门店的工资奖金由总部依据连锁企业制定的标准来决定。

（4）国际连锁商店协会规定：以单一资本直接经营11个以上商店的零售业或饮食业组织为直营连锁。直营连锁是连锁经营的基本形式。

2. 特许连锁

特许连锁又称合同连锁或特许加盟连锁，是总部与加盟店之间依靠契约结合起来的一种形式，麦当劳、肯德基采取这种形式。特许连锁有4个基本特征。

（1）实行所有权的分散与经营权的集中。加盟店对其各自的门店不拥有所有权，店长是加盟者，不受聘于总部，加盟店甚至还有用工和进货权，而经营权高度集中于总部。

（2）它的核心是特许权的转让。总部除了向加盟者提供完成事业所必需的信息、知识、技术等一整套经营系统外，还要授予加盟者店名、商标、商号、服务标记等在一定地区的垄断使用权，并在开店过程中不断给予经营指导。

（3）维系特许连锁经营的经济关系纽带是特许授权经济合同。这种特许授权经济合同通常不是由双方协商确定的，而是由连锁企业总部制定的，加盟者只有接受既定的合同内容才能加盟连锁。

（4）总部与加盟店的关系是纵向关系，加盟店之间没有直接横向关系。

3. 自由连锁

自由连锁，又称自愿连锁，指由批发商牵头组成的各店铺保留单个资本所有权的联合经营。自由连锁有两个基本特征。

（1）自由连锁的最大特点在于各门店在所有权和财务上都是独立的，与总部没有所属关系，只是保持在经营活动上的协商和服务关系。

（2）它的连锁核心是共同进货，实行联购分销机制。

7.1.2 种子连锁经营模式

种子连锁经营就是把连锁经营嫁接到种子产业上，在乡镇采用加盟和培训的方式寻找农资超市经营者，由连锁公司总部配送各种品牌的种子，然后由农资超市分散经营，由总公司统一管理。该模式是对传统种子经营模式的一种变革，利用遍布于各级乡村的连锁店，以电子网络为载体实施物流配送，以实现经营管理的标准化、规范化。种子特性决定了种子渠道应是一种既宽又短的扁平化渠道，同时要具备优质的后续技术服务。连锁经营将专业化经营与分散经营完美结合，如果连锁店能够为农民提供种植技术等后续服务，就符合种子渠道的要求，如图7-1所示。

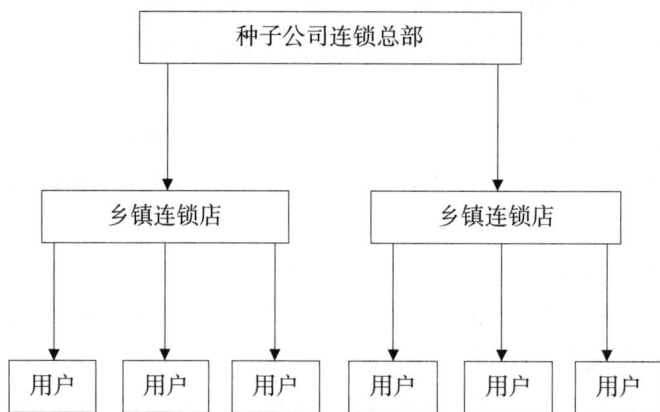

图 7-1 种子连锁经营模式

种子连锁经营的配送系统延伸到乡镇，直接与农户接触，略去传统渠道中的诸多中间商。而且这种配送系统是一个服务增值系统，而不是一个价格增值系统，即略去批发和代理环节的加价功能。批发和代理环节的加价功能中，所有的加价部分最终还是由农户来承担，而不是由这种加价系统本身来消化和承载。种子连锁经营是种子市场网络建设的趋势所在，并已初露端倪。例如德农种业科技发展有限公司建立了3个研究所及5个育种站，控股了2家种业子公司，组建了9家省级分公司，业务扩展到长江流域所有的水稻种植省份及部分北方区域；在四川省内建立了13家分公司、2600余家乡镇种子连锁店，已初步形成一个庞大的种子分销网络。在自由加盟连锁经营种业形式中，总部不参与加盟店的投资，也不签订契约和合同，与自由加盟店之间只是在部分业务范围内合作经营，比如某一种产品的购销、统一售价等。这种类型的连锁经营仅靠单纯的利益关系维系，是一种很脆弱的联盟关系，因此本文不提倡在种业中运用自由加盟连锁，下面所提及的连锁都是指直营连锁和特许加盟连锁。

7.1.3　种子连锁经营特点

种子连锁经营是种子公司作为特许方与受许方在投资上达成的合作协议，通过经营授权使用品牌、经营方式的形式将其事业迅速扩张，达到品牌推广的效果，实现双赢目标。种子连锁经营为种子公司提供了资本扩张、品牌扩张和市场扩张的机会。与其他种子分销渠道模式相比，种子连锁经营有如下特点。

1. 资本多元化

种子连锁经营是利用受许方的资本进行市场扩张的一种有效方式。与其他的资本来源相比，种子连锁经营的资本来源更为广泛，成本也比较低，特许方无须承担投资风险，又避免走上市融资发展渠道的漫长过程。当然，种子公司在资本扩张的同时，也要能为加盟资本带来收益，使其能分享种子公司的品牌、服务、管理、营销方面的成果。

2. 经营规模化

通常，标准化的店铺达到200家以上，才能体现出连锁经营的效率和规模优势。种子连锁企业的规模化经营通过以下3个方面运作得以实现：

（1）批量进货。通过批量进货、规模采购降低种子进货成本，进而降低商品销售价格来吸引顾客，扩大市场份额。

（2）资源共享。利用种子公司的无形资产价值、管理水平和社会影响力，实现资源共享，降低单位商品销售的其他投入成本（广告费、新品种研发费用、品种经营权购买费、信息资源开发费、经营管理费用支出等）。

（3）专业化经营。实现种子连锁体系内部的分工与专业化经营，有利于企业形成遍布城乡的售后服务体系，极其方便地为各地区农民提供统一的、标准一致的服务，形成一家购买、多家服务的经营格局和服务竞争优势。

3. 品牌扩张化

种子连锁经营的品牌形象是种子公司创立的，通过加盟方的经营可以增强品牌定位，提高价值，有效地实现品牌扩张。例如，中国种子集团有限公司以品牌营销为基础，按产品分类建立了全国性的销售网络，网络遍及全国29个省、市、自治区。目前，"中种连锁"营销网络已经初步建立，它在全国设立了几百家连锁经营店，新的网络系统进一步整合了各地资源，打造了中国种子集团有限公司整体营销渠道品牌。种子连锁经营在品牌扩张方面的贡献其实是双向的。加盟之初，种子公司向加盟方有偿提供其品牌，加盟方通过不断地品牌运作，总结、发展和提升特许方的品牌。品牌优势主要体现在统一的店面设计、统一的服务流程、统一的产品品质和价格等方面，加盟方只需提供资金加盟，就可以获得种子公司在管理、技术、品牌和服务等方面的支持，相对于加盟方独自创业更容易成功。没有强势品牌的连锁经营将会面临来自加盟者和顾客的双重信任压力，并进而转化为高成本和高风险。尽管的确可能靠资本实力和连锁形式确立起一个品牌的知名度，但缺乏丰富内涵的品牌并不能够确保它最终被农民所接受。

4.种业集团化

我国现有大小不一的种子生产经营企业千万家，就整体而言，规模小，处于竞争劣势。大型种业通过把那些规模小、实力弱、广泛分布又不具有科研能力的众多县市、乡镇种子经营单位进行整合，让其加盟于分售渠道，规范其经营行为，使其成为合格的分销渠道终端，从而引导中国种业向竞争、有序、健康、集团的方向发展，有利于中国种业的整合。国内农资生产经营者需要有更开放的心态和相互合作的精神，强强联手，共同打造中国种业集团"航母"，为中国种业分销渠道的战略安全发挥积极的作用。

7.1.4 发展种业连锁经营的策略

种子具有明显的特点，如品种多、规格多、占地大、不易陈列和码放、技术含量高、季节性强、地域性强、易损易坏及售后服务麻烦等。这些特点对连锁经营中的货品管理、仓储、运输、陈列、销售、服务等业务环节提出了更高的要求，如果不能进行恰当高效的管理，将会出人意料地加大经营成本，增加经营风险。因而，发展种业连锁经营要注意以下6个问题。

1.种子连锁经营要遵循"以农民服务为导向"理念

种子质量是企业的生命，而种子服务是企业生命的灵魂。种子连锁经营企业应敢于捍卫"种子出门，负责到底"的企业全程服务理念，对用户负责，让用户满意，搞好售前、售中、售后服务，从而塑造企业形象，树立企业信誉，创建企业名牌，使企业永远立于不败之地。种子连锁经营应从以下3个方面提供服务。

（1）售前服务：种子连锁经营企业要以真诚的态度广泛宣传种子营销信息，及时准确发现潜在与目标客户的需求特点，然后结合所售种子的实用属性，站在用户的角度作有针对性的服务解说与适合的推介；做好新技术、新品种的示范推广及传授工作，使农户在购种前就了解各种子的特征，以便因地制宜地选择种子，真正做到"先服务后行销，服务现在行销未来"。除此之外，种子企业还要实行种子质量承诺制度，保证种子出门，负责到底，消除农户后顾之忧。

（2）售中服务：一方面，要使农户进一步了解种子的优点、种性和使用方法；另一方面，要通过礼貌、周到、热情的服务，使农户在精神上感到满足，从而迅速购买。在种子销售季节，种子企业应详细介绍品种的栽培技术，经常询问中间商和农户，了解品种在当地的适应情况及种子质量情况，使各种信息得到及时反馈，从而更好地为农民服务。企业营销人员还要深入中间商店内帮助中间商配货销售种子，保证销售渠道的顺利畅通。要简化营销过程和手续，想方设法满足用户要求，如提供精美的手提袋或小包装、配货上门等贴心服务。企业销出去的种子不仅要开发票，而且要发放信用卡，填写购种户村名、姓名、电话，以便售后跟踪服务。

（3）售后服务：解决种子使用中的问题，降低农户使用成本和风险，增加使用效益，使农户成为回头客或种子的宣传员。在种子售出后，要做好售后服务工作。结合农事季节，注意跟踪种子在种植中的表现，多印制技术资料，深入田间地头，开技术短会，结合农民遇到的问题，给农民传经送宝，手把手地给农户传授配套栽培技术，指导农户种植和管理，做农民的贴心人。要履行各种承诺，对于出现的种子纠纷，应在第一时间赶到现场，本着科学、实事求是的态度及时处理，采取补救措施，降低损失，合理补偿，不但能留住老客户，还有助于发展新客户，提高全程服务的信誉度，为营造和谐的种子市场做出应有的贡献。

2. 种子连锁经营要建立"以配送中心为核心"的物流配送体系

为了确保种子连锁经营优势的发挥和规模效益的实现，连锁集团必须坚定不移、不折不扣地采用总部采购制度，坚持总部集中采购、统一进货、集中储备和统一配送，建立高效的物流系统；建立与其经营规模相适应的配送中心，实行联购分销，协调各连锁分店的购、销、运、存业务，使其渠道优势得以充分发挥。配送中心在连锁经营中具有核心地位的作用，担负着货物储存、配送以及包装、加工等物流的职能，对所有商品实行统一仓储运输，根据各连锁店的销售情况、进种计划和订单，及时补货、送货。

种子作为一种季节性强的商品，尤其需要一个高效的"配送中心"。"配送中心"功能发挥得好坏直接影响种子经营量的多少、种子质量的好坏、种子积压风险的大小、种子成本的高低等。因此，建立一个高效的"配送中心"，是开展种子连锁经营的基础。

3. 种子连锁经营要采用多种连锁经营模式

开展种子连锁经营的主要目的在于快速提高企业产品的市场占有率，不断地扩大经营规模，尽可能地减少成本，实现效益最大化。连锁模式的选定制约着连锁网络的发展速度。我国现有 6 万多家种子生产经营企业。这些企业分布广泛，规模不一，体制不同，经营方式多样，经营品种繁杂。而种子又是一种特殊的农业商品，关系到千家万户，对质量的要求高，技术性强，风险性大。因此，种子连锁经营企业要根据不同市场的特点，灵活采用直营连锁、特许连锁、自愿连锁等多种模式，有条件的农资连锁经营企业可采用购并、控股、合资等资本运营方式实现经营的快速发展。

4. 种子连锁经营要充分利用中国种业现有的资源

大部分县市和乡镇种子经营单位，不具有一体化能力和科研能力，只有利用当地渠道网络等社会资源，做大型种子企业连锁总部的分店，才能有发展空间和潜力。我国大型种子公司的经济实力强大是相对于众多的小种子公司而言的，即使是这样，它们也不具有在全国范围内设立直营连锁体系的经济实力和管理经营能力。同时，种子公司可能遇到与企业高速成长所不匹配的管理机制和企业文化沉淀、经营管理人才的储备匮乏等问题。在种子公司扩张中对自营店面和特许加盟连锁店应酌情选择，充分利用当地原有的商业力量，对一些既没有资金优势又没有规模优势的小型种子企业采用收编和"改造"的方式进行整合，组成一个或几个种业"航空母舰"，与世界种业巨头抗衡。

5. 种子连锁经营要充分关注单店的营利性

大力发展种子连锁经营不是盲目扩张，而应该是种子企业的经营理念、成功经营模式的扩张。连锁经营也不是表面的简单复制，而应该是既要保证单店营利性，又要确保整个种子连锁系统有足够大的利润空间。如果单店亏损，也就失去了存在的意义。因此，在设立加盟店时应充分考察周围环境，主要包括商圈形态、业态分布、农业特征、乡镇农业人口分布等，然后对种子加盟店的规模、营业场所构成、建筑物、外观形象、运营方法、经营人员等加以筹划，使之标准化，以降低单位商品销售的其他投入成本（如广告费、新品种研发费用、品种经营权购买费、信息资源开发费、经营管理费用支出等）。此外，影响单店盈利的另一个问题是种子销售具有很强的季节性，大量的加盟店面临淡季（甚至是空白销售季节）的维持问题。这也要求种子公司能够开发或者统一订购季节互补的品种，消除单一品种存在的销售淡季的影响，提高单店和种子公司整个连锁系统的盈利能力。

6. 种子连锁经营要充分考虑将网络营销与种子连锁经营有机结合

连锁经营和网络营销都要求种子企业具备比较完善的信息系统，连锁经营更侧重于商店实体上的规划和管理。在网络经营模式下，连锁经营的标准化特点都可以通过网页设计发挥得淋漓尽致，更可以通过完善的因特网极大限度地满足连锁店内部的管理和员工培训、协作。而无论是连锁经营还是网络营销，都需要一套完整的前、后台管理信息系统支持。种子连锁总部与分店都应配有总部提供的计算机终端，实现电脑网络化。通过电脑网络的销售点（point of sale，POS）和电子订货系统（electronic ordering systems，EOS），提高订货与收货的精确性和销售能力，降低库存，节省人力，及时收集、传递信息。在种子连锁店环节，通过 POS 终端来收集销售信息，通过 EOS 向种子连锁总部订货。所谓 EOS 是利用店内手持订货终端，经由电话线传送至总部订货（一部分是通过传真机形式传递的）。在连锁总部环节，要设有计算机后台，与连锁店铺一起进行 POS 终端管理。在收到各分店的订单后，以 EOS 的形式通过增值网（value added network，VAN）传到种子连锁集团的情报信息中心。种子连锁集团的情报信息中心通过电子数据交换（electronic data interchange，EDI）向种子生产基地发出指令要求备齐良种，同时指令物流中心进货。因为种子生产与销售的不同步，可能出现种子短缺，这就要求种子连锁集团的情报信息中心能够及时根据 EOS 订单判断良种需求，必要时向其他种子生产商购买良种。因此，加强网络渠道与传统渠道的沟通和协同，特别是与以规模化经营、高效率见长的种子连锁经营相结合，打破了时空概念，使信息存储、传递、使用成本大幅度下降，为种业连锁体系提供了全新产品和服务再分配系统，实现互动交流，有利于开拓市场，推广和宣传产品功效，或是扩大种子企业的品牌效应，并使所有渠道获利。

7.2 种子电子商务模式

7.2.1 种子电子商务理论

电子商务是指通过采用最新网络技术手段,利用因特网(Internet)、企业内部网(Intranet)、企业外联网(Extranet)等技术来解决商业交易问题,降低产、供、销成本,开拓新的市场,创造新的商机,从而增加企业利润的所有商业活动。种子电子商务是指通过网络平台嫁接各种服务于农村的资源,拓展农村信息服务的一种商业模式。种子电子商务以种子网站或与农业相关的网站平台为主要载体,涉及政府、种子生产商、种子中间商、种子用户以及认证中心、配送中心、物流中心、金融机构、监管机构等各方面因素。通过网络将相关要素组织在一起,其中信息技术扮演极其重要的基础性的角色。

种子电子商务大致可分成以下三个层次。第一层次是种子电子商情,即在网上做广告或者提供商情。凡是利用信息技术手段进行商务活动都可被看成广义的种子电子商务。这是广泛的低层次的农产品电子商务。第二层次是种子网上撮合。有了明确的买卖双方,撮合的过程实际就是电子商情的扩展。网上撮合的结果是网上签约,这就会牵涉到法律认证和法律效力问题。第三层次是种子电子交易,这是电子商务的最高层次。它的核心就是电子支付和电子结算,逐步实现物流和资金流的网上结算。

7.2.2 种子电子商务发展的现状

1.国外现状

发达国家信息化基础条件较好,同时大多重视农村信息技术基础设施的建设,尤其将互联网作为加速农业产业发展的重要途径。农业电子商务已经得到相当程度的普及,包括种子网络化交易也已有一定的应用基础。

美国是互联网技术的发源地,也是目前世界上互联网应用最普遍的国家。全美农场主每年支出上千亿美元用于购买土地、农机设备、化肥、农药及饲料等农业生产资料,并已出现大批网上采购者。美国较著名的农业电子商务网站如"XS农业网",其经营范围主要涉及种子、农业生产工具以及化肥、农药等产品。该网站于1999年成立之初就有1万名农场主成为其注册用户。据统计,2003年以来,美国农业电子商务的销售额以每年25%的速度增长,而同期全美零售额的增长速度仅为6.8%。2007年,美国从事在线交易的农场数量已经达到 35%。

荷兰建立了世界上最先进的农产品拍卖系统、电子信息系统和订货系统，通过网络连接农业生产资料供应商、生产商、种植者、批发商、零售商，建立了完整的产业供应链。其具有网上订货功能，通过网络就能完成种子交易。

日本也十分重视电子交易在农业领域的应用，已逐步完善农用物资及农产品销售的网上交易系统。1997 年制定了"生鲜食品电子交易标准"，建立了生产资料共同订货、发送、结算标准，并对各地的批发市场进行电子化交易改造。网络化交易已成为现代交易手段的重要发展趋势。国外的农业种子网上交易应用及发展情况对我国种子交易的网络化发展具有很好的借鉴和启发作用。

2. 国内现状

（1）整体发展状况。目前，种业电子商务的整体发展可以总结为 3 个字：小、稳、快。该产业大体处于创业和起步阶段，项目普遍规模不大，资本实力不强，所以前期宣传少，市场认知度不高，市场规模偏小。据业内同行介绍，目前销售规模多在百万元上下，最多的也没有超过 500 万元 / 年。但业者注重信用，服务较好，发展速度快。从事种业电子商务的多是一群有思想、有干劲但行业涉足不深的年轻人，团队的整体实力和资本实力还不足以迅速引领这个产业。

相比于 IT 行业和日用品消费，农业介入电子商务算是晚的。但近几年来，越来越多的种子企业认识到了电子商务的重要性。2014 年 4 月 10 日，农业部种子局副巡视员吴晓玲认为："我国农业信息化的表现形式以企业网站和综合农业信息平台居多，真正意义上的电子商务并不多。作为农业生产前端的种子企业，目前还处于信息发布的初级阶段，真正实践电子商务的少之又少。"

（2）客户类型。客户类型主要有 B2B、B2C、C2C 及 B2N 等。

① B2B 类型的代表为"易种网""淘种网"，主要是聚集各商家展示品种的平台。针对的客户主要是各地批发商，主要的服务由各种子公司与分销商线下沟通完成。"易种网"为顺鑫农业投资设立，实力较强，目前仍重视行业的基础工作，后续发展势头强；"淘种网"依赖武汉蔬菜种子交易会，与各种子企业的关系较好。

② B2C 类型的种子商城，以"良种库"为代表，近年来也涌现出一批新的种子商城，如 360seed、名品网、51seed、365 农业商城、中国蔬菜种子网、

发芽网等，主要针对农户等进行种子直销。"良种库"由一群种业专业人士共同出资，业务涵盖蔬菜种子、庭院种植及牧草种子。在服务创新上，"良种库"的经营团队作了一些尝试，如其吸纳了其他种子商城的展示功能，增添了"专家选种""品种智能"对比等服务，同时建立技术资料库，方便用户选种、用种，使用户得到专业化的服务，亲和力较强。据同行介绍，"良种库"管理团队多涉身种业，与各大知名种子企业业务基础好，还设立了10多个品牌的直营店，优良品种全，且供种有保障，服务到位。该种子商城的优惠活动较多，实际价格优于其他小的种子商城，目前人气好。

③C2C以淘宝网店铺的家庭花卉种子销售为主，专业服务稍差。

④B2N类型实际上是以上两者的混合业务，目前"易种网"和"良种库"在这方面业务多一些。例如，"良种库"针对农业合作社和种植大户推出的科技联盟和推广联盟，很容易让人理解为针对批发零售商的定向服务。由于"良种库"的配送和技术服务由自己完成，因此服务较好。"易种网"的服务由各种子企业自主完成，客户对各企业的服务感受有差别。

（3）种子电子商务发展的条件已具备。

①从企业自身的发展来看，连续多年的库存积压，导致了种子企业之间的低价市场倾销，冲击着多年建构起的"生产商→大中间商→小中间商→零售商"的传统种子分销网络。更多的种子企业在制度、管理、技术、销售、服务、信息化上开始谋篇布局。以大北农为代表的农业企业已经开始着手拥抱互联网。大北农建立了全国第一个种业信息化研究所，实现了品种选育到大田大面积推广的系统控制，将推广风险降到最低，业务上已经形成农博网、员工网、客户网、农信网4大服务网络，逐步诞生对应的信用支付体系，实现四网四通；云天化的云农场、秋乐的网络直销部等都已初具雏形。可以预见，将来各大种子企业淘宝开店卖种子或建立自己的网络直销店也应该不远了。

②从客户的角度来看，随着近几年新型农业经营主体的不断发展壮大，对农业投入品的市场选择有了更多话语权。这就倒逼种子生产商压缩各环节的成本让利，促使种子生产商对电子商务的需求更加迫切。

③从信息技术的发展来看，快递网络基本覆盖农村，网购直销业务的最后一千米问题基本解决。近年来，新农村建设的政策加速了农村网络入户，农民购买种子的品牌意识增强，对于曾经种植过的品牌品种，直接在线与厂家交易，可降低购买风险，会促进网上订购种子的农户数量不断增加。目前，我国的市场大环境非常有利于种子网上直销模式的发展，种子行业的电子商务发展的良好条件已基本具备。随着种子产业的进步和种子

市场的整合规范，种子行业发展电子商务将是大势所趋、势在必行。

④从速递角度来看，快递网络基本覆盖农村。快递业务在农村高速发展，尤其在我国中东部的农村，快递网络已普及到了村庄，网上直销业务的最后一千米问题基本解决。

⑤从政府角度来看，电子商务融入种子企业营销更需要的是一种行业氛围，这不是一两家公司所能做的。对此，农业部种子局副巡视员吴晓玲透露，目前农业部种子管理局正在协调成立一个由多家种子企业共同搭建的电子商务联盟平台，探索种业电子商务发展之路，并开始与京东商城和阿里巴巴等电商企业谈判合作事宜。

总体上看，目前我国的市场大环境非常有利于种子网上直销模式的发展，种业的电子商务发展的良好条件已基本具备。

（4）知名种子网站。国内涉及种子网上交易的网站主要有以下几个。

①"中国种子交易网"由北京种子大会组委会和北京富四方种苗研究中心创建，网站设供应信息、求购信息、行业资讯、市场行情、网上展览、论坛和种子会等主要栏目，提供发布行业动态和查询市场行情的网络平台。

②"中国种子信息网"提供网上营销系统，建立起用户信誉等级制度，客户可免费发布种子产品信息。信息分品种供求、技术、法规等11个类别，涉及粮食、经济、蔬菜、果木、野菜、牧草等。

③"广东农业良种推广信息网"由广东省农作物技术推广中心建设，提供种业新闻、种业法规、良种推介、良种示范展厅、供求信息、种业市场等栏目。

④"易种网"是北京顺鑫农业股份有限公司旗下的专业 B2B2C 网站，提供种子行业的在线交流、交易、配送、指导等全方位服务，着力打造集种子展示推广、在线交易、物流配送于一体，覆盖全国、辐射全球的种业交易电子商务平台。易种网秉承顺鑫农业"诚信、敬业、创新、高效"的企业精神，融合首都在种子科研、产业交流等方面的优势，缔造品种生长全程视频展示、多途径拍卖转让品种权、种子交易配送在线完成3大创新服务，着力构建种子行业展示、交易、示范、指导等全方位服务链条，全力打造创新型种子营销服务平台，成为中国规模最大、会员最多、质量最优、品种最全、辐射最广、服务最佳、信誉最好、农民最信赖的种子交易平台。

⑤"淘种网"是种子网旗下的专业的农业电子商务平台。其成立于2009年4月，一直保持高速成长。淘种网坚持以纯电子商务模式运营，缩减中间环节，在第一时间为消费者提供优质的产品及满意的服务。目前，淘种网主要致力于在线销售蔬菜种子、大田种子、花卉苗木、农资肥料、图书

音像等数万种产品。淘种网无论在访问量、点击率、销售量还是行业影响力上，均在国内 B2C 农业网购平台中首屈一指。

⑥ "良种库" 种子商城是从事蔬菜种子、花卉种子、牧草种子及经济作物种子的选种、种植、市场资讯信息化服务和网上购种的综合性种业服务平台。良种库利用自身技术优势和资源优势，融合国内外种业品种资源，利用信息化服务，打造新型的种子推广营销服务体系。面对国内种植业农技服务与生产的脱节、种业优良品种推广和用户的生产需求的脱节、购种环节良莠不齐等诸多弊端，长期为农业服务的 8 位种业人发起成立了 "良种库" 种子商城。"良种库" 秉承 "勤、信、谦、和" 的企业理念，以多种展示、推广和技术服务途径，为会员提供周到实惠的服务，在经营方针上追求客户满意度，以口碑传播为主要手段，力求稳健发展。

目前，虽然国内种子网站已有一定的数量及规模，但大多网站功能仅限于种子信息的发布和浏览，部分网站提供种子供求信息的发布和查询，功能相对单一，真正实现种子网络化交易的网站几乎没有。

7.2.3 种子电子商务存在的问题

1. 农民对农业信息化接受程度低，应用范围有限

由于经济、地域等原因，农民文化水平相对较低，网络终端不够发达，农民在生产、生活中对农业网络化信息的接受程度不高。虽然已有越来越多的农户和农业企业认识到电子商务的重要性，但部分农户的电子商务观念滞后、电子商务意识淡薄，对网络本身的认识、接受和应用能力还普遍不高，对利用网络从事商业活动的概念还不是非常清楚，对电子商务没有足够的信心。农村获取信息的方式仍主要是村干部传达、农民上市场交易获得市场反馈信息、通过 "订单农业" 或 "龙头企业" 引导而获得信息等传统的面对面交流方式。种子信息网络化的应用主体大多为生产规模较大、资金力量较雄厚的主体（如农业企业、种养大户等），而在普通农户中的应用比例并不高。

2. 种子网站功能不完善，信息服务程度不高

目前，我国种子信息网站已有一定的数目，但普遍存在功能不完善、信息服务程度不高的现象。尽管一般种子网站提供了新闻动态、行业资讯、市场行情、网上展览等信息栏目，也有供求信息的发布空间，但是主要功能都在于产品的宣传及行业信息的交流方面，针对性不强，农民真正需要的生产、销售信息以及优良品种信息缺少，指导农民生产的前瞻性市场趋

势等信息更是缺乏。信息化为农业生产服务的功能不能有效地发挥，种子网络化交易的功能更是远未实现。

3. 缺乏诚信监督机制

目前，种子网络化交易很大程度上处于无序竞争、供销失衡的状态，任何销售者都可以在互联网上发布销售信息，网上交易安全性不高；网上信用体制不健全，公共政策也未能跟上，存在资费、隐私权、税收、法律等一系列问题，但其真实性和产品质量却难以得到保证。这种诚信监督机制缺失的状况直接导致了企业、农民等用户对种子网络化交易的不信任度，造成了种子市场的诚信缺失，加剧了种子市场的信息不对称。

4. 电子商务人才缺乏

种子电子商务离不开具有现代农业知识、商务知识和掌握网络技术的人才。随着传统农业商务模式向现代商务模式的转变，传统农民也要向现代"电农"(E-farmer)转变。"电农"是指运用现代信息技术，从事农业生产计划、管理与运销的农民。他们通过网络掌握农业产销信息，包括气候资料、农业生产技术、经营管理知识、市场消费趋势、即时市场行情等，进而对农业产销进行分析，快速回应市场变化，调整产销决策。在我国广大农村，特别是中西部农村，要培养这样一批现代"电农"，还需一个相当长的过程。

7.2.4　种子电子商务的优势

1. 成本优势

在传统的种子营销模式中，种业最大的利润往往流失在流通环节，一级一级的中间商加价占到了零售的一半。金色农华种业股份有限公司一位负责人说："以公司生产的一袋玉米种子（1.5千克装）为例，成本价在15元左右，生产企业到一级中间商手中是27元，到田头卖给农民的零售价就高达55元，中间的20多元是被中间商拿走了。"电子商务则改变了这些情况，让农民能够享受到出厂价的优惠。电子商务最大的好处就是实现了"产销对接"，减少流通环节，大大节省采购成本。此外，通过与种子企业的在线沟通，利用计算机控制进货、销售、配送、售后反馈等一系列过程，实现库存量最低化，降低了管理成本。种子电子商务作为网上的虚拟空间，不需要店面的租金，节约大量的门面租金成本；通过网络进行种子宣传，不仅覆盖面广，而且节省了促销宣传费用。

2. 方便优势

对种子需求方而言，互联网消除了空间距离，点击鼠标就可以货比三家，通过数据库就能方便地找到所需的种子，并且能得到来自生产企业更直接的技术服务；对于生产企业来说也是有利的，在电子商务平台上，企业的品牌形象能够得到更直接的宣传，对于提高市场占有率更有力度；种子销售企业省却反复上架和补充货品的麻烦，种子企业与种子用户面对面在线沟通，有利于信息直接交流。电子商务提供的是一个公开透明的平台，可以实现产品的可追溯，不仅能有效避免套牌侵权，还可以促进公平竞争，有利于行业的健康持续发展。

3. 效率优势

种子网络化交易能够将商品的订货、出货和支付连为一体，节省时间。同时，由于网络信息流的开放性，种子消费各主体对种子市场情况有最大限度的了解，加剧了企业之间的竞争，从而更好地引入市场竞争机制。电子化交易直接构建市场交易的信息平台，作为网络化营销的高效手段，提高了营销效率，使营销队伍更为精化，从而减少了营销开支；客户通过因特网订购种子，即时实现付货之前的电子结算，这样可为企业增加现金流，缓解企业的资金困难；通过因特网，企业还可以更快地获取竞争对手有价值的信息，使自己在市场运作中进行决策时处于更有力的地位，做到游刃有余。

7.2.5 种子电子商务发展思路与对策

1. 发展种子电子商务，引导农民进行种子网络交易

电子商务所具备的成本优势、方便优势和效率优势，是实体农资市场所不具备的，而且其覆盖面更为广泛。把电子商务引入种业交易，通过线上线下的优势互补，能使种子市场具有更良好的发展前景。因此，要建设种子网络化交易平台，充分发挥农村信息服务站的作用，引导农民进行种子网络化交易。例如，广州市于2000年开始，在政府的推动和支持下，其农业、农村基层的信息化建设有了明显发展，目前已基本实现了每个镇都建有村民上网培训中心，充分发挥农村信息服务站的作用，帮助农民查询农业信息，引导农民进行种子网络化交易，提高农村信息化水平，促进现代农业的发展。

2. 建立一套完善的种子电子服务营销体系

种子质量是企业的生命，而种子服务是企业生命的灵魂。可以断言：

21 世纪将是服务经济的世纪，种子行业已经到了服务制胜的时代。完善的种子电子服务营销体系一般包括完善的电子种子服务营销网络、全程电子服务体系和转运规范的电子服务营销模式。笔者认为种子电子商务的本质是服务。现在的种子网上商城如"良种库""易种网"等，也提出了"专家选种""视频选种"等专业化的服务，为客户提供品种的信息筛选和新品种网上展示，想法不错，有专业性。但这些服务执行的力度怎样，效果怎样，还有什么样的服务是客户真正需要的？如何确立各个项目独有的用户模式？如何对服务进行准确的市场定位？如何增加用户的黏性？结合信息技术如何低成本满足市场的要求？这一连串的问题需要我们业内人员进一步深入探究。笔者看来，如何让各地客户选择到适合当地区域种植的品种且符合当地消费者商品性的品种是种业销售的关键。这是对种子电子商务系统能力的考验。同时，在现代的信息社区化时代，种子网上直销模式能否和客户联结成一体将决定种子电子商务的路能有多远。

3. 种业网上直销呼唤复合型人才

一些种子企业也在淘宝上开了店铺，开设了自己的企业博客，但由于没有懂网络营销的专业人员，同时对网络的资源投入不够，网上业务冷清。现在大多种子企业只是将其作为一个宣传窗口，有的几个月不维护一回，最后连摆设都算不上了。因此，如何按电子商务的规律要求来打造种业网上直销的企业基因，是行业的一大难题。综合各种业电子商务项目，在项目策划、执行推广，有的甚至在市场定位及业务选择上都存在一定的问题。由此想问，种业网上直销最缺的是什么？人才！这仿佛是个永恒的话题。现在市场上不缺种业营销型人才，也不缺网络营销型人才，但两者兼备的人才难求。相信在目前的种子商城中会有一批学习能力强的复合人才脱颖而出，随着种业发展，和一批网络营销精英结合，一定会推进种子网络直销业务快速发展。

4. 加大资金的投入

种业网上直销需要资本的翅膀。种业网上直销说到底是电子商务。虽然信息时代最大的特点是"知"和"智"，网络营销的成功之处在于低成本和以少胜多，拼的是信息化技术和服务模式，贵在模式创新。可话又说回来，电子商务是眼球经济，人气是生存的根本。试问一下，系统建设、用户推广、人员培训、供应链构建、网络培训、信息互动、农技社区建设，哪一样少得了资金？没有一定的资金实力，哪有一定强度和广度的推广，又怎会有用户如潮？按理说，电子商务是产生"快"公司的行业，可眼下种业电子商务中的"快"公司还没有看到,这和目前相关项目偏小,大多还处于项目"种子期"有关。同时,这也说明了该行业的炒作能力和融资能力偏低,还不能引起风险投资者的兴趣。我们的种业精英总这样一步步慢腾腾发展,何时才能超过传统的种子企业?时机不我待!可以肯定地说,在现有的项目中,谁获得了资本的注入和追捧,谁才有可能成为行业领军者。

5. "信"和"名"是种子电子商务们生存和突破之道

说到网上直销,大多将低价作为主要卖点。难怪,网购就是低价的代名词。许多种子电子商务也将此奉为经营的圣典,其实此为歧途。

"良种"是"信用"的基础,"信用"是种业营销的根本。在现代经济活动中,信用制度非常重要,特别是在电子商务中,没有信用就没有秩序,也就没有真正规范的市场。要加强对电子商务平台用户信息的审查及信息的监管,严格执行种子企业的市场准入制度,建立企业和个人的诚信档案,为企业、个人提供评估信用等级的工具,培育种子市场良好的信用体系,从而为种子网络化交易提供信用保证体制。种子营销的实质是什么?是要为种植户带来丰收,而不是节省种本。网上直销的种子要将品质置于首要地位,通过品种品质带动信用的建立,通过适宜品种的推广带动信用的提升,通过口碑传播扩大信用的影响力。一些项目将低价置于卖点的首位,让人不解,笔者以为非专业的种业电商们才会比低价、比数量。当然,同一品种还是便宜点好,销售促销让利是另一回事。

有了优良的品种资源,如何聪明地推广到用户手上,是对种业电子商务的又一考验。采用什么样的推广策略,效率更高、成本更低,是建立社区系统还是采取农技服务或者其他手段,这是电商们的专业所在。在确立了"信"之后,如何放大"名"的作用?谁掌握了网络营销和种业信息推广的精髓,谁将拥有更广大的用户群,谁就是最终的赢家。网络营销是项目店长们的专长,笔者在此不再多叙。

6. 整合种业网络资源,建设农业种子标准数据库

电子商务融入种子企业营销更需要的是一种行业氛围,这不是一两家公司所能做的。针对明显的种子"信息孤岛"现象,要整合种业网络资源,建设农业种子标准数据库,收录涵盖国际、国家、地方、行业等领域的相关标准,包括农产品产前、产中、产后等一系列生产技术标准、产品质量标准、加工标准、物流标准、进出口标准、检测标准等,实现种子行业信息最大限度地数据流通和社会共享,使网络信息发挥最大的效益,为实现

种子网络化交易打下坚实的信息共享基础。不用讳言，农业的电子商务水平较低。我国区域大，产业资源行业集中度低，信息化装备水平弱，这些制约了行业的发展。如果利用现代信息技术很好地解决空间区域问题、成本问题和信息传播问题，这些农业传统问题就可以得到很好的解决。从这个意义上看，农业是最需要电子商务助力的。以我国现有的产业信息水平，农业的信息化发展亟待行业资源的联合，种业网上直销模式更需要农业专业人才、种子资源、农业信息平台、信息化科技院所的联合，必要时通过政府的科研或商务项目推动也不失为好的办法。现在种子电子商务模式已经得到农业部种子局关注。据吴晓玲透露，目前农业部种子管理局正在协调成立一个由多家种子企业共同搭建的电子商务联盟平台，探索种业电子商务发展之路，并开始与京东商城和阿里巴巴等电商企业谈判合作事宜。这些良种库们只有和农业信息平台、国家信息工程中心、农技网站及政府信息平台联合协作，方可闯出我国种业电子商务的一条新路。

7.3　种子其他渠道模式

7.3.1　公司式渠道模式

　　1995 年以后，随着国家种子工程的实施，我国涌现出一大批育繁推为一体、规模较大的种子企业，这些种子企业可以作为渠道首脑，领导整个分销渠道系统。首先，种子生产商要选择目标市场，制定好产品、价格、渠道和促销策略。其次，种子生产商通过投资入股的方式拥有主要中间商的大部分或部分股权，参与中间商的经营活动，使得所有中间商受种子生产商的支配或影响。最后，中间商必须接受种子生产商的理念和策略，协助种子生产商做好各自的促销、物流和技术服务工作，而种子生产商给予中间商分期付款、赊销等方面的支持。因为种子生产商是整个渠道的首脑，不仅有效控制种子的质量、价格，还可以统一调配，使分销渠道畅通，不误农时，减少冲突，提高渠道效率。例如，中国种子集团有限公司于 2009 年成功控股四川省农科院水稻高粱研究所下属的四川川种种业有限公司，进一步增强了公司水稻业务的竞争能力和长江上游的区域优势；2010 年 9 月，投资广东省农科院水稻研究所下属的广东金稻种业有限公司，该公司是华南稻区极具影响力的龙头企业。随后，中国种子集团有限公司以四川川种种业有限公司和广东金稻种业有限公司为平台，与四川省农科院及其水稻高粱研究所、广东省农业科学院及其水稻研究所建立了战略合作关系，为公司与我国一流的省级农业科研院所建立深层次产学研合作开创了新的模式。2010 年 12 月，中国种子集团与位于长江中下游稻区的湖南省岳阳市农科所战略合作，以资本为纽带，投资并购了种业五十强企业——湖南省洞庭高科种业股份有限公司。

7.3.2　协会式渠道模式

由于流动人口增多，土地闲置现象趋于严重，随着政府土地流转政策的实施，种植大户（3 hm^2 以上）越来越多。据安徽宇顺种业公司市场部的不完全统计，安庆市的种植大户播种面积达 40 多万亩（约 267 km^2），约占该市播种总面积的 15%，并有进一步扩大的趋势。如果种子企业争取政府支持，把种植大户有效地组织起来，成立种植大户协会，种子企业担任该会会长，负责向种子大户供种、提供技术培训和指导、承担一定融资和协会经费开支等，种植大户则必须向种子企业购买种子，这也不失为一种有益的探索。

7.3.3　产供销服务一体化渠道模式

为了兼顾种子生产商、种子用户和中间商的利益，使种子企业利润最大化，种子生产商应该积极构建产供销服务一体化渠道模式。具体为：公司＋县级配送中心＋乡镇零售连锁店＋农户模式的社会化服务体系，依此建立三级配货体系、三级培训中心、三级试验示范体系、三级配套服务体系和网络沟通体系，从而提高种子从业人员素质、技术服务能力和对分销渠道的控制能力。中国种业第七强的荆楚种子股份有限公司在安庆市的怀宁市场就在探索这种模式（见图 7-2）。

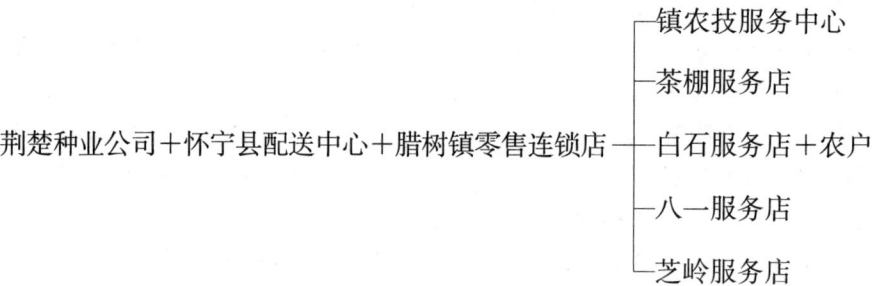

荆楚种业公司＋怀宁县配送中心＋腊树镇零售连锁店
- 镇农技服务中心
- 茶棚服务店
- 白石服务店＋农户
- 八一服务店
- 芝岭服务店

图 7-2　产供销服务一体化渠道模式

7.3.4 兼容嫁接渠道模式

种子销售季节性很强，若成立种子专营店，势必造成渠道的闲置和浪费。为了提高种子渠道效率，方便农户及时购买，种子企业应积极嫁接其他农资产品的分销渠道，如经销农药、化肥的零售商和村镇百货小店网络，利用零售商原有的客情关系，开拓新的渠道网络。

第8章 种子企业分销渠道新模式试验
——以安徽宇顺种业开发有限公司、
浙江康篮农业科技有限公司为例

种子分销渠道新模式的构想只是一种理论的探索，只有把理论运用到具体企业的实践中才具有现实的指导意义。经过对安徽宇顺种业开发有限公司（以下简称安徽宇顺种业公司）、浙江康篮农业科技有限公司（以下简称浙江康篮公司）深入细致地调查、分析，在调整优化传统分销渠道的同时，根据两家公司不同区域市场特性和本公司的实际情况，对前述创新模式进行有选择的尝试。下面笔者就安徽宇顺种业公司和浙江康篮公司尝试的几种渠道创新模式介绍给大家，与大家沟通和分享。

8.1 企业介绍

安徽宇顺种业公司，创建于1998年，注册资本3020万元，是一家专业从事农业技术引进、推广、农业综合开发，种子育繁销一体化的大型综合性公司，服务网络不仅覆盖安庆全部地区，而且营销触角遍及全省大部分地区以及湖北、江西等省部分毗邻地区，销售网点有1200多家，其中直营超市30多家，加盟连锁经营门店达100多家，销售业绩逐年稳步上升，2013年种子销售额达2013.7万元。公司现有员工218人，其中享有国务院津贴的水稻、棉花、植保专家共6人，高中级专业技术人才20人，其他专业技术人才22人。公司曾先后获得"安徽省农业产业化省级龙头企业""中国诚信评估A级单位""安徽省农资产品销售著名公司""安徽省诚信种子企业""安徽省消费者信得过农资单位"等20多项荣誉称号，深受农民欢迎和青睐。

浙江康篮公司是由温州市佳篮农业生产资料有限公司控股的股份制企业，是一家集科研、生产、繁育、营销、技术服务为一体的农业科技型种子企业。该公司坐落于浙江省温州市瓯海区梧田街道教导路 2 号（市农科院蔬菜研究所内），现有员工 50 余人，公司建有研发试验农场、良种生产基地及完善的营销服务网络，主要繁育早熟 5 号大白菜、花椰菜、青梗小白菜、瓜类、豆类等，以及温州地区的农家品种，并代理国内外各大公司的水稻、玉米、蔬菜等各类农作物种子，为浙南地区总经销。公司以"公司 + 基地 + 农户"的方式，用合同的形式与农民实行订单农业生产，建立稳定生产基地及全国营销网络。

近几年来，由于种子市场营销环境的变化，两家公司原有的传统分销渠道日益受到诸多问题困扰，如窜货、渠道冲突、中间商难以管理、厂商矛盾增大、物流成本上升、渠道效率不高等。面对严峻挑战，安徽宇顺种业公司和浙江康篮公司不畏艰难，敢为人先，积极探索和尝试新的分销渠道。

8.2　种子企业分销渠道新模式试验

8.2.1　直营连锁模式

安徽宇顺种业公司利用其在安庆地区规模大、实力强、信誉好的优势，借助乡镇农技站改革的有利时机，在望江县通过独资，兼并该县农技站原有门店 30 家，开展直营连锁。安徽宇顺种业公司还聘请该县乡镇农技站 135 名技干和 210 名村级农技员（给予适当农技推广补助）为该镇 135 个行政村（镇下辖行政村或社区），3.1 万个农户，82 个专业合作社（种植大户）的 200 khm² 农作物提供规定的栽培、管理等技术服务。直营连锁模式的最大特点是：成员店所有权、经营权、财务核算权和监督权都归安徽宇顺种业公司所有，各门店的店长由公司委派，各门店的店长是雇员不是老板，各门店的工资奖金由总部依据公司制定的标准来决定。安徽宇顺种业公司作为种子分销渠道领袖，遵循共同利益原则，统一品牌、统一进货、统一配送、统一价格、统一服务、统一协调各方面关系，制定发展战略，搜集信息并反馈给各农户和种植大户。图 8-1 为安徽宇顺种业公司直营连锁模式。

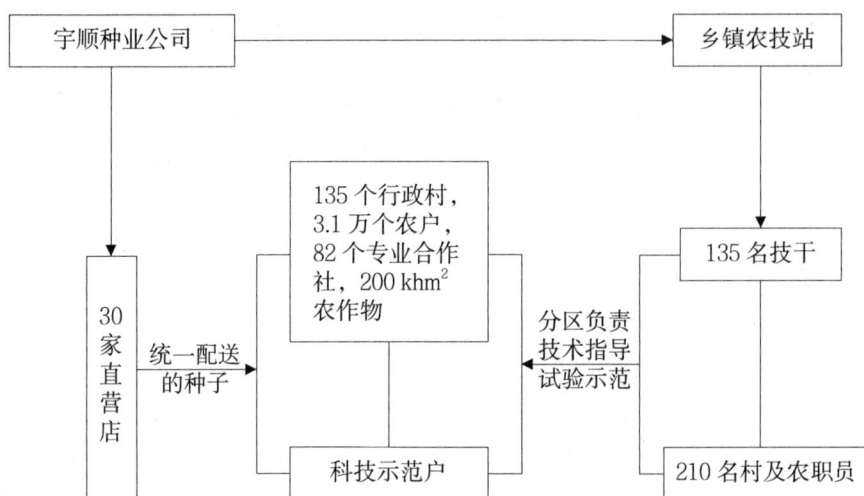

图 8-1　技物连锁服务模式示意图

经过近一年的直营连锁模式的实验，安徽宇顺种业公司在望江县的种子销售额由 2011 年的 300 万元增长到 2012 年的 850 万元，销售增长率达到 183.33%；种子用户对宇顺公司的服务满意度由 2011 年的 48% 上升到 2012 年的 85%，取得明显的经济和社会效益。

8.2.2　种植大户协会模式

随着种植大户数量越来越多、规模越来越大，种子龙头企业应该争取当地农业相关部门的扶持，组织该地区的种植大户（包括种植型农业合作社和种植型农业企业）成立种植大户协会。协会会长由种子龙头企业负责人担任，副会长和秘书长由种植大户通过选举产生。种子龙头企业为协会会员提供种子、协会经费、融资和咨询、培训、指导、示范等服务；协会成员必须向种子龙头企业购买种子，并积极配合种子龙头企业新品种的示范和推广。例如，安徽宇顺种业公司，在安庆市农委的支持下，把该地区的 210 多家种植大户、农业合作社和农业企业有效地组织起来，成立种植大户协会，会长由安徽宇顺种业公司总经理担任。安徽宇顺种业公司负责供种、技术的培训和指导、一定的融资、新品种的示范以及协会经费开支等；协会成员必须使用安徽宇顺种业公司的种子，配合安徽宇顺种业公司新品种的示范和推广；为了融资的安全，种植大户之间必须互为担保。

8.2.3　兼容嫁接渠道模式

安徽宇顺种业公司积极嫁接其他农资产品的分销渠道，如经销农药、化肥的零售商和村镇百货小店网络，利用零售商原有的客情关系，开拓新的种子销售网络。安徽宇顺种业公司负责零售商种子知识的培训，给予零售商一定的铺底资金，负责对农户的技术服务；零售商只准经营安徽宇顺种业公司的种子。这样，零售商在原来业务中增加了种子销售业务，提高了经济效益；农户获得了购买便利和更多的服务支持；而安徽宇顺种业公司则开拓了市场，培养了零售商的忠诚度。

通过两年多的探索实践，安徽宇顺种业公司种子分销渠道创新模式尝试取得了非常好的经济和社会效益，特别是"安徽宇顺种业公司－望江高士农技站"技物连锁服务模式取得了明显的经济和社会效益，受到了安庆市委、安庆市农委、望江县农委的关注和肯定。这种模式也即将成为安庆市乡镇农技站今后改革的三种模式之一。种子分销渠道创新模式的实践，彻底地改变了传统渠道成员间互为独立、各自为政、各行其是、只顾个体短期利益的激烈竞争关系，建立了一种新型的渠道成员间互相联系、平等协商、行动一致、追求全局、长远利益的战略伙伴关系，从根本上解决了种子分销渠道中渠道不畅、效率低下、利益失衡、价格紊乱、冲突不断等问题。

8.2.4　公司式渠道模式

经过 10 多年的市场激烈竞争，目前我国涌现出很多实力强、规模大、品牌知名度高的种子企业，这些企业可以作为渠道领袖，负责构建公司式渠道。具体内容：渠道领袖通过投资入股的方式拥有中间商的部分或大部分股权，直接或间接地支配中间商的经营活动。渠道成员接受渠道领袖的理念，服从渠道领袖的管理，协助渠道领袖做好种子促销、物流、技术服务等工作。例如，浙江康篮公司以实物和现金对台州桔多农业科技有限公司（以下简称桔多公司）进行 49% 的注资，并承诺给予桔多公司信用、技术等支持；而桔多公司自愿接受浙江康篮公司的经营理念和管理模式，依托桔多公司原有的分销网络、销售队伍和服务体系全力以赴销售浙江康篮公司的种子。这种模式具有以下优点：第一，浙江康篮公司参股桔多公司，可以风险共担，利益共享，协调行动；第二，浙江康篮公司虽实力强，但短期内无力开拓台州市场，而桔多公司虽有网络，但苦于没有良种、技术及资金，两家公司取长补短，使种子产品、技术、资本、市场等相关要素有机组合，实现了优势互补、资源共享。该模式的实施，使浙江康篮公司在台州市场的种子销售额以每年 30% 的速度递增，不但扩大了市场，也取得了明显的社会和经济效益。

8.2.5 司站社一体化渠道模式

随着乡镇农技站的改革，农技站原有的服务功能已名存实亡，而农户，特别是农民专业合作社对良种与良法配套的农技知识的渴望越来越迫切。面对这种现实，笔者认为有一定规模的种子企业借助市场机制，自愿联合，取长补短，通过合作、合伙等多种形式，构建司站社一体化渠道，即种子生产商把各县植保站和农民专业合作社组织起来，形成种子生产商向农民专业合作社供良种，植保站向农民专业合作社施良法，农民专业合作社接受种子公司的良种和植保站的良法，种子公司向植保站提供培训费、资料费、会务费等。例如，浙江康篮公司组织各县区植保站（瓯海、龙湾、瑞安、乐清）和 5 家农民专业合作社（瑞安市展鹏农业综合开发专业合作社、温州富地农产品种植专业合作社、瑞安梅屿蔬菜专业合作社、龙湾亿能蔬菜专业合作社、瑞安荆谷白银豆专业合作社）正在探索司站社一体化渠道模式，如图 8-2 所示。该公司负责人认为，在当前乡镇农技站人走网破的情况下，此模式不失为一种很好的可行办法，它提高了农技技术服务到位率 [受益面积达 50 万亩（约 333 km^2）]，提高了种子占有率，培养了种子用户的忠诚度。

图 8-2 司站社一体化模式

8.2.6 供服销一条龙渠道模式

当前，种菜赔、卖粮难、农产品农药残留高的现象时有发生。为了消除农民和居民的担忧，种子生产商可以尝试与种植大户、超市和农产品配送中心签订合同，种子生产商向种植大户供应种子、化肥、农药等生产资料和一系列产前、产中、产后的技术服务，超市按规定不低于保底价收购。

例如，温州康篮公司在沪香685、番茄两个品种销售上就采用了供服销一条龙渠道模式，如图8-3所示。合同规定：种植大户保证购买康篮公司经营的种子等生产资料，按康篮公司确定的农产品生产标准、数量要求和品种规定组织生产，并自愿接受康篮公司的监督；康篮公司向种植大户免费提供沪香685、番茄的栽培、病虫草防治、配方施肥等技术，温州市超市和农产品配送中心根据市场行情以不低于合同规定的保底价收购。供服销一条龙渠道模式的实施调动了种植大户的积极性，扩大了康篮公司种子的销售，解决了种植大户和居民的后顾之忧，产生了巨大的社会和经济效益。

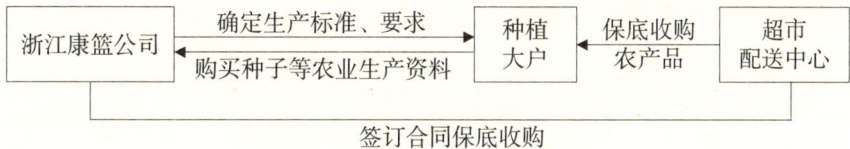

图 8-3　供服销一条龙渠道模式

8.2.7 "种子＋农技"连锁渠道模式

信誉好、资金雄厚、规模大的种子企业（种子生产商或当地知名的中间商）可组织种子零售商和农技相关部门（农类院校、农科所和植保站），以协议的形式，按照统一品牌、统一广告、统一价格、统一配送和统一服务的原则建立"种子＋农技"连锁渠道模式，如图8-4所示。协议规定：种子企业通过一定的补贴（资料费、培训费、交通费、误餐费等）聘请农技相关部门人员向该市场种植大户、农业合作社和农业企业提供栽培、作物病虫害测报和防治、管理、加工等农业生产相关的服务。作为条件，种子零售商必须从种子渠道首脑处购买种子。该模式的特点是：种子连锁店成员三权独立（所有权、经营权和财务核算权），连锁店成员在保持自身独立的前提下，通过平等协商，统一进货，分散销售，互通信息，服务为先。

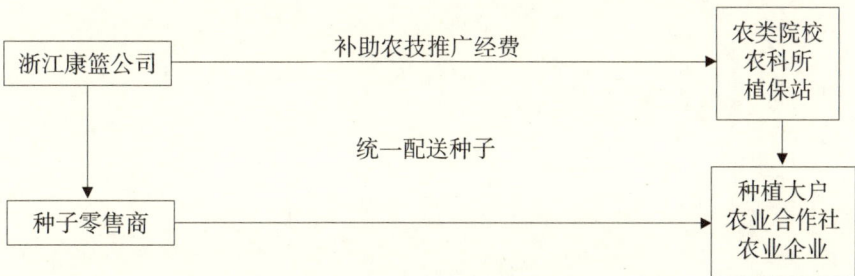

图 8-4　"种子＋农技"连锁渠道模式示意图

8.2.8 电子商务渠道模式

电子商务渠道模式是指种子企业和用户借助电子网络平台，分别发布种子供求信息，种子生产商接受种子用户网上订单后，直接将种子通过邮寄或送货上门的方式送达种子用户。该模式加速了种子和资金周转，缩短了种子供需之间的距离，节约了种子供需双方的成本，提高了经济效益。随着计算机和互联网在农村的普及，种子电子商务渠道模式将成为一种发展趋势。例如，浙江康篮公司近几年来以淘种网为平台，大力开展种子电子商务业务，交易量越来越多，影响也越来越大。浙江康篮公司电子商务交易程序如图 8-5 所示。

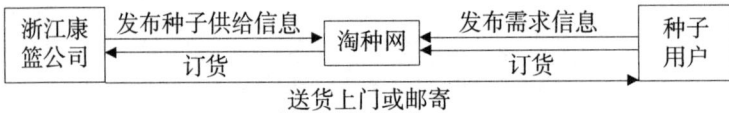

图 8-5　浙江康篮公司电子商务渠道模式

第9章 结 论

通过对种子企业分销渠道的研究，不难看出，当前我国种子行业正处在一个系统转型时期，种子企业赖以生存的宏观经济环境和构成种业体系的微观基础都在悄然发生一场系统而深刻的变革。这既为种子企业的发展提供了千载难逢的机会，又给种子企业造成了严重的挑战和威胁。

目前，我国种子分销渠道主要存在以下问题：①渠道理念落后；②渠道成员关系松散；③渠道管理者整体素质不高；④渠道信息沟通不畅；⑤渠道服务功能缺乏；⑥过分依赖中间商；⑦渠道冲突严重；⑧电子商务发展受到制约；⑨种子渠道成本过高。

针对以上分销渠道存在的问题，面对市场对种子企业分销渠道提出的挑战，传统松散的、交易型的渠道体系存在的诸多缺陷使其无法满足种子企业对渠道的要求，无法保证提供良好的服务。为了从根本上解决现有的传统渠道的一系列弊端，本文通过对种子微观环境、宏观环境和种子分销渠道现状分析，借鉴国外和国内其他企业成功经验，结合种子自然特点、环境特点、顾客特点和市场特点，提出了两方面的思考。一方面，针对现有渠道的问题，提出在渠道设计时可以采纳优化改造的建议，优化的原则是：①渠道理念要现代化；②渠道结构要扁平化；③渠道成员关系要战略化；④渠道重心要终端化；⑤渠道服务要一体化；⑥渠道构建顺序要逆向化；⑦渠道物流配送要系统化；⑧渠道交易平台要网络化。另一方面，对我国种子分销渠道创新模式作了大胆的构想，具体模式有种子连锁经营模式、种子电子商务模式和种子其他渠道模式（公司式渠道模式、协会式渠道模式、产供销服务一体化渠道模式、兼容嫁接渠道模式）。

　　某些创新渠道模式在具体企业的试验，受到渠道成员的普遍欢迎，取得了明显的社会和经济效益，从根本上解决了种子企业分销渠道中渠道不畅、效率低下、利益失衡、价格紊乱和冲突不断等问题。笔者断言，在不久的将来，种子企业的创新渠道模式将有长足的发展。

　　通过对种子企业分销渠道的研究，可以得出以下几点启示。

　　（1）我国种子分销渠道研究工作滞后，空白点较多，远远落后于现实客观形势的发展。

　　（2）目前，我国种子分销渠道仍以传统的、松散型渠道体系为主，为了克服传统种子分销渠道诸多缺陷，许多种子企业的有识之士正在积极探索新的渠道模式。

　　（3）种子企业在探索渠道创新模式过程中，亟须系统的、成熟的种子分销渠道理论指导。

　　由于笔者研究水平、研究条件有限，本书存在许多不足之处，如实证研究不够完善并受区域限制，对国外种子企业分销渠道动态和前沿的了解和把握不够全面，这是今后要进一步研究的内容。

附录1 相关研究论文

种子企业分销渠道优化与创新
——基于温州市场种子企业的调查

杨再春 林瑜彬 许美良

（温州科技职业学院 浙江温州 325006）

摘要：10多年来，随着种子市场由品种竞争转向渠道竞争，种子企业传统分销渠道问题日渐突出，影响了渠道效益。基于对温州市场部分种子企业分销渠道的调查，本文分析了种子企业分销渠道的现状及问题，提出了优化措施，构建了6种创新模式。

关键词：种子企业；分销渠道；问题；优化措施；创新模式

Seed Enterprise Distribution Channels Optimization and Innovation
——Based on the Investigation of Wenzhou Market Seed Enterprises

Yang Zaichun, Lin Yubin, Xu meiliang

(Wenzhou Science and Technology & Vocational College,
Wenzhou 325006, Zhejiang Province)

Abstract: More than 10 years, along with the market competition by seed varieties to channel competition, seed enterprise traditional distribution channel problem becomes more and more serious, which affects the channel benefit. This paper analyzes the present situation and problems of the seed enterprise distribution channels those base on the investigation of Wenzhou market. It also puts forward the optimization measures and constructs the 6 kinds of innovation mode.

Key words: seed enterprise; distribution channel; problems; optimization measures; innovation mode

10多年来，随着中国加入WTO和《中华人民共和国种子法》的贯彻实施，种子市场已由品种竞争转向渠道竞争。得渠道者，得天下。因此，种子企业有必要对如何优化和创新种子分销渠道进行深入探究。

1. 种子企业分销渠道现状

1.1 种子企业分销渠道基本模式

通过对温州市场部分种子企业分销状况的调查，基本归纳出种子企业在温州市场上的4种类型和7条分销渠道模式，如图1所示。

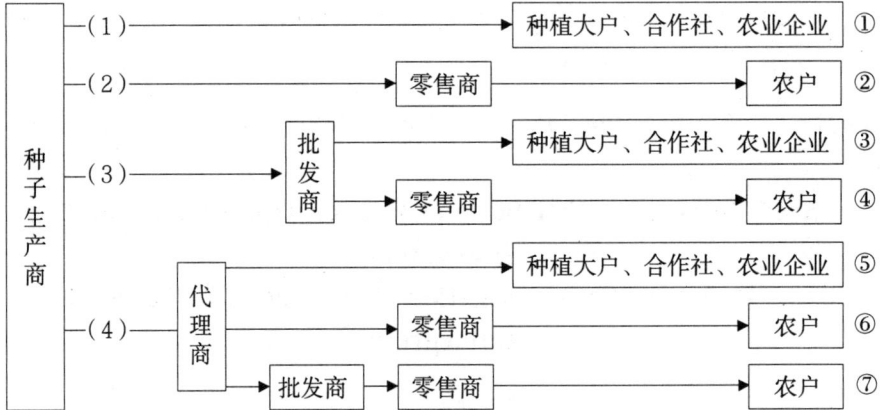

图1 种子企业分销渠道模式（杨再春，2007）

图1中，（1）～（4）分别表示种子分销渠道的4种类型。

（1）直销型：种子生产商→种子用户。直销型是指种子生产商设立分公司或办事处，派自己的推销人员直接把种子销售给种植大户、种植型合作社和种植型农业企业，为它们提供直接的服务，对种子的分销进行全程控制。

（2）直营型：种子生产商→零售商。直营型是指种子生产商为更好地控制渠道，直接派自己的推销人员说服零售商购买其种子。

（3）批发型：种子生产商→批发商。批发型是指种子生产商直接把种子以批发价销售给批发商，再由种子批发商把种子卖给种植大户、种植型合作社和种植型农业企业或零售商。

（4）代理型。种子生产商→代理商。代理型是指种子代理商和种子生产商签订代理协议，代理协议规定代理商不能随意调整价格，不能经营与种子生产商有冲突的产品，一旦代理商违约，取消代理商的种子代理权或没收押金。

图1中，①～ ⑦分别表示种子分销渠道的7种基本模式。

1.2 种子企业分销渠道现状调查及分析

2012年7—8月，温州市种子企业分销渠道研究课题组以随机问卷的形式，在温州市场上对2011年部分种子生产商的每种渠道模式销售额进行调查。调查中，共发放问卷10份，收回问卷9份，收回率和有效率均达90%，如表1所示。

表1　种子企业分销渠道模式调查汇总　　　　　　（单位：万元）

企业名称 \ 渠道模式 销售额	①	②	③	④	⑤	⑥	⑦	整合渠道	销售总额
温州神鹿种业有限公司	45	95	51	262	53	100	472	42	1120
浙江康篮农业科技有限公司	20	170	22	25	—	140	103	35	515
温州吴桥种业有限公司	21	42	28	70	49	175	315	—	700
浙江勿忘农种业有限公司	250	80	170	180	90	320	550	160	1800
浙江农科种业有限公司	22	23	45	67	22	135	112	24	450
温州神良种业有限公司	88	132	—	253	—	264	253	110	1100
温州龙牌蔬菜种业有限公司	45	81	45	180	—	360	117	72	900
浙江庆一种苗有限公司	100	80	—	205	—	216	151	88	840
浙江科苑种业有限公司	—	18	35	62	—	10	—	—	125
各渠道销售额合计	591	721	396	1304	214	1720	2073	531	7550
各渠道所占比重（%）	7.83	9.55	5.25	17.27	2.83	22.78	27.46	7.03	100

注：1. 表中的①～⑦与图1中含义相同，分别表示种子企业分销渠道的7种模式。2. 每种渠道模式销售额是2011年各种子生产商在温州市场的销售额。3. 每种渠道模式所占比重＝各渠道销售额合计／销售总额。

从表1可知，从渠道类型来看，直销型、直营型、批发型、代理型和整合型渠道分别占渠道的7.83%（①）、9.55%（②）、22.52%（③、④之和）、53.07%（⑤、⑥、⑦之和）和7.03%。由此不难看出，目前温州种子市场分销渠道以代理型销售种子为主，以中间商为辅，以直销型和整合型渠道为补充；从具体渠道模式来看，种子企业分销渠道占67.51%（④、⑥、⑦之和），是长渠道。由此可见，温州种子市场分销渠道目前以长渠道占绝对统治地位，特别是种子生产商→代理商→零售商→农户的模式和种子生产商→代理商→批发商→零售商→农户的模式,占渠道比重为50.24%(⑥、⑦之和),说明这两种渠道模式在种子渠道中扮演着主导角色;短渠道比重较低,只占有25.46%(①、②、③、⑤之和),远不能满足种子用户的需求,短渠道比重较低的问题越来越受到种子生产商的关注;整合型渠道占7.03%,尽管比重较低,但与前几年相比,有了很大的提高,而且备受种子企业的关注,发展势头不错。

2. 种子分销渠道的优化

2.1 种子企业分销渠道存在问题分析

温州市种子企业分销渠道研究课题组通过问卷调查、专家座谈、个别访谈、资料分析等形式对温州种子市场分销渠道存在的问题进行调查,笔者经过归纳、整理,得出以下汇总表,见表2。

表2 种子分销渠道问题汇总

存在问题 企业名称	渠道理念落后	渠道沟通不畅	成本过高	产销脱节	渠道冲突严重	结构不合理	渠道整体素质不高	效率低下	模式单一	服务功能不强
温州神鹿种业有限公司	√	√	√		√				√	
浙江康篮农业科技有限公司	√				√		√		√	√
温州吴桥种业有限公司	√			√			√			√
浙江勿忘农种业有限公司	√	√					√		√	√
浙江农科种业有限公司	√	√			√		√			
温州神良种业有限公司					√	√	√			√
温州龙牌蔬菜种业有限公司	√	√								√
浙江庆一种苗有限公司		√	√		√	√				
浙江科苑种业有限公司	√	√			√		√	√		
所占企业的比重(%)	77.8	55.5	44.4	33.3	66.7	33.3	77.8	22.2	33.3	55.6

注:1. 被调查的企业在10个选项中选取5个最突出的选项。2. 被调查的企业都是种子生产商。3. 所占企业的比重项＝∑/9获得,只是为了说明问题,仅供参考。

从对表 2 的数据分析，我们不难得出，目前我国种子企业分销渠道存在以下 7 个方面的突出问题。

2.1.1　渠道理念落后

从表 2 可以看出，渠道理念落后占所选企业的 77.8%。种子生产商大多采用传统渠道模式，渠道老化不畅，多数中间商只是为销售种子而销售种子，渠道创新思想、渠道服务意识、渠道整体观念和渠道多赢理念薄弱。

2.1.2　渠道成员关系松散

从表 1 可见，传统种子分销渠道的比例达到了 92.97%（①、②、③、④、⑤、⑥、⑦之和）。传统种子分销渠道是由种子生产商、代理商、批发商、零售商、用户等相互独立的经济实体组成的，每个成员的目标、政策、计划、行动完全独立。整个渠道缺乏统一的目标，决策权分散在每一个成员或每一级渠道上，成员之间关心的是自己拥有的种子能否快速进入下一个分销环节。种子渠道成员除了交易关系外，不存在其他联系和约束，难以形成紧密的、长期的、稳定的渠道成员关系。

2.1.3　渠道管理者整体素质不高

从表 2 不难看出，渠道管理者整体素质不高的占 77.8%。由于我国种子企业渠道管理者主要是由外行业转行人员、改行的农技人员、农业系统的职工亲属等组成的，因此普遍缺乏市场调查与预测、市场开发、促销、企业管理和分销渠道等知识和技能。

2.1.4　渠道信息沟通不畅

目前，由于温州市场的种子企业大多仍然使用"多层次""顺向"的金字塔式分销渠道，渠道环节多，市场信息不能迅速、准确地得到传播和反馈，致使种子生产企业无法及时调整品种结构、良繁面积和服务，不仅错失商机，而且还会造成人员和时间上的资源浪费。通过表 2 可知，渠道沟通不畅达到 55.5%。

2.1.5　渠道服务功能缺乏

从表 2 可见，被调查的种子企业认为服务功能不强的占 55.6%。由此看来，目前大多数温州种子中间商"只管卖种，不重服务"，忽视种子用户对种子栽培技术、管理技术以及对种子销售网点、营业时间、服务态度等方面的迫切需要，降低了用户对种子企业的忠诚度，阻碍了种子企业开拓和占领市场的步伐。

2.1.6　过分依赖中间商

从表1可见，经直营型、批发型、代理型等环节分销的种子比重高达85.17%（②、③、④、⑤、⑥、⑦之和），种子生产商过分依赖中间商的状态由此略见一斑。种子企业渠道人员过多地与批发商和代理商联系，不深入终端市场，不对种子市场进行调查和分析，更不理会种子用户的需求。当种子市场宏观和微观环境发生变化时，以中间商为中心的市场运作方式的弊端表现得越来越突出。

2.1.7　渠道冲突严重

从表2可以看出，渠道冲突比重达到了66.7%。种子企业为了在短时间内提高市场占有率，经常采取过度让利手段以刺激中间商。而中间商一味追求自身利润，很少考虑种子分销渠道的整体利益和长远利益。由于种子生产商和中间商追求的目标不同，因此带来如低价倾销、跨区窜货、中间商之间相互杀价、渠道成员信用恶化等诸多渠道冲突问题。

2.2　种子企业分销渠道的优化

2.2.1　渠道理念要现代化

按照供应链管理思想，"让自己活，也让别人活"。因此，种子企业和中间商要树立合作共赢的渠道理念，共同设计切实可行的分销渠道，提高整体渠道的市场竞争能力（杨春富，2008）。在渠道管理过程中实现种子生产商与中间商风险共担、利益共享的一体化经营。可以说，树立现代化渠道理念、建立合作共赢的分销渠道模式，是提高渠道效率、解决渠道冲突的最佳选择和途径。

2.2.2　渠道结构要扁平化

从表1可见，温州目前种子企业分销渠道中，短渠道只占有25.46%（①、②、③、⑤之和），长渠道占有绝对统治地位。长渠道层次多，通路长，存在诸多无法克服的弊端。笔者认为，种子分销渠道结构改变必须扁平化。所谓"扁"，是指种子的分销长度越来越短，种子的分销层级越来越少；所谓"平"，是指种子的零售商数量越来越多，种子的终端销售网点越来越密（闫书鹏，2008）。实践证明，分销层级越来越少可以减少中间环节，节约流通费用，促进信息的双向沟通，增强企业对渠道的控制力；终端网点的增多可以方便用户购买，提高种子销售量。

2.2.3　渠道成员关系要战略化

从表1可见，传统种子分销渠道达到了92.97%（①、②、③、④、⑤、⑥、⑦之和）。这种交易型的种子分销渠道成员都是一个个独立的经营实体，他们往往为了自己的利益而与其他成员进行短期合作。通过渠道成员关系的优化整合，将渠道成员的关系由传统的交易型转变成战略伙伴型，形成一种战略联盟，真正实现种子渠道成员的优势互补、价值共享，既实现企业品牌价值提升，又实现渠道价值提升（俞敏辉，2006）。为此，种子生产企业必须从长远、全局出发，制订企业的战略性渠道建设规划，实现种子生产企业对渠道成员的有效控制，减少渠道冲突，最终实现多赢。

2.2.4　渠道重心要终端化

由表1可见，经过批发商和代理商环节分销的种子比例达75.59%（③、④、⑤、⑥、⑦之和），可见当前绝大多数种子企业以代理商和批发商为重心。但当种子市场逐渐供大于求时，过多关注渠道的顶端建设的弊端越来越突出。种子企业要想提高市场占有率，培养用户的忠诚度，必须以终端市场建设为重心，加强对零售商的建设和管理，促进渠道重心下沉。种子企业"决胜在终端"已成为不争的事实，如合肥丰乐种业公司有70.3%的业务做到乡镇村终端市场。

2.2.5　渠道服务要一体化

农民常说："三分种，七分管。"未来种子的销售应该以技术服务为主，以种子销售为辅，只有提供良好的一体化的技术服务，才能促进种子销售。为此，渠道服务一体化应具体做到以下几点。①要提供各种各样的信息服务，如天气预报、市场行情、竞争品牌动态、种业发展趋势、用户需求变化等。②要提供农业技术、市场营销、企业管理等服务。种子企业通过对中间商和用户进行专业的农业技术培训、咨询和指导，通过对种子中间商进行高层的市场营销、企业管理的集中培训，提高中间商的管理、促销、渠道开发和自我提升能力；通过向中间商输出管理、输出人才，帮助中间商发展生意、拓展业务、管理市场。③要提供仓储配送和融资服务，为用户提供更便捷的送货服务和多样的融资服务。

2.2.6 渠道构建顺序要逆向化

在传统的种子分销渠道构建中，种子生产商一般顺向选择各级中间商，造成种子企业不能真正了解用户需求，对渠道终端失去控制。所谓"渠道构建逆向化"，就是指种子生产商先从最终用户和终端零售商开始构建种子分销渠道，即根据种子用户的需求选择零售终端，充分考虑零售商的特性、利益和关系，进一步向上选择批发商或代理商。渠道构建顺序逆向化充分体现了以"种子用户满意为中心"的渠道管理思想。目前，这已成为新企业、新品种进入市场的重要营销手段。

3. 种子分销渠道模式创新

由表1可见，目前温州市场种子整合创新渠道只占渠道比重的7.03%。随着种子市场由品种竞争转向渠道竞争，种子分销渠道的创新越来越为企业所重视。笔者根据市场调查、专家座谈和种子企业创新的实践，总结和构建了以下6种种子分销渠道创新模式。

3.1 公司式渠道模式

经过10多年的市场激烈竞争，目前我国涌现出很多实力强、规模大、品牌知名度高的种子企业，这些企业可以作为渠道领袖，负责构建公司式渠道。具体内容：渠道领袖通过投资入股的方式拥有中间商的部分或大部分股权，直接或间接地支配中间商的经营活动。渠道成员接受渠道领袖的理念，服从渠道领袖的管理，协助渠道领袖做好种子促销、物流及技术服务等工作。例如，浙江康篮农业科技有限公司（以下简称康篮公司）以实物和现金对台州桔多农业科技有限公司（以下简称桔多公司）进行49%的注资，并承诺给予桔多公司信用、技术等支持；而桔多公司自愿接受康篮公司的经营理念和管理模式，依托桔多公司原有的分销网络、销售队伍和服务体系全力以赴销售康篮公司的种子。这种模式具有以下优点。第一，康篮公司参股桔多公司，可以风险共担、利益共享、协调行动。第二，康篮公司虽实力强，但短期内无力开拓台州市场，而桔多公司虽有网络，但苦于没有良种、技术及资金，两家公司取长补短，使种子产品、技术、资本、市场等相关要素有机组合，实现了优势互补、资源共享。该模式的实施，使康篮公司在台州市场的种子销售额以每年 30% 的速度递增，不但扩大了市场，也取得了明显的社会和经济效益。

3.2 司站社一体化渠道模式

随着乡镇农技站的改革，农技站原有的服务功能已名存实亡，而农户，特别是农民专业合作社对良种与良法配套的农技知识的渴望越来越迫切。面对这种现实，有一定规模的种子企业借助市场机制，自愿联合，取长补短，通过合作、合伙等多种形式，构建司站社一体化渠道，即种子生产企业把各县植保站和农民专业合作社组织起来，形成种子公司向农民专业合作社供良种，植保站向农民专业合作社施良法，农民专业合作社接受种子公司的良种和植保站的良法，种子公司向植保站提供培训费、资料费、会务费等的模式。如康篮公司组织各县区植保站（瓯海、龙湾、瑞安、乐清）和5 家农民专业合作社（瑞安市展鹏农业综合开发专业合作社、温州富地农产品种植专业合作社、瑞安梅屿蔬菜专业合作社、龙湾亿能蔬菜专业合作社、瑞安荆谷白银豆专业合作社），正在探索司站社一体化渠道模式，如图 2 所示。该公司负责人认为，在当前乡镇农技站人走网破的情况下，此模式不失为一种很好的可行办法，它提高了农技技术服务到位率［受益面积达 50 万亩（约 333 km^2）］，提高了种子占有率，培养了种子用户的忠诚度。

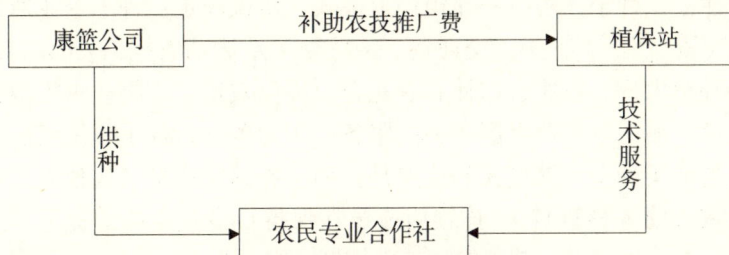

图 2 司站社一体化渠道模式

3.3 供服销一条龙渠道模式

当前，种菜赔、卖粮难、农产品农药残留高的现象时有发生。为了消除农民和居民的担忧，种子公司可以尝试与种植大户、超市和农产品配送中心签订合同，种子公司向种植大户供应种子、化肥、农药等生产资料和一系列产前、产中、产后等技术服务，超市按规定以不低于保底价的价格收购。例如，康篮公司在沪香685、番茄两个品种销售上就采用了供服销一条龙渠道模式，如图3所示。合同规定，种植大户保证购买康篮公司经营的种子等生产资料，按康篮公司确定的农产品生产标准、数量要求和品种规定组织生产，并自愿接受康篮公司的监督；康篮公司向种植大户免费提供沪香685、番茄的栽培、病虫草防治、配方施肥等技术，温州市超市和农产品配送中心根据市场行情以不低于合同规定的保底价的价格收购。供服销一条龙渠道模式的实施调动了种植大户的积极性，扩大了康篮公司种子的销售，解决了种植大户和居民的后顾之忧，产生了巨大的社会和经济效益。

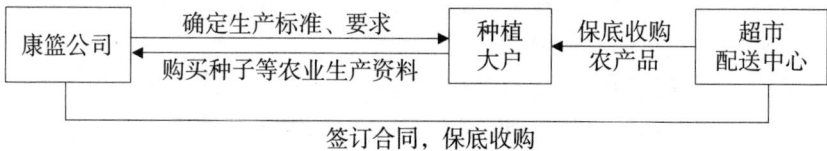

图3 康篮公司供服销一条龙渠道模式

3.4 "种子＋农技"连锁渠道模式

信誉好、资金雄厚、规模大的种子企业（种子生产商或当地知名的中间商），可组织种子零售商和农技相关部门（农类院校、农科所和植保站），以协议的形式，按照统一品牌、统一广告、统一价格、统一配送和统一服务的原则建立"种子＋农技"连锁渠道模式。协议规定：种子企业通过一定的补贴（资料费、培训费、交通费、误餐费等），聘请农技相关部门人员，为该市场种植大户、农业合作社和农业企业提供栽培、作物病虫害测报和防治、管理、加工等农业生产相关的服务；作为条件，种子零售商必须从种子渠道处购买种子。该模式的特点是：种子连锁店成员三权独立（所有权、经营权和财务核算权），连锁店成员在保持自身独立的前提下，通过平等协商，统一进货，分散销售，互通信息，服务为先。

3.5　种植大户协会模式

随着种植大户数量越来越多、规模越来越大，种子龙头企业应该争取当地农业相关部门的扶持，组织该地区的种植大户（包括种植型农业合作社和种植型农业企业）成立种植大户协会。协会会长由种子龙头企业负责人担任，副会长和秘书长由种植大户通过选举产生。种子龙头企业向协会会员提供种子、协会经费、融资和咨询、培训、指导、示范等服务；协会成员必须向种子龙头企业购买种子，并积极配合种子龙头企业新品种的示范和推广。

3.6　电子商务渠道模式

电子商务渠道是指种子企业和用户借助电子网络平台，分别发布种子供求信息，种子企业接受种子用户网上订单后，直接将种子通过邮寄或送货上门的方式送达种子用户。该模式加速了种子和资金周转，缩短了种子供需之间的距离，节约了种子供需双方的成本，提高了经济效益。随着计算机和互联网在农村的普及，种子电子商务渠道模式将成为一种发展趋势。例如，温州吴桥种业有限公司近几年来以淘种网为平台，大力开展种子电子商务业务，交易量越来越多，影响也越来越大。吴桥种业公司电子商务交易程序如图4所示。

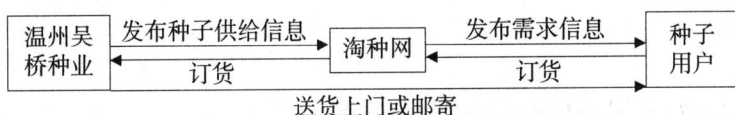

图4　吴桥种业公司电子商务渠道模式

参考文献

[1] 杨再春. 种子企业分销渠道冲突探析 [J]. 安徽农业科学，2007, 35(3): 899-901.

[2] 杨春富. 分销渠道管理 [M]. 南京：东南大学出版社，2008184.

[3] 闫书鹏. 蔬菜种子企业的渠道策略选择 [J]. 中国蔬菜，2008(8): 65-66.

[4] 俞敏辉. 蔬菜种子营销渠道及模式选择 [J]. 种子世界，2006(8): 25-26.

注：本文发表于《安徽农业科学》2012(34)，是基于浙江省温州市2011年科技计划项目"温州种子企业分销渠道优化及创新模式研究"而写就的 (R20110018)。

浅论种子企业的服务营销

杨再春

（安庆职业技术学院　安徽安庆　246003）

摘要：种子市场的开放，使我国种子永远告别了短缺经济，种子市场已进入了供大于求的买方市场，营销领域的竞争将日趋激烈。本文阐述了服务和种子服务营销的含义，论述了种子企业实施服务营销的必要性，探讨了种子服务营销体系的构建。

关键词：种子企业；服务营销；必要性；体系构建

随着中国加入 WTO 和 2000 年《中华人民共和国种子法》的颁布实施，我国种子市场进入了供大于求的买方市场。面对种子的同质化、营销的战国化、品牌的近似化，一方面，多数种子企业生存压力越来越大；另一方面，种子用户满意度越来越低。如何突破这个"瓶颈"？笔者认为，实施服务营销已成为种子企业营销的重中之重。

1. 服务和种子服务营销的含义

迄今为止，对服务的定义，众说纷纭，经过笔者整理，主要有以下几种：菲利普·科特勒认为，"服务是一方能够向另一方提供的基本上是无形的任何行为或绩效，并且不导致任何所有权的产生。它的生产可能与某种物质产品相联系，也可能毫无联系"（菲利普·科特勒等，1997）；也有学者认为它是"为满足购买者某些需要而暂时提供的产品或从事的活动"（弗雷德里克·拉斯，查尔斯·柯克帕特里克，1987）；A.佩恩认为，"服务是一种涉及某些无形性因素的活动，它包括与顾客或它们拥有财产的相互活动，它不会造成所有权的变更。条件可能发生变化，服务产出可能或不可能与物质产品紧密相连"（A. 佩恩，1998）；AMA（American Marketing Association）认为，服务主要为不可感知却使欲望获得满足的活动，而这种活动并不一定需要与其他的产品或服务的出售联系在一起（李先国，2006）。

上述定义说明：①服务提供的基本上是无形的活动，可以是纯粹服务，也可以与有形产品联系在一起，是整体产品中的一个重要组成部分；②服务提供的是产品的使用权，并不涉及所有权的转移；③服务对购买者的重要性足以与物质产品相提并论。

现实经济生活中的服务可分为两大类：一是产品服务，产品服务为顾客创造和提供的核心利益主要来自无形服务；二是功能服务，产品的核心利益主要来自有形的成分，无形的服务只是满足顾客的非主要需要。与服务的这种区分相一致，服务营销的研究形成两大领域，即产品服务营销和顾客服务营销。产品服务营销的本质是研究如何促进作为产品服务的交换；顾客服务营销的本质则是研究如何利用服务作为一种营销工具促进有形产品的交换。

通过对服务的含义、特征和分类的理解，笔者认为：种子服务营销就是种子生产经营者站在顾客角度为种子用户提供专业咨询、心理满足、购买方便、使用指导、使用价值跟踪等营销过程中所采取的一系列活动，目的就是增加种子的使用价值和用户的满意度。种子服务营销属于顾客服务营销，它的核心理念是提高种子用户的满意度和忠诚度，通过取得种子用户的满意度和忠诚度来促进种子的交换，最终实现种子营销业绩的改进和种子企业的长期成长。

2. 种子企业实施服务营销的必要性

2.1　种子的自然属性呼唤服务营销

种子具有生命性、技术密集性、使用时效性和生态区域性等自然属性，种子的这些自然属性说明了种子是繁衍后代的载体，是物化了的科技成果，具有较大的潜在价值。随着现代生物技术与农业科学的结合，种子的品质、产量、抗性等方面有了重大的突破，为农业的增产、增效提供了更大的价值空间。但种子价值的最终实现除了种子自身的品质外，还必须与外部的自然条件（温度、湿度、水分、土壤等）、栽培技术、管理技术、加工工艺等相匹配。正如农民常说："三分种，七分管。"要使农民所购种子获得最大效用和满足，种子经营者必须重视良种与良法的配套，必须根据当地具体情况，向农民传授与良种相配套的种、管知识和技术，包括农作物的良种选择、栽培技术、病虫草防治、配方施肥等技术要领，否则轻则减产，重则颗粒无收。种子复杂的自然属性决定着农民对各种服务的依赖性，因此种子企业必须向农民提供全方位的专业服务。

2.2 种子行业的竞争环境需要服务营销

随着种子进入市场，参与竞争，打破了计划经济时代国有种子公司一统天下的局面，呈现出国有、民营、合资、集体等多元化公平竞争的种子新格局，特别是杜邦先锋、孟山都、先正达等跨国公司的强势介入，使种子竞争更趋白热化，种子竞争手段更趋日新月异，如强行铺货、赊销、高额返利、广告促销、赠出国名额、获旅游大奖等。虽然花样不断翻新，但效果却未见明显，营销费用不断增加，企业效益却日渐下滑。企业无计可施，只能被动应付。同时农民对种子的需求日益多样化，不仅要求种子企业提供高产、优质、廉价的种子，而且更需要各种各样的附加服务，从而满足物质和精神的需要。正如美国市场学家西奥多·莱维特所说："新的竞争不是发生在各个公司的工厂生产什么产品，而是发生在其产品能提供何种附加利益。"（吴勇，2003）而这种附加利益的核心就是赢得消费者芳心的服务，产品的诞生就意味着服务的开始。种子企业不但出售产品，亦经营至诚至坚的服务。现在越来越多的种子企业认识到，做好销售是第一次竞争，做好服务是第二次竞争。第二次竞争有着举足轻重的作用，它带来的结果是联络客商情感，培养种子用户忠诚度，提高企业声誉和种子竞争力。可以断言：21世纪将是服务经济的世纪，种子行业已经到了服务制胜的时代。

2.3 种子的营销状况要求服务营销

随着种子的开放，我国种子市场已永远告别短缺经济，将持续呈现供大于求的局面，买方市场已经形成，种子营销领域的竞争日趋激烈。随着农业生物技术的日益发达，主要企业种子差异性逐渐缩小（质量、价格、品牌、促销都已相差无几），农民对种子的服务越来越苛求，种子服务在竞争中的地位已发生了质的变化，服务已上升为竞争的重要环节。加之种子使用者单个购买量小，分散度高，而且科技文化素质低，客观上要求种子经营者向用户提供更多的有效服务。种子服务营销正是基于种子营销状况，在提供有形种子的同时，向农民提供一系列的服务，使市场营销的本质内涵得以全面实现。正如双 S 专家（销售专家——Sales、服务专家——Services）理论认为，通过销售来提供服务，通过服务来促进销售（黄明涛，2006）。

3. 种子服务营销的构建

3.1　树立全员服务营销意识

种子质量是企业的生命，而种子服务是企业生命的灵魂。在激烈的种子市场竞争中，树立全员服务营销意识显得尤为重要。种子服务具有复杂性、季节性和时效滞后性，种子服务的全过程不是由一个人的简单劳动就能完成的，它涉及多个部门（采购、销售、技术、气象等）、多个环节（销售、栽培、植保、加工等），种子使用价值的最终发挥是由多个部门和多个环节共同提供服务作用的结果。种子服务好似一根完整的"链条"，如果某一环节出了问题（服务不好或出差错），就可能影响种子使用价值的发挥，还可能影响种子用户的"满意度"，甚至使"链条"断裂，因此企业每个部门、每个环节、每个人都要围绕种子市场运转，为种子服务使劲出力。每一位员工在工作时要将自己转换为种子消费者角色，"将心比心，以心换心"；供应部门要把好原料采购关；生产部门要生产最优质的产品；质检部门要控制生产全过程，把好产品出厂前的最后一道关，为种子用户提供优质、高效的服务；财务部门要有好脸子，特别是营销政策兑现时，财务部门要有耐心按程序及时办理，确保商家利益和资金周转；企业高级领导应经常深入市场了解农民的需求，拜访客户并为其解决问题，根据市场状况制定下一步更符合市场实际的营销策略。只有全员重视服务营销，这个企业才有希望。如美国先锋种业公司"第一想的是农民"，许多人考察先锋种业公司后感慨地说，"比较而言，我们卖的是种子，先锋种业公司卖的是服务"（张淑芹，2004）。

3.2 建立一套完善的种子服务营销体系

服务营销体系是现代市场营销体系中非常重要的组成部分，构建一个行之有效的种子营销服务体系，将大大提升种子品牌和种子形象，促进种子企业与种子用户的相互沟通，提高种子用户的满意度和企业竞争力。

3.2.1 建立一个完善的种子服务营销网络

一个完善的种子服务营销网络是服务营销的前提。具体来讲，一定规模和实力的种子企业必须建立一套灵活多变、形式多样的服务网络，如专家咨询网络、服务热线网络、技物连锁网络、营销人员服务网络，还要不定期地通过报纸、杂志、电视及招贴画等随时为广大农民答疑解惑，指导种植技术及病虫草害防治等实用技术，为农民提供及时、有效的服务。如：安徽宇顺种业发展有限公司（以下称宇顺种业公司）建立了多种形式和多种层次的种子服务网络。一是核心层次——公司的客户服务部。客户服务部长年聘请三位享受国务院特殊津贴的农业专家，负责编写各区域农技服务总体方案及相关技术资料，排解重大技术难题，主持大型技术讲座和通过专家咨询和服务热线开展咨询活动。二是关键层次——该公司与各乡镇农技站组建技物连锁服务网。乡、镇农技站负责对宇顺种业公司拟订的技术服务方案提出意见和建议，使技术方案更加符合当地生产实际和适应农民需要；负责种植技术的宣传、培训、指导及病虫害的测报和防治。三是基层层次——各区域专职农技人员及营销员。他们直接服务于经营网点和各区域农户，负责配合公司和农技站做好试验、示范工作，组织区域级农民培训和技术咨询，并以此为突破口带动新品种、新技术的应用和推广（戴德民，2006）。此外，该公司还与"安庆市农村经济信息中心"联合举办《安庆农网信息报》；开通了1600121农业专家咨询热线和投诉电话；免费发放各种资料和农业科普书籍；积极开展"万村千乡"培训工作。宇顺种业公司通过形式多样的服务，大大提升了该公司在皖西南及周边地区（江西、湖北）的品牌形象，拓展了市场，促进了销售。

3.2.2 建立全程服务体系

服务是商品组合中的一个重要组成部分，在这个"营销为王"的年代里，人们越来越意识到服务营销在整体营销中的作用，市场营销理论中的产品整体概念也包含了服务。种子行业是一个技术性强、生产周期长、市场风险和自然风险很大的弱质行业，种子企业应敢于捍卫"种子出门，负责到底"

的企业全程服务理念,对用户负责,让用户满意,不断改进和完善服务态度和服务方式,做好售前、售中、售后服务,从而塑造企业形象,树立企业信誉,创建企业名牌,使企业永远立于不败之地。

(1)售前服务:就是把种子信息迅速、准确地传递给潜在农户,消除农户对种子的顾虑,刺激其购买欲望,促使其尽快购买。种子企业要以真诚的态度广泛宣传种子营销信息,及时准确发现潜在与目标客户的需求特点,然后结合所售种子的实用属性,站在用户的角度做有针对性的服务解说与适合的推介;做好新技术、新品种的示范推广及传授工作,使农户在购种前就了解各种子的特性,以便因地制宜地选择种子,真正做到“先服务后行销,服务现在,行销未来”。除此之外,种子企业还要实行种子质量承诺制度,保证种子出门,负责到底,消除农户后顾之忧。

(2)售中服务:就是一方面要让农户进一步了解种子的优点、种性和使用方法;另一方面要通过礼貌、周到、热情的服务,使农户在精神上得到满足,从而迅速购买。在种子销售季节,种子企业应详细介绍品种的栽培技术,经常询问中间商和农户,了解品种在当地的适应情况及种子质量情况,使各种信息得到及时反馈,从而更好地为农民服务。企业营销人员还要深入中间商店内帮助中间商配货销售种子,保证销售渠道的顺利畅通;要简化营销过程和手续,想方设法满足用户要求,如提供精美的手提袋或小包装、配货上门等贴心服务。企业销出去的种子不仅要开发票,而且要发放信誉卡,填写购种户姓名、电话及所在的村名,以便售后跟踪服务。

(3)售后服务:就是解决种子使用中的问题,降低农户使用成本和风险,增加使用效益,使农户成为回头客或种子的宣传员。在种子售出后,做好售后服务工作。结合农事季节,注意跟踪种子在种植中的表现,多印制技术资料,深入田间地头,开技术短会。结合农民遇到的问题,给农民传经送宝,手把手地给农户传授配套栽培技术,指导农户种植和管理,做农民的贴心人;要履行各种承诺,对于出现的种子纠纷,应在第一时间赶到现场,本着科学、实事求是的态度及时处理,采取补救措施,降低损失,合理补偿,这样不但能留住老客户,还有助于发展新客户,提高全程服务的信誉度,为营造和谐的种子市场做出应有的贡献。

3.3 建立一个转运规范的服务营销模式

种子服务营销运作模式的建立要根据种子企业和种子产品的实际情况而定,一般来讲主要有质量服务模式、问题解答模式、上门服务模式、与消费者互动模式、种子销售奖励模式、赠送与返利模式等。有了这些模式，还应该对服务进行规范。服务规范是企业科学管理的需要，是种子企业竞争的客观要求，主要表现为服务公约、服务守则、服务承诺、便民措施等形式，具体可分为服务语言规范、服务行为规范和服务技术规范3个方面。服务语言规范就是使用文明语言，不顶撞顾客，不和顾客争吵，用礼貌文明、诚恳和善的语言表达能引起顾客发自内心的好感，起到吸引顾客的作用。服务行为规范是指服务人员的操作细节和工作流程，第一步做什么，第二步做什么……最后做什么，每一步都可循、可据、可依。服务行为规范还包括服务人员的态度、仪表、对本职工作的忠诚、对顾客的热情及团队合作精神。服务语言规范和行为规范贯穿于整个服务过程。服务技术规范需要服务人员具有专业的业务技能，通过严格执行服务技术规范建立消费者和服务人员的良好关系，进一步形成对品牌和企业的好感。

参考文献

[1] 菲利普·科特勒等. 市场营销管理 [M]. 郭国庆等译. 北京：中国人民大学出版社，1997: 92.

[2] 弗雷德里克·拉斯，查尔斯·柯克帕特里克. 销售学 [M]. 张明威等译. 北京：电子工业出版社，1987: 431.

[3] A. 佩恩. 服务营销 [M]. 郑薇译. 北京：中信出版社，1998: 8.

[4] 李先国. 营销师 [M]. 北京：中央广播电视出版社，2006: 185.

[5] 吴勇，车慈慧. 市场营销 [M]. 北京：高等教育出版社，2003: 101.

[6] 黄明涛. 服务意识 [M]. 北京：中国传媒大学出版社，2006: 4.

[7] 张淑芹，施骧. 对新时期种业营销策略的思考 [J]. 杂粮作物，2004，24(6): 370-371.

[8] 戴德民，陈群. 创新农资市场监管和农技推广服务机制的有益探索 [J]. 安庆农情，2006，21: 4-5.

注：本文发表于《现代农业科技》，2007(4)。

种子企业分销渠道模式创新研究

杨再春

（安庆职业技术学院　安徽安庆　246003）

摘要： 本文对我国种子分销渠道创新模式作了大胆的构想。并根据安徽宇顺种业公司具体情况，有选择地选取了技物连锁服务模式、横向联合模式、协会式模式、兼容嫁接渠道模式 4 种模式进行试验，经过两年多的试验已取得了非常好的经济和社会效益。

关键词： 种子企业；分销渠道；渠道模式；渠道体系；创新模式

Research on the Distribution Channel Pattern Innovational of Seeds Enterprises

Yang Zaichun

(Anqing Polytechnic Institute, Anqing, 246003, Province Anhui)

Abstract: This paper makes a bold proposition to build up innovational seed distribution channel. According to the specific practice in Anhui Yushun seed enterprise, the author suggested adopting four patterns as follows, the chain pattern of technology-goods service (that's, pass on the technology as well as the goods to customers at the same time), crosswise coalition pattern, association-style and graft-compatible pattern. After two years practice, the enterprise has got excellent economic and society results.

Key words: seeds enterprises; distribution channel; channel pattern; channel system; innovational pattern

1. 种子企业分销渠道新模式探索

俗话说得好："一招鲜，吃遍天。"随着种子企业微观和宏观环境的变化，传统种子分销渠道正面临严峻的挑战，分销渠道创新越来越为企业所重视，成为种子企业新的利益增长点。安徽宇顺种业发展有限公司（以下称安徽宇顺种业公司）市场部通过对 2006 年安徽种子市场企业分销渠道模式的调查得知，整合创新渠道只占渠道的 10.3%，与市场实际需求很不相称。目前，许多种子企业在充分调整和优化原有分销渠道的同时，正积极探索新的种子分销渠道模式。但笔者认为，种子分销渠道的整合和创新必须因地制宜地实施多元分销渠道整合策略，根据不同区域市场特性和企业实际情况采用不同的渠道组合。根据市场调查、专家讨论意见、种子企业创新实践和借鉴其他行业创新经验，笔者对种子企业分销渠道的整合和创新作了以下构想。

1.1 垂直渠道模式

1.1.1 公司式渠道模式

1995 年以后，随着国家种子工程的实施，我国涌现一大批育繁推为一体的规模较大的种子企业。这些企业可以作为渠道首脑，领导整个分销渠道系统。首先，生产商要选择目标市场，制订好产品、价格、渠道和促销策略。其次，生产商通过投资入股的方式拥有主要中间商的大部分或部分股权，参与中间商的经营活动，使得所有中间商受种子生产商支配或影响。最后，中间商必须接受生产商的理念和策略，协助生产商做好各自的促销、物流和技术服务工作，种子生产商给予中间商分期付款、赊销等方面的支持。因为生产商是整个渠道的首脑，不仅有效控制种子的质量、价格，还可以统一调配，使分销渠道畅通，不误农时，减少冲突，提高渠道效率。

1.1.2 合同式渠道模式

在我国，规模较大、实力较强、口碑较好的种子批发商有很多，它们可以作为渠道领导，以合同为基础对渠道进行管理。一方面，它们根据不同地区消费者需要，选择生产商和种子，并要求渠道系统内低价进低价出，以满足种子的低购买水平。另一方面，它们通过精心挑选零售商来控制零售终端。这样，既可以减少渠道环节，使渠道畅通，不耽误农时；又可以使零售点广泛分布，满足农民分散的要求。

（1）技物连锁服务渠道模式

当前有很多种子企业货源充足、物流设施齐备、资本雄厚，但由于农户分散、规模小且及时服务要求多，种子企业的售前、售中和售后服务很难辐射到乡村每一农户；而乡镇农技站农技人员多、技术力量强，但苦于"有钱养兵，无钱打仗"，农技人员推广积极性低。如果种子企业和乡镇农技站借助市场机制，自愿联合，取长补短，通过合作、合伙和合资等多种形式，探索技物连锁服务渠道新模式，不失为目前一种很好的可行办法。这既可以为种子企业探索出一个横向联合经营的新模式，也在一定程度上缓解了农技推广经费严重不足的问题，更打通了科学技术推向千家万户和各个生产环节的渠道，提高了技术服务到位率，很好地解决了农技推广"最后一千米"问题。

（2）协会式渠道模式

由于流动人口增多，土地闲置现象趋于严重，随着政府土地流转政策的实施，种植大户（3 hm² 以上）越来越多。据安徽宇顺种业公司市场部不完全统计，安庆市的种植大户播种面积达 40 多万亩（约 267 平方千米），约占该市播种总面积的 15%，并有进一步扩大的趋势。如果种子企业争取政府支持，把种植大户有效地组织起来，成立种植大户协会，种子企业担任该会会长，负责向种子大户供种、技术培训和指导、一定融资和协会经费开支等，而种植大户必须向种子企业购买种子，这也不失为一种有益的探索。

（3）产供销服务一体化渠道模式

为了兼顾种子生产企业、农户和中间商的利益，使种子企业利润最大化，种子生产企业应该积极构建产供销服务一体化渠道模式，具体为公司＋县级配送中心＋乡镇零售连锁店＋农户模式的社会化服务体系，依此建立三级配货体系、三级培训中心、三级试验示范体系、三级配套服务体系和网络沟通体系，从而提高种子从业人员素质、技术服务能力和对分销渠道的控制能力。中国种业第七强的荆楚种子股份有限公司就在安庆怀宁市场探索这种模式（见图 1）。

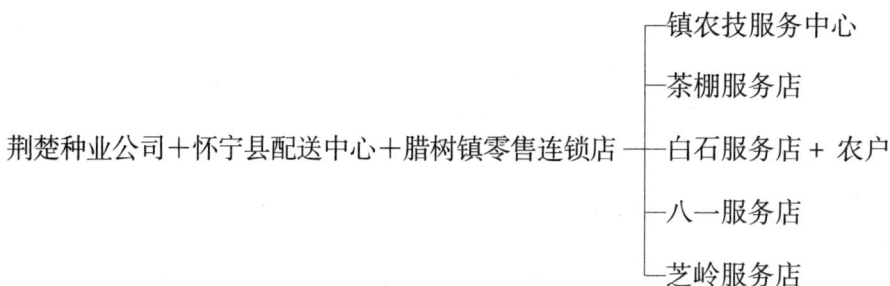

荆楚种业公司＋怀宁县配送中心＋腊树镇零售连锁店 ── 镇农技服务中心
└ 茶棚服务店
└ 白石服务店 ＋ 农户
└ 八一服务店
└ 芝岭服务店

图 1　产供销服务—体化渠道模式

（4）无缝式渠道模式

在我国，有很多科研育种单位只具备品种研发和生产实力，而没有有力的分销渠道作支持。同时，又有很多中间商只有通畅的种子分销渠道，而没有强劲的产品依托。对这两种类型的公司，可以采取由种子生产商与中间商联合组成领导班子，领导渠道系统。种子生产商与中间商相互投资组成销售公司或营销配送中心直接向零售终端供货。该领导班子通过管理契约或合同的形式对种子生产商与中间商的销售加以管理，以协调双方利益（王方华等，1999）。这种渠道管理模式具有一系列的优点：第一，种子生产商与中间商相互投资、相互合作，可以使它们相互参与对方的产品发展、存货、销售过程，可以共享信息与技术，共担风险，效益共享，容易统一协调行动；第二，种子生产商与中间商还可以联合开发不同产品，以满足不同地理区域对种子的需要。通过技术研究、开发推广和销售服务的一体化，降低种子生产与销售成本，提高技术和信息服务水平，从而达到"双赢"目的。

1.1.3　管理式渠道模式

管理式渠道模式是种子生产商或种子批发商作为渠道领袖，不通过共同所有权或合同，而是以某一方的规模和权力来协调生产和销售的一种渠道模式。如湖南隆平高科以其品牌、专利、规模、管理、经验和知名度等优势，不仅可以协调批发商、零售商的经营业务和政策，采取共同一致的行动，还可以获得中间商在陈列商品、货架空间、促销和价格改革等方面不寻常的合作。

1.2　水平渠道模式

水平渠道模式，即同一层次的若干种子生产商、种子批发商或者零售商合资或合作，寻找新的营销机会。目前，我国许多种子企业因资本、生产技术、营销资源不足，无力单独开拓市场。有些企业因看到与其他公司合作可以带来巨大的协同效益，因而组成共生联合渠道系统。这种模式可以使渠道成员各方取长补短，互惠互利，壮大实力，扩大市场。如山东登海种业有限公司与美国先锋种业公司于2002年11月合资成立登海-先锋种业公司，实现了优势互补、资源共享。

1.2.1　兼容嫁接渠道模式

种子销售季节性很强，若成立种子专营店，势必造成渠道的闲置和浪费。为了提高种子渠道效率，方便农户及时购买，种子企业应积极嫁接其他农资产品的分销渠道，如经销农药、化肥的零售商和村镇百货小店网络，利用零售商原有的客情关系，开拓新的渠道网络。

1.2.2　分销渠道战略联盟渠道模式

战略联盟是指两个或更多种子企业通过各种契约从横向和纵向上对种子产品、技术和市场等相关要素进行联合，从而实现种子企业规模经营和资源优化配置，真正达到优势互补和提高市场竞争力的目的。目前，随着我国加入WTO，种子产业终将面向世界开放，中国种子企业面临的竞争将更加激烈。较大规模的种子企业应积极利用自身的优势和品牌强势，与国内外种子企业或其他企业组成互借渠道优势的营销战略联盟，进行产品、销售网络、销售队伍等一些市场营销资源的互换动作，实现资源整合，合作"双赢"。这样，我国种子企业才会有新的广阔的成长空间。

1.3　其他分销渠道模式

1.3.1　电子商务模式

电子商务渠道的具体表现形式为种子生产或经营企业通过互联网发布种子和服务信息，接受农户的网上订单，然后由自己的配送中心或直接由种子生产商通过邮寄或送货上门给农户（见图2）。这种渠道模式缩短了产供销与农户之间的距离，加快了资金、商品的流动。目前，由于计算机和互联网在农村尚未普及，网上订购种子的销量很小，但种子企业不能忽视不断成长与发展的新兴互联网渠道。

图2 电子商务渠道模式

1.3.2 底价包销渠道模式

种子科研或生产企业通过契约的方式把种子按底价出售给底价承包商，由底价承包商通过自己的渠道把种子销售给其他中间商或农户。这种渠道模式的最大优点是可以利用承包商的丰富网络快速进入销售终端，甚至覆盖到边远地区。缺点是市场完全掌控在承包商手中，种子生产商没有主动权，难以管理，不利于种子生产商长期发展，营销策略难以实施。

1.3.3 团购直销渠道模式

由于农民具有从众心理和依赖行为，加上乡里乡亲的关系，他们喜欢结伴购买。种子企业对这些团购种子的农户，在价格和服务方面应给予关注。目前，此模式在安徽安庆和池州部分市场搞得有声有色，受到广大农户的欢迎。

2. 种子企业分销渠道新模式试验
——以安徽宇顺种业公司为例

种子分销渠道新模式的构想只是一种理论的探索，只有把理论运用到具体企业中才具有现实的指导意义。

安徽宇顺种业公司创建于1998年，是一家主要从事种子的繁育、推广和经营及农业综合开发、农产品收购的综合性的省级中型企业，是市重点农业产业化龙头企业、省农资产品销售知名企业，在皖西南及周边地区占有较大市场份额。近几年来，由于种子市场营销环境的变化，该公司原有的传统分销渠道日益受到诸多问题困扰，如窜货、渠道冲突、中间商难以管理、厂商矛盾增大、物流成本上升、渠道效率不高等。面对严峻挑战，宇顺人不畏艰难，敢为人先，经过深入细致地调查、分析，在调整优化传统分销渠道的同时，根据不同区域的市场特性和本企业的实际情况，对上述创新模式进行有选择地尝试。下面笔者把宇顺种业公司尝试的几种渠道创新模式介绍给大家，与大家沟通和分享。

2.1　技物连锁服务模式

宇顺种业公司利用其在安徽安庆地区规模大、实力强、信誉好的优势，在望江县高士镇组织该镇农技服务站和该镇12家种子零售商，以合同为基础建立技物连锁服务渠道系统。农技站和12家零售商经营的全部或大部分种子从宇顺种业公司进货；作为条件，宇顺种业公司聘请高士镇农技站12名技干（每人每年5000元补助）和7名村级农技员（每人每年3000元补助），为该镇1.85万个农户7000 hm^{2}农作物提供规定的栽培、管理等技术服务。技物连锁服务模式的最大特点是：成员店所有权、经营权和财务核算权都是独立的，成员店在保持自身独立的前提下，通过协商自愿联合起来，共同合作，服务为先，统一进货，分散销售，协调行动。宇顺种业公司作为种子分销渠道领袖，遵循共同利益原则，统一进货，统一配送，统一价格，统一服务，统一协调各方面关系，制定发展战略，搜集信息并反馈给各种子零售商。图3为宇顺种业公司技物连锁服务模式（戴德民，陈群，2006）。

经过近一年的技物连锁服务模式实验，宇顺种业公司取得了非常明显的社会和经济效益。

（1）农民直接得到实惠。宇顺种业公司与高士镇农技站共同努力，设立12个连锁服务经营网点，覆盖全镇达90%多。统一品牌，使农民购买种子既方便，又快捷；统一配送，减少了流通环节，降低了成本，农民在价格上得到更多实惠；统一管理，统一进货，克服了一些个体户零散进货、有什么卖什么、只管"卖种"不管"看病"、重经营轻服务的弊端，农民不仅能购买到省心、称心和放心的种子，而且还得到许多售前、售中和售后服务。仅2006年，该公司就举办培训18场，发放资料5000余件、农业科技书籍200多本，栽培、管理等服务遍及16个行政村，受益农户1.85万户。农户对高士镇农技站的服务满意度由2005年的48%上升到2006年的92%，使农民在关键时候得到及时指导。

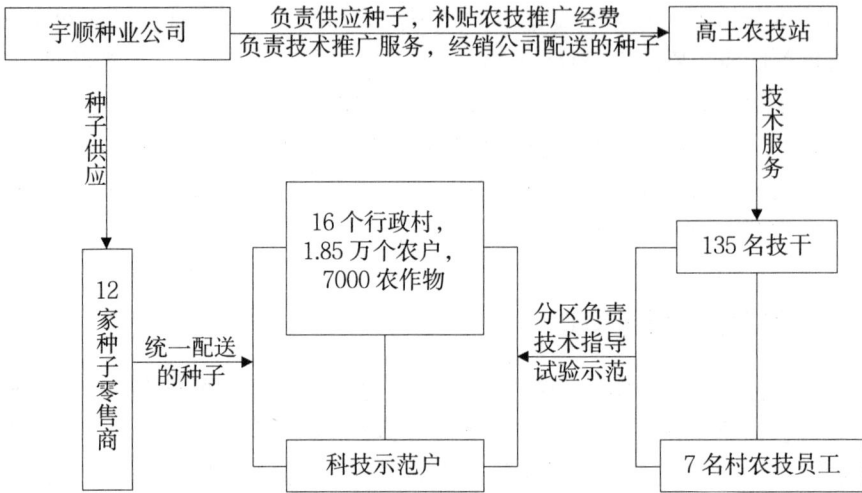

图3　技物连锁服务模式

（2）净化了高士镇的种子市场。随着宇顺种业公司在高士镇种子市场份额的不断扩大，必然抢占了原来属于别人的"地盘"，而这些"地盘"的原先占有者中也许就有一些不规范的甚至是不法的经营者，"良币"驱逐了"劣币"，市场得以"自发"地净化，基本上主导了高士镇的种子市场，市场监管者自然也就省了心。

（3）充分调动了农技人员的积极性。参与连锁的高士镇农技站技干和村农技员每人每年可分别从宇顺公司获得5000元和3000元的补助，对于这些不能全额发放工资的基层农技人员来说，这是一笔可观的收入，充分调动了他们的积极性。2005年8月以来，该公司成功引进、示范和推广了"Y优1号""安选6号""P88S/0293"水稻，棉花品种对比、棉花无土育苗。高士镇科技入户，水稻、棉花单产提升，农业信息服务等各项工作取得了有目共睹的成效，农技干部工作作风得到明显改善，服务质量有了明显提高，使农技站与"农"字更贴近了，有效地解决了"弃农"现象。

（4）取得了很好的经济效益。宇顺种业公司在高士镇市场上的种子销售额由连锁前的10万元，猛增到2006年的98万元，销售额增长了8.8倍，提高了市场占有率，提高了企业知名度、美誉度和忠诚度，有力地带动了宇顺种业公司的农药、化肥等农资的销售，取得了十分明显的经济效益（王发文，2006）。

2.2　横向联合模式

宇顺种业公司资本雄厚，种源充足，技术力量强，但无力在短期内开拓池州地区市场；而池州汇丰农资公司虽有农资网络，但苦于没有良种货源和经营种子的技术及资金。两家公司取长补短，组成统一联合体，共同建立开拓池州市场的渠道系统。宇顺种业公司提供种子、技术和一定的资金，汇丰农资公司借助原有农资销售网络，负责该地区的种子销售。该模式的实施，使宇顺种业公司在池州地区种子销售额增长了85%，由2005年的180万元上升到330多万元，不但扩大了市场，也取得了一定的经济效益。

2.3　协会式模式

在安庆市农委的支持下，宇顺种业公司把该地区的100多家种植大户和农场有效地组织起来，成立种植大户协会，会长由宇顺种业公司总经理担任。宇顺种业公司负责供种、技术的培训和指导、一定的融资、新品种的示范以及协会经费开支等；协会成员必须使用宇顺种业公司的种子，配合宇顺种业公司新品种的示范和推广；为了融资的安全，种植大户之间必须互为担保。该模式经过一年多的实施，不仅为种植大户提供了可靠优质的种子和完善的种管、管理和加工服务，降低了生产经营成本和风险，也为宇顺种业公司取得了很好的社会和经济效益。现在协会成员近200家，播种面积超过1000 hm^2。

2.4　兼容嫁接渠道模式

宇顺种业公司积极嫁接其他农资产品的分销渠道，如经销农药、化肥的零售商和村镇百货小店网络，利用零售商原有的客情关系，开拓新的种子销售网络。宇顺种业公司负责零售商种子知识的培训，给予零售商一定的铺底资金，负责对农户的技术服务；零售商只准经营宇顺种业公司的种子。这样，零售商在原来业务中增加了种子销售业务，提高了经济效益；农户获得了购买便利和更多服务支持；而宇顺种业公司则开拓了市场，培养了零售商的忠诚度（杨再春，2007）。

通过两年多的探索实践，宇顺种业公司种子分销渠道创新模式尝试取得了非常好的经济和社会效益，特别是"安徽宇顺种业公司–望江高士农技站"技物连锁服务模式获得了明显的经济和社会效益，受到安庆市委、安庆市农委、望江县农委的关注和肯定。这也成为安庆市乡镇农技站今后改革的三种模式之一。种子分销渠道创新模式的实践，彻底地改变了传统渠道成员间互为独立、各自为政、各行其是、只顾个体短期利益的激烈竞争关系，建立了一种新型的渠道成员间互相联系、平等协商、行动一致、追求全局长远利益的战略伙伴关系，能从根本上解决种子分销渠道中渠道不畅、效率低下、利益失衡、价格紊乱、冲突不断等问题。

参考文献

[1] 王方华，范凯利，方芳. 无缝营销渠道：实例、特征与价值 [J]. 经济管理，1999(8): 50–51.

[2] 戴德民，陈群. 创新农资市场监管和农技推广服务机制的有益探索 [J]. 安庆农情，2006, 21: 4–5.

[3] 王发文. 探索服务农民、激活乡镇农技站的农资农技连锁营销新模式 [J]. 安庆农网信息，2006, 12: 4–5.

[4] 杨再春. 种子企业分销渠道冲突探析 [J]. 安徽农业科学，2007, 35(3): 899–901.

注：本文发表于《安庆职业技术学院学报》，2009(2)。

种子行业分销渠道冲突探析

杨再春

（安庆职业技术学院 安徽安庆 246003）

摘要：随着种子市场化程度的提高，种子行业分销渠道冲突逐渐变成了一个普遍的难以解决的问题，严重影响了渠道效率和效益。通过对安徽部分种子企业分销渠道的调查，分析了种子行业分销渠道冲突的现状及成因，并提出了种子分销渠道冲突的解决措施。

关键词：种子行业；分销渠道；冲突；解决措施

Analyse the Contradiction of the Seed Trade Retail Channel

Yang Zaichun

(Anqing Polytechnic Institute, Anqing 246003, Anhui Province)

Abstract: Owing to the rapid development of seed market, the contradiction of the seed marketing channel, which gives a harmful influence on the benefit as well as efficiency gradually becomes a hot potato. After investigating part of seed marketing channels of Anhui, in the paper, the author suggests some solving measures by analysing the current contradiction and contributing factors.

Key words: seed trade; retail channel; contradiction; solving measures

随着《中华人民共和国种子法》的颁布实施和我国加入 WTO，种子作为一种特殊商品已被推向市场，参与竞争，从而彻底打破了原有的市场区域分割、行政地区垄断和国有种子公司独家经营的局面。然而，在种子市场转型过程中，种子行业分销渠道冲突也逐渐成为一种普遍的难以解决的问题。所谓渠道冲突，是指渠道成员意识到另一个成员从事损害、威胁其利益或以牺牲其利益为代价获取稀缺资源的活动，从而引发不满、争执、敌对和报复等行为（郭国庆，2004）。渠道冲突是种子营销通路中的痼疾。如果种子生产商和经营者不加以有效解决，可能影响渠道绩效和渠道成员间的关系，进而影响市场占有率和对种子农户的服务水平。笔者对种子分销渠道冲突的现状、成因及解决措施进行了探析。

1. 我国种子行业渠道冲突的现状

我国地域广阔，农业发展不平衡，加之种子的自然属性和市场特性，决定了种子行业分销渠道是错综复杂的。笔者通过对安徽特别是安庆市种子企业营销状况的调查和分析，基本可以归纳出种子企业7种渠道模式（见图1）。由图1可见，种子行业分销渠道的冲突大体可分为以下4类。

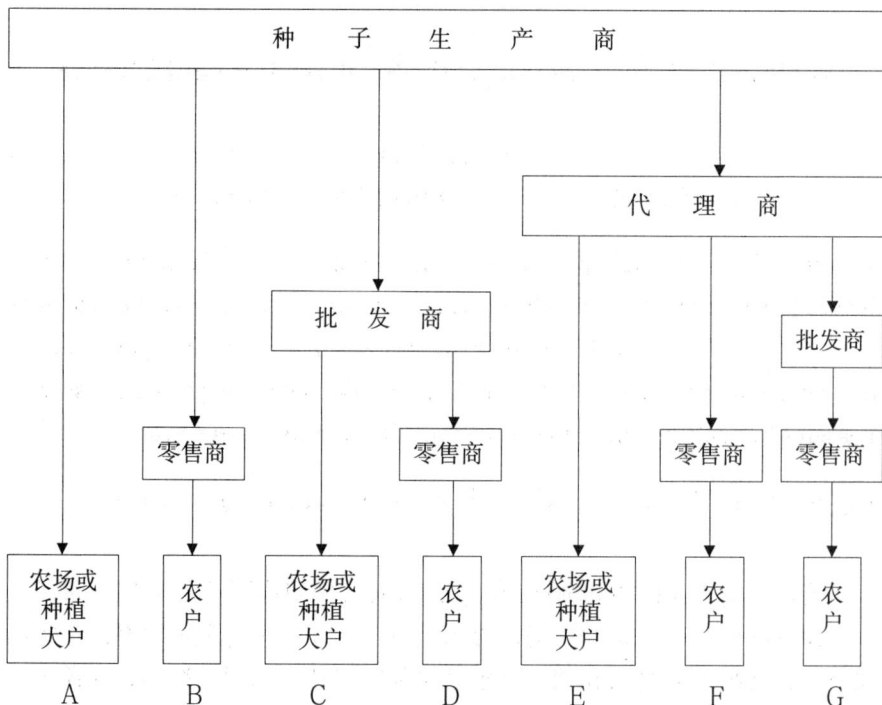

注：每条渠道分别用A、B、C、D、E、F、G表示。

图1　种子行业分销渠道模式

1.1　垂直渠道冲突——同一渠道不同层次的冲突

如图 1 中，以垂直单箭头连接的两成员之间的冲突均为垂直渠道冲突。如 C 渠道中种子生产商与批发商之间、批发商与农场或种植大户之间的利益冲突。冲突表现在种子生产商与代理商或批发商之间、批发商或代理商与零售商之间，可能就种子的质量、服务、物流、价格、促销、返利、优惠政策、信誉、存货、结算等方面发生冲突。

1.2　水平渠道冲突——同一渠道同一层次的冲突

水平渠道冲突，如图 1 中，D 渠道中批发商和 F 渠道中代理商下面的若干个零售商之间的冲突；G 渠道代理商下的若干个批发商之间，批发商下的若干个零售商之间的利益与冲突。冲突主要表现在价格战、促销战、服务不规范，还有道德方面，如中间商在销售中弄虚作假，损害种子品牌形象，引起其他批发商和零售商的不满。

1.3　多渠道冲突——同一地区市场不同渠道的冲突

如图 1 中，多渠道冲突有以下几个层次：第一层次为 F 渠道的代理商与 D 渠道的批发商在同一地区市场争夺零售商的冲突；第二层次为 G 渠道批发商与 D 渠道批发商在同一地区市场中争夺零售商的冲突；第三层次为 B、D、F、G 4 条渠道中零售商在同一地区市场中竞争农户的冲突；第四层次为 C 渠道批发商、E 渠道代理商和 A 渠道种子生产商在同一地区市场中竞争农场或种植大户的冲突。冲突主要表现在不同渠道竞争者的进价不一样，服务不统一，导致中间商间的摩擦和农户的不满，特别是有的中间商在销售中不诚信经营，损害了同一品牌的形象和其他中间商的利益。

1.4　窜货——不同地区市场的冲突

窜货是指商品越区销售，包括自然窜货和恶性窜货。自然窜货是指中间商在获取正常利润的同时无意中向自己辖区以外的市场销售产品的行为。该现象容易得到纠正，不会引起高水平冲突。恶性窜货是指中间商置经销协议和生产商长期利益于不顾，蓄意进行产品跨地区销售。恶性窜货是最高水平的渠道冲突，危害极大（吴键安，2004）。冲突主要表现在价格战、肆意倾销、恶意报复，市场秩序混乱，中间商和用户对种子品牌失去信心等。

2. 种子分销渠道冲突的成因

2.1　渠道成员营销理念差异

由于渠道成员的营销理念具有较大的差异，因此在经营种子过程中，面对用户、企业、渠道其他成员和社会诸方面关系时，有的能把用户利益放在第一位，而有的则一味考虑企业的短期利益。营销理念的差异，必然会导致矛盾和冲突。

2.2　渠道成员的目标不相容

分销渠道的各成员均有自己的目标，有的以生存为目标，有的以市场份额为目标，有的以种子的质量为目标，有的以当前利润为目标，而有的以企业形象最佳化为目标。当这些渠道成员个体目标发生差异时，冲突就不可避免地产生。此外，由于总目标不一致，具体目标也不尽相同，从而导致冲突的产生。

2.3　渠道结构不合理

由于我国种子行业长期受计划经济的影响，市场区域分割和行政垄断现象严重，多数渠道过长、过窄，如按行政区划设置省、市、县等多级代理商和多级批发商，零售商只有乡、镇农技部门，远远不能适应种子的生命性、季节性和地域性的特点以及市场的分散性和服务要求高的特性。渠道过长、过窄不仅导致成本上升、利润减少、流通速度慢、不便于用户选购和技术服务，而且加剧了渠道成员之间的矛盾和冲突。

2.4　渠道成员沟通不畅

沟通就是在信息的流动过程中获得共享。在分销渠道研究领域，沟通曾被描述为"分销渠道各组成部分的黏着剂"，构成了渠道成员之间、渠道及其环境之间发送和接收信息的基础（邓小军，范方志，2005）。种子渠道成员是不同的组织，它们有着不同的目标、不同的职责、不同的利益及在市场中占有不同的地位，渠道成员的隐秘行为造成沟通不足或者沟通中渠道成员缺乏诚信。由于沟通不畅，轻则造成渠道成员之间的误解和不快；重则导致冲突升级，渠道成员关系恶化。

2.5 分销渠道管理不规范

随着国家对种子市场的放开，种子市场竞争趋向白热化。许多种子生产商和中间商在竞争压力下，一味追求市场的扩张和短期利益，对分销渠道管理意识非常淡薄，管理粗糙、随意。渠道成员之间没有统一的渠道管理规范，没有完善的冲突处理条例，没有专门的渠道管理组织机构和人员，渠道成员各自为政、各行其是，都为追求其自身利益最大化而与其他成员短期合作或展开竞争。

3. 种子行业渠道冲突解决措施

对分销渠道冲突，企业要有正确的认识：一方面，种子行业分销渠道存在冲突是一个客观事实，其不可能被消灭；另一方面，渠道冲突水平不同，对渠道效率的影响是不一样的。渠道冲突水平与渠道效率之间的关系可用图2表示。根据图2，不妨对种子行业不同渠道冲突水平作一比较（见表1）。

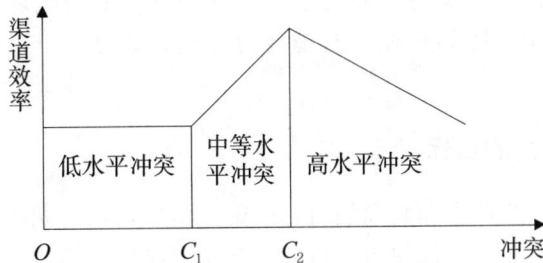

图2 冲突水平和渠道效率之间的关系

表 1　种子行业不同渠道冲突水平比较

冲突类型	区间	表 现	关 系	处理措施
低水平冲突	$O \sim C_1$	相互抱怨、不满，双方较少争执，没有行为上对抗	低水平冲突对渠道效率没有影响	关注，通过引导使之成为中等水平冲突
中等水平冲突	$C_1 \sim C_2$	为消除渠道成员之间潜在的有害气氛和病态对抗，属功能性或建设性冲突。如一定的激励、监督和惩罚措施，使成员间适度竞争	渠道冲突水平越高，渠道效率越高	密切关注，努力控制冲突，不使之发展为高水平冲突
高水平冲突	$>C_2$	蓄意窜货、诚信危机、砸价、倾销促销战、市场秩序混乱、货款拖欠而且远远超过授信额度、种子质量出现问题相互推诿等	渠道冲突水平越高，破坏性越大，渠道效率越高	认真对待，严肃处理，采取果断措施缓解冲突

由图 2、表 1 可见，渠道管理者要辨证地分析渠道冲突，对不同类型渠道冲突要区别对待。在此，笔者探讨了高水平冲突问题的解决措施。

3.1　分销渠道成员要有统一的理念和共同的目标

3.1.1　种子行业分销渠道成员要树立现代营销理念

种子渠道成员要充分认识到"国以农为本，农以种为先"和种业发展必须以保护农民利益和促进农业发展为根本思想，始终将种子用户的利益放在首位，正确处理渠道成员间的关系，关注长期利益的获取；根据种子的自然属性、市场特性和种子用户的偏好及消费心理，制定出合理的营销策略，用以指导企业的营销活动，充分满足种子用户的现实需求和潜在需求。

3.1.2　确立共同的目标

要树立统一的理念和共同的目标，渠道组织可加强两方面工作。①谨慎选择渠道成员。在选择渠道成员时，除了遵循经济性、适合性、可控性和发展性原则（赵晓飞，2005），还要尽量选择理念认同、目标相同或相近的成员。②在培训、沟通上积极工作。要定期或不定期地对渠道成员进行培训，通过网络、信件、电话、会议等形式进行广泛沟通，以达成思想统一、理念认同、目标一致。

3.1.3　构建渠道伙伴关系

种子分销渠道成员作为企业外部组织，和企业一起构成了价值链，是种子价值实现的必要环节。因此，种子分销渠道成员都必须认识到每一个分销渠道成员不是对立的关系，而是共同实现种子价值的伙伴关系。只有这样，即使产生矛盾和冲突，分销渠道成员也能优先考虑渠道的整体利益和长远利益，通过各方共同努力，将渠道冲突控制在适当水平。

3.2　制定完善统一的渠道管理体系

3.2.1　种子分销渠道成员间要成立渠道管理委员会

为了确保渠道健康、高效运作，有一定实力和规模的生产商或中间商可以借鉴"统一"润滑油的做法，在渠道成员间成立种子渠道委员会。渠道委员会领袖（或首脑）由渠道成员选举产生，或由生产商担任，或由中间商担任。种子渠道委员会职责：一是召集渠道成员共同制定统一的渠道管理行为规范和冲突处理细则，通过正式合约明确成员的"游戏规则"；二是建立定期或不定期的沟通机制，使渠道成员提高对共同理念、目标的认识，加深相互理解，减少彼此间的不信任和不合作；三是委员会成员本着平等互利、共同发展的原则和目的，共同签订合作协议，并相互监督、共同遵守；四是定期评估、预防和处理各种高水平的渠道冲突。

3.2.2　制定统一的渠道管理行为规范

种子渠道委员会要根据区域种子市场需求特点和分销渠道模式特点，详细界定渠道成员间的权利、责任、义务等。在制定准则时，要充分考虑各方的赢利水平、经营规模、销售区域、渠道分工、技术服务等因素，制定出一系列各方都能接受的行为约束与激励准则。任何渠道成员若违背了准则要求，使其他成员蒙受经济损失，都应该受到一定惩罚；反之，将受到激励。

3.2.3　制定完善的冲突处理细则

渠道委员会要针对种子价格、促销、窜货、关系、赊销、服务、信用、市场范围等问题制定出透明、统一、可行性的执行标准，由渠道委员会负责执行。

3.3 调整渠道结构，构建扁平化的分销渠道体系

没有健康的渠道，就没有健康的企业。笔者认为，种子渠道建设的总思路是压缩中间商规模，力求扁平化。所谓"扁"是指种子分销渠道要尽可能短，种子流通的环节要尽可能少；"平"是指种子零售商要尽可能多，种子终端销售的覆盖面尽可能广。种子的生命性、技术密集性以及季节性要求种子应以最短的时间从生产者转移到种子用户手中，因此分销渠道不能太长。同时，种子需求的分散性又要求设置更多、更广的零售点，以方便农户购买。种子渠道重心下沉，点多面广，是客观形势的需要，是今后发展的必然趋势。它既能节省流通时间和费用，方便沟通，便于服务，更有利于渠道成员建立直接、密切的合作关系，从而减少矛盾和冲突。短渠道模式将有更广阔的发展前景。

3.4 种子分销渠道的创新

俗话说得好："得渠道者得天下。"随着社会经济的发展，传统分销渠道正面临严峻挑战，分销渠道创新越来越为企业所重视，成为新的利益增长点。但笔者认为，种子分销渠道创新必须与种子自然属性、种子市场特性和企业具体实际相结合。下面将安徽宇顺种业开发有限公司（以下简称宇顺种业公司）的几种创新模式介绍给大家。

3.4.1 技物连锁服务模式

宇顺种业公司利用其在安庆地区规模大、实力强、信誉好的优势，在望江县高士镇组织该镇农技服务站和该镇 12 家种子零售商，以合同为基础建立了技物连锁服务渠道系统。农技站和 12 家零售商经营的全部或大部分种子从宇顺种业公司进货，作为条件，宇顺种业公司聘请高士镇农技站 12 名技干（每人每年 5000 元补助）和 7 名村级农技员（每人每年 3000 元补助），为该镇 1.85 万个农户，7000 hm² 农作物提供规定的栽培、管理等技术服务。技物连锁服务模式的最大特点是：成员店所有权、经营权和财务核算权都是独立的，成员店在保持自身独立的前提下，通过协商自愿联合起来，共同合作，服务为先，统一进货，分散销售，协调行动。宇顺种业公司作为种子分销渠道领袖遵循共同利益原则，统一进货，统一配送，统一价格，统一服务，统一协调各方面关系，制定发展战略，搜集信息并反馈给各种子零售商。图 3 为宇顺种业公司技物连锁服务模式。

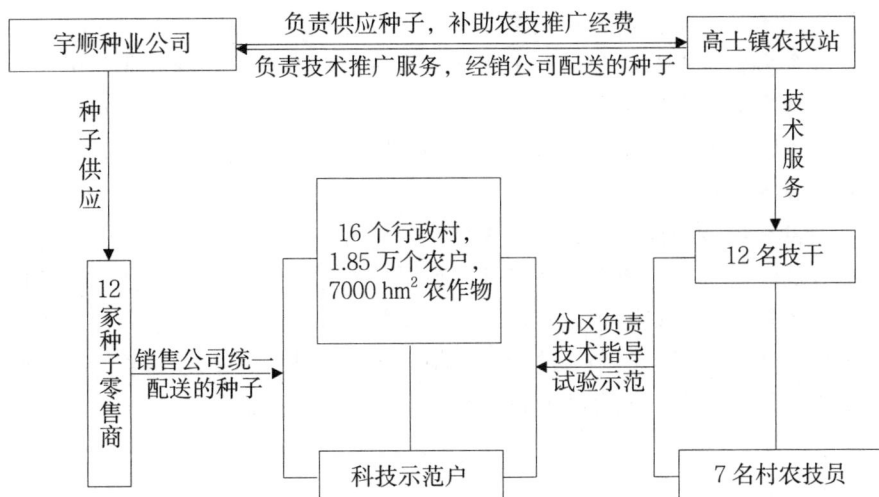

图3 技物连锁服务模式示意图

3.4.2 横向联合模式

宇顺种业公司资本雄厚，种源充足，技术力量强，但无力在短期内开拓池州地区市场；而池州汇丰农资公司虽有农资网络，但苦于没有良种货源和经营种子的技术及资金。两家公司取长补短，组成统一联合体，共同建立开拓池州市场的渠道系统。宇顺种业公司提供种子、技术和一定的资金；汇丰农资公司借助原有农资销售网络，负责该地区的种子销售。

3.4.3 协会式模式

在安庆市农委的支持下，宇顺种业公司把该地区的100多家种植大户和农场有效地组织起来，成立种植大户协会，会长由宇顺种业公司总经理担任。宇顺种业公司负责供种、技术的培训和指导、一定的融资、新品种的示范以及协会经费开支等；协会成员必须使用宇顺种业公司的种子，配合宇顺种业公司新品种的示范和推广；为了融资的安全，种植大户之间必须互为担保。

3.4.4 兼容渠道嫁接模式

宇顺种业公司积极嫁接其他农资产品的分销渠道，如经销农药、化肥的零售商和村镇百货小店网络，利用零售商原有的客情关系，开拓新的种子销售网络。宇顺种业公司负责零售商种子知识的培训，给予零售商一定的铺底资金，负责对农户的技术服务；零售商只准经营宇顺种业公司的种子。这样零售商在原来业务中增加了种子销售业务，提高了经济效益；农户获得了购买便利和更多服务支持；而宇顺种业公司则开拓了市场，提高了零售商的忠诚度。

经过 2 年多的探索实践，宇顺种业公司种子分销渠道创新模式取得了非常好的经济和社会效益，彻底地改变了传统渠道成员间互为独立、各自为政、各行其是、只顾个体短期利益的激烈竞争关系，建立了一种新型的渠道成员间互相联系、平等协商、行动一致、追求全局长远利益的战略伙伴关系，是从根本上解决种子分销渠道冲突的长期策略。

参考文献

[1] 郭国庆. 市场营销学 [M]. 武汉：武汉大学出版社，2004: 237, 239.

[2] 吴键安. 市场营销学 [M]. 北京：高等教育出版社，2004: 398.

[3] 邓小军，范方志. 营销渠道沟通的行为分析 [J]. 当代财经，2005, 252(11): 62–64.

[4] 赵晓飞. 营销渠道的选择及评价标准 [J]. 市场研究，2005, 316(8): 52–54.

[5] 赵霓君. 营销渠道冲突博弈分析 [J]. 市场周刊，2004, (4): 35–36.

注：本文发表于《安徽农业科学》，2007(3)。

种子企业分销渠道现状分析

杨再春

（安庆职业技术学院　安徽安庆　246003）

摘要：本文通过对种子企业分销渠道现状进行调查和分析，厘清了我国种子市场发展的历史沿革及我国种子市场的现状。通过对我国部分种子企业特别是对安徽种子市场企业的调查分析，归纳出种子企业 7 种传统渠道模式，并在此基础上对目前我国种子企业分销渠道病因进行了系统诊断。

关键词：种子企业；分销渠道；分析；诊断

Analyzes the State of Distribution Channel of Seed Enterprises

Yang Zaichun

(Anqing Polytechnic Institute, Anqing 246003, Anhui Province)

Abstract: The thesis investigates and analyzes the state of seed enterprises, the history and development of seed industry in our country and present conditions of seed's market. By investigating and analyzing some seed enterprises, especially in Anhui Province, the author summed up seven traditional channel patterns. And on basis on these patterns, the author diagnosed the disadvantages and problems of distribution channel in our seed enterprises.

Key words: seeds enterprises; distribution channel; analyze; diagnose

1. 我国种子市场发展的历史沿革

　　我国是世界农业发源地之一，也是世界上历史最悠久的农业大国之一。大约 1 万年前，我国进入新石器时代，中国人的祖先就已开始从事农业生产；早在 2300 余年前的《诗经·大雅·生民》中就提到"嘉种"（良种），说明中国先民很早就认识到种子质量在农业生产上的重要性；公元前 3 世纪，《吕氏春秋》一书就有关于种子选育加工的记载；16 世纪，《天工开物》有关于选种用风车的记载……（吴秀农，杨永红，2005）新中国的成立是中国农业发展的转折点，也是中国种子事业的起点。中国种子事业从无到有，发展比较迅速，从 1950 年的群众性选种、留种，到种子产业化、建立新型种业体系，大致经历了以下几个阶段，见表 1。

表 1 我国种子市场发展的历史沿革表

阶段	时间	主要事件	种子运动模式（分销渠道）	生产经营特点	管理体制特点
家家种田，户户留种	1949 — 1957	1950 年，农业部发布《五年良种普及计划》	自繁自用，自产自销，少量小范围交换	组织农民开展群众性的选种留种活动，发掘优良农家品种，就地繁殖，扩大生产	
计划性阶段 四自一辅	1958 — 1977	1958 年，中央政府召开全国种子会议，提出"四自一辅"的方针	自繁自用，较大范围调剂，由县级种子部门实行"预约繁殖、预约收购、预约供应"，规定种子经营以"不赚钱、少赚钱"为原则，调种费用以及地区差由国家补贴	依靠群众，自繁、自选、自留、自用，辅之必要调剂；全国各地逐步建立以县良种场为骨干，以公社良种场为桥梁，以生产队种子田为基础的三级良种繁育推广体系；此阶段无种子企业、无种子市场、无品牌种子	各级政府种子管理部门、行政事业两位一体，种业资源由政府计划配置，政府主导着种子企业发展

阶段	时间	主要事件	种子运动模式（分销渠道）	生产经营特点	管理体制特点
双轨制阶段	四化一供 1978—1994	1978年5月，国务院批转农业部《关于加强种子工作的报告》，要求建立种子公司和种子生产基地，健全良种繁种体系。国家、省、地、县相继成立种子公司，种子公司成为技术、行政、企业三位一体的事业单位	1.产需之间出现了经营服务环节。2.为适应种子商品社会化大生产，确立了产、供、需之间专业协作关系。3.交货手段以货币形式占主导地位。4.经营原则：不赔钱，略有盈余。5.良种购销改为"以粮换种"和"种粮脱钩"，以货币计价两种方式，并实行县、乡、村多层次供种	种子生产专业化、加工机械化、质量标准化和品种布局区域化，以县为单位组织统一供种，一县一公司一品牌，一乡一网点一价格，推广靠会议，种植靠压力，标志着种子商品发展的起始	各级政府种子管理站由行政、事业、经营三位一体到种子管理站与种子公司"一套人马两块牌子"
种子产业化和市场化阶段	种子工程 1995—2000	1995年10月，十四届五中全会通过"九五"计划和2010年远景目标的建议，提出：突出抓好种子工程，完善良种的繁育、引进、加工、销售、推广体系；1997年3月，国务院发布《中华人民共和国植物新品种条例》	大型种业集团（公司）生产、经营；区域代理（分公司）分销；县级中间商（委托、直销）再分销；乡村零售点零售；农户购买、种植	5个子系统：良种引育、生产繁殖、加工包装、推广销售和宏观管理；15个环节：种子资源收集、育种、区试、审定、原种（亲本）繁殖、种子生产、收购、储藏、加工、包衣包装、标牌、检验、销售、推广等；主要农作物种子仍然实行计划供应，由国有种子公司垄断经营	着手实现政、事、企分开，打破了地区封锁，逐渐形成统一、开放的全国性的种子市场体系，企业的市场主体地位日渐突出，种子企业产权多元化格局逐步形成，推动了育繁推一体化进程

续　表

阶段	时间	主要事件	种子运动模式（分销渠道）	生产经营特点	管理体制特点
种子产业化和市场化阶段	市场化初级阶段 2001—2006	2000年12月1日,实施《中华人民共和国种子法》;2001年12月1日,我国加入WTO		新型种子体系:树立科技兴农观、种子产业观、企业主体观、市场竞争观、依法治种观;种子生产集团化、种子经营商业化、品种品牌化、销售网络化、推广普及广告化、销售价格市场化、农民种植自由化	真正实现政企分开,强化管理,完善法制,规范种子市场秩序;企业的市场主体地位更加突出,种子企业产权多元化格局基本形成,种子企业作为商业化育种体系核心的地位得到明确
	市场化阶段 2007年以后	2006年,国务院办公厅发布《关于推进种子管理体制改革加强市场监管的意见》;2011年,国务院发布《关于加快推进现代农作物种业发展的意见》	混合渠道阶段:以批发、代理为主,出现连锁、战略联盟等整合渠道创新模式	农业行政主管部门及其工作人员不得参与和从事种子生产、经营活动;种子生产经营机构不得参与和从事种子行政管理工作,真正依照《中华人民共和国种子法》规定,将种子生产经营机构从农业行政主管部门剥离出去,实现人、财、物的彻底分开;行业准入门槛大幅提高,鼓励和支持育繁推一体化的大型企业进行兼并重组,行业将迎来高速发展期	

资料来源:

[1] 佟屏亚,吴占春,薄文艳. 中国种子产业发展的困境与出路 [J]. 调研世界研究, 19.

[2] 耿月明. 中国种业的历史变迁 [J]. 中国种业, 2004, (7): 32.

[3] 黄绍华. 浅谈县级种子运动模式与种子管理 [J]. 中国种业, 2004, (3): 25.

[4] 国办发〔2006〕40号. 国务院办公厅《关于推进种子管理体制改革,加强市场监管的意见》整理.

2. 我国种子市场现状分析

长期以来，在政府主导下，我国的种业体制形成了大田作物品种选育以科研机构为主，种子生产经营以国有种子公司为主渠道，以各级乡镇推广机构为分销网络，瓜果、蔬菜、花卉等种子科研、生产、经营以科研机构、种子公司、私人种子公司、外国种子公司为主的格局（蒋和平，孙炜琳，2004）。

2.1　种业现状分析

2.1.1　种业经营结构

到 2002 年 12 月为止，我国种子经营机构多达 6.3 万多家，其中仅国有种子公司就达 2.7 万多家（国有种子公司主要是按照行政区域设置的）；其他各种类型的种子公司也很多。如果再加上各级科研院所和育种站，总数将达到 6.7 万多家（见表 2）。

表 2　种子经营机构种类数量构成

经营机构类别	数量（个）	所占比重（%）	备注
以育种为主的科研院所	3000	4.5	
以繁种为主的乡镇农技站和良种场	1000	1.5	多数为受托繁种
县级及以上国营种子公司	3000	4.5	
乡镇种子站	50000	74.6	大多隶属县级种子公司
非国有种子销售机构	10000	14.9	主营瓜、菜、牧草种（苗）
合计	67000	100	

资料来源：农业部种植业管理司种子与植物检疫处。

2.1.2　种业的规模和效益

（1）从市场容量来看。我国商品种子国内市场销售额在 200 亿～300 亿元左右，居世界第二位；常年种子使用量在 125 亿千克左右；种子商品率在 30% 左右，约为发达国家的 10% ～ 20%。随着农民传统用种意识的转变、种子杂交化趋势的发展以及种子精加工水平的提高，种子商品率和种粮比将逐渐提高。据预测，在今后的 5 ～ 10 年，国内种子市场容量将在现有基础上增加几倍，种子企业还有很大的发展潜力和发展空间。

（2）从经济效益来看，目前大田作物种子的毛利率较低，平均水平在 10% ～ 30%，而蔬菜和经济作物等的毛利率则在 50% 以上（其中以杂交水稻、杂交玉米、抗虫棉和瓜菜种子的毛利率较高，高达 60% 以上）。总的来说，我国种子企业的盈利水平略高于其他传统产业。但是与发达国家相比，我国种子的相对价格和毛利率仍然很低，以美国为例，美国主要粮食价格比为 30:1，而我国为 3:1，相差 10 倍；美国种子成本占种植业产值比重为 6%，而我国仅为 1.5%，相差 4 倍，差距还是相当大的。

（3）从社会效益来看，我国种子对种植业产量增长的贡献率达到了 30% ～ 40%，其产生的社会效益巨大。同时，种业的社会效益还体现在其科技价值上。由于生物技术的发展而引发的育种科技革命，使种业的技术含量越来越高，未来农业的竞争将变成种业的竞争，种业已成为衡量一个国家农业科技水平高低的标志（蒋和平，孙炜琳，2004）。

2.2 种子市场现状分析

2.2.1 种子市场竞争状况

进入 21 世纪，种子企业的营销环境已发生了深刻的变革。种子市场竞争的残酷性正在升级，特别是全球竞争成为种业准则后，情况更是如此。随着科技的发展、农民生活水平的提高、商品经济的全面推行，我国种业进入了一个新的发展阶段，种子企业的国际化、产业化、市场化、高科技化时代已经来临，种子市场将更加开放，竞争将更加激烈，种子企业优胜劣汰的局面将不可避免。尤其是《中华人民共和国种子法》的实施和中国加入 WTO 后以及 5 年过渡期的结束，我国的种子市场与国际大市场接轨，国外跨国公司利用其自身优势大举进军我国种子市场。中国种业将与国外种业在科技、人才、信息、市场等方面展开激烈的竞争，过去区域封锁的格局将被全面打破。面对国内农村政策的调整、我国农作物种植结构局面的改变，以及国内金融资本进入并整合种子企业和国外种子公司的大举涌入中国市场，中国种业出现了历史上少有的挑战和竞争。据统计，孟山都、先正达和杜邦等约70家跨国公司已经进入中国市场，还有一些企业也在寻找进入中国的机会和方式。因而，国内种子市场将受到强烈的冲击，国内众多种子企业的生死存亡之战已经拉开序幕，种子市场的竞争将达到白热化的程度。

2.2.2　种子市场经营状况

中国是个农业大国，农业是国家经济发展的基础。种子在农业生产投入中占有相当大的份额，种子企业的市场巨大。同时，由于种子经营的特殊性，其面对的是广大农户，而中国农民居住点是很分散的，使得种子销售变得异常艰难。然而企业种子经营能否成功，在很大程度上取决于一个企业能否拥有四通八达的营销网络。谁拥有了四通八达、遍布全国、直接面对广大农村消费者的营销网络，谁就等于拥有了决胜市场的控制权。

仔细分析我国种子市场会发现，种子市场中品种繁多、差次不齐、价格混乱、厂家多多，使得农民用户面对铺天盖地的广告无所适从。由于农民消费者自身文化水平低下，种植产品使用知识较少，仅仅凭经验行事，往往导致了有时种子使用不当，造成生产损失。企业若想只用广告战、促销战、价格战就占领农村市场，是极为困难的。

种子市场的经营关键点在于关注营销渠道，建立专有的分销渠道和网络，贴近农户，把产品和技术同时送到农民消费者手中，取得农民的信任和支持。这样，企业也就拥有了市场。

3. 种子企业市场分销渠道现状

3.1　传统渠道模式

我国地域广阔，农业和物流发展不平衡，加上种子的自然属性、市场特性、顾客和种子企业营销环境特点，决定了我国种子企业分销渠道是错综复杂的。笔者通过对我国部分种子企业特别是对安徽市场种子企业分销状况的调查和分析，基本上可以归纳出种子企业的7种渠道模式（见图1）（杨再春，2007）及其每种模式所占比重（见表3）。

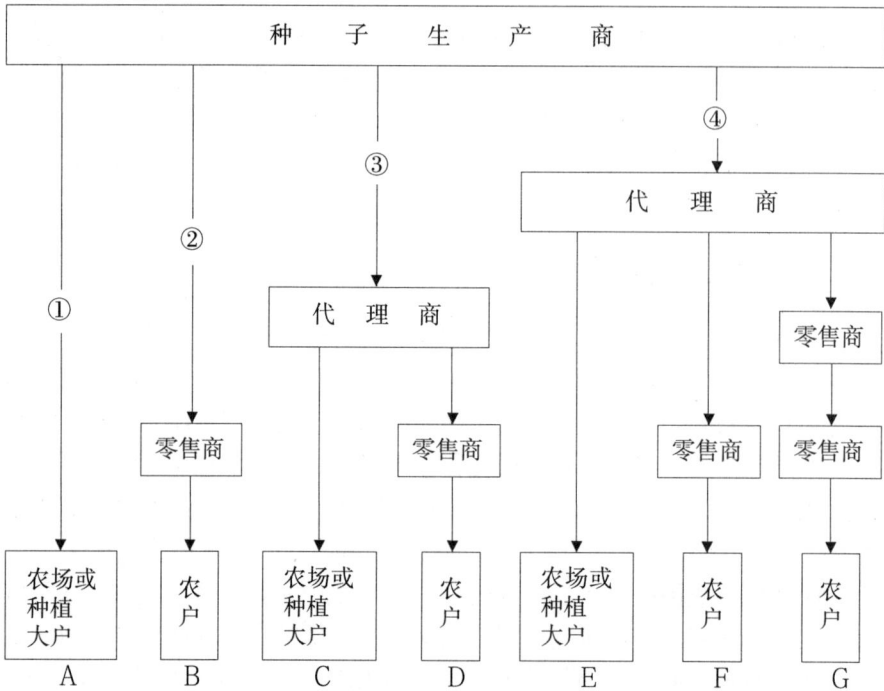

图 1 种子企业分销渠道模式

注：每条渠道分别用 A、B、C、D、E、F、G 表示。

种子企业分销渠道模式是指种子企业通过代理商、批发商和零售商等商业渠道把种子传递给农户（农场）的通路网络。根据图 1，不妨对我国目前种子分销渠道模式做一下概述。

图中 A、B、C、D、E、F、G 为 7 条分销渠道：

A 表示生产商→农场或种植大户；

B 表示生产商→零售商→农户；

C 表示生产商→批发商→农场或种植大户；

D 表示生产商→批发商→零售商→农户；

E 表示生产商→代理商→农场或种植大户；

F 表示生产商→代理商→零售商→农户；

G 表示生产商→代理商→批发商→零售商→农户。

图中 ①、②、③、④ 分别表示分销的 4 个环节：

① 表示生产商→农场或种植大户这一环节。该环节是指生产商设立门市部或直接通过市场营销人员把种子卖给农场或种植大户。

② 表示生产商→零售商这一环节。该环节是指生产商通过市场营销员

来完成向零售商的销售。

③ 表示生产商→批发商这一环节。这里生产商与批发商没有固定的联系，仅仅在批发市场进行售购。

④ 表示生产商→代理商这一环节。这里生产商与代理商之间的关系是：生产商与代理商签订协议，代理商交押金给生产商，生产商不允许代理商独自调价，不得经营与之竞争的同类产品，不允许超市场范围销售种子，生产商不定期派代表去各个代理商处检查，一经查出违反协议的行为，即没收押金，甚至代理权。

表3为种子企业分销渠道模式调查汇总。

表3　种子企业分销渠道模式销售额调查汇总表　（单位：万元）

企业名称	A	B	C	D	E	F	G	整合渠道	销售额合计
合肥丰乐种业股份公司	20	2960	40	160	20	200	200	400	4000
安徽长安种业科技公司	5	30	5	40	5	815	50	50	1000
安徽宇顺种业开发公司	15	150	7.5	30	7.5	1035	75	180	1500
江苏明天种业科技公司	7.5	60	15	30	15	1192.5	15	165	1500
南京红太阳种业公司	4	20	10	20		1446	100	400	2000
江苏大华种业集团公司	—	60	—	60	300	1380	900	300	3000
安徽隆平高科种业公司	9	90		60	75	2331	75	360	3000
深圳创世纪转基因技术公司	—	—		45	—	765		90	900
湖南袁隆平农业高科技公司	30	60		180	—	5250	—	480	6000
四川国豪种业公司	5	10		20	—	885	10	70	1000
中棉合肥长江种业公司	—	4.5	—	6		262.5	9	18	300
武汉惠华三农种业公司	—	6	3	9		264	6	12	300
湖南亚华种业公司	4	20		16		640	40	80	800
江苏省泗棉种业公司	—	120	—			420	—	60	600
各渠道模式销售额合计	99.5	3590.5	80.5	676	422.5	16886	1480	2665	25900
各渠道模式所占比重 (%)	0.4	13.9	0.3	2.6	1.6	65.2	5.7	10.3	100

注：1. A、B、C、D、E、F、G与图1中含义相同，均表示种子企业传统分销渠道类型。2. 所占比重栏数据是通过算术平均数获得的。3. 各渠道模式销售额是各企业2006年在安徽市场的销售额。4. 以上种子企业均是生产型企业。

由表3不难看出，我国目前种子企业分销短渠道占14.3%，长渠道占75.4%，整合渠道占10.3%。由此可见，我国目前种子企业分销渠道以长渠道占绝对统治地位，特别是生产商→代理商→零售商→农户这种模式占主导地位，约占渠道比重的65.2%；短渠道虽有所突破，但比重很低，与客观形势要求不相称；整合渠道有了一定的提高，达到10.3%。调查中，企业纷纷表示今后整合渠道有望进一步发展。

3.2 种子企业分销渠道病因诊断

通过对我国部分种子企业分销状况存在问题的调查和分析，可以归纳出以下汇总表（见表4）。

表4　种子分销渠道存在问题调查汇总

企业名称 ＼ 存在问题	结构不合理	模式单一	产销脱节	信息不畅	成本过高	效率低下	渠道冲突严重	中间商整体素质有待提高
合肥丰乐种业股份公司				√	√		√	√
安徽长安种业科技公司	√	√	√					√
安徽宇顺种业开发公司				√	√		√	
江苏明天种业科技公司	√			√		√		
南京红太阳种业公司				√	√			
江苏大华种业集团公司				√	√			
安徽隆平高科种业公司	√				√			
深圳创世纪转基因技术公司	√	√	√	√				
湖南隆平农业高科技公司	√	√	√	√				
四川国豪种业公司	√		√		√			
中棉合肥长江种业公司	√		√	√				
武汉惠华三农种业公司		√				√		√
湖南亚华种业公司	√					√	√	
江苏省泗棉种业公司	√			√			√	√
所占比重（%）	16	12.5	10.7	14.3	12.5	10.7	10.7	12.5

注：1.要求种子企业在8种选项中选取主要4项问题。2.所占比重＝∑/56，分母56由14×4得出，不够精确，仅供参考。3.以上种子企业均是生产型企业。

本文将针对表4，从以下几个方面展开分析与诊断。

3.2.1　种子企业分销渠道体制：金字塔式

由表4可以看出，结构不合理、模式单一、产销脱节占39.2%。目前，我国的种子分销体制的变革正处在从计划体制向市场体制过渡的阶段。种子市场已从卖方市场转向买方市场，但现阶段市场机制远没有贯穿到种子企业中去，无法适应新形势下经营的要求。具体表现为：在调查中，我们发现75.6%的种子生产企业采用长渠道销售种子，种子生产商在组建自己的渠道体系时，主要沿渠道金字塔形"顺向"建设，它们首先会同经营实力强、经营规模大的中间商建立代理或总经销关系，然后筛选并组合下一级中间商来协调总中间商分销种子，最终将种子送到更多目标消费者手里。金字塔式种子分销渠道，因其强大的辐射力为厂家产品占领市场发挥了巨大作用。但是在供大于求、竞争激烈的市场营销环境下，传统的渠道存在不可克服的缺点：一是厂家难以有效地控制分销渠道；二是多层结构有碍于效率的提高，且臃肿的渠道不利于形成产品加工竞争优势；三是单向式多层次流通使得信息不能准确、及时反馈，这样不但会错失商机，而且还会造成人员和时间上的资源浪费；四是厂家销售政策不能得到有效执行和落实。

3.2.2　种子企业分销渠道运作中心：以代理商和批发商为中心

由表3可知，通过代理商和批发商销售的种子比重高达75.4%。当种子市场转为相对饱和的状态，对种子企业的要求由"经营"变为"精营"、由"广耕"变为"深耕"时，以代理商和批发商为中心的市场运作方式的弊端表现得越来越明显：厂家与中间商利益矛盾，使得厂家无法确保一个稳定市场，中间商无序经营、窜货、降价倾销现象屡见不鲜；厂家调动中间商积极性的成本越来越大，导致厂家无利经营。

3.2.3　种子企业渠道成员关系：松散交易型关系

从表3可见，传统种子分销渠道达到了89.7%。传统种子分销渠道是由独立的种子生产商、批发商、零售商和农户组成的分销渠道。渠道成员均是独立的，各自为政、各行其是，都为追求其自身利益最大化而展开激烈竞争，即使为此而牺牲整个渠道系统的全面、长远利益也在所不惜，没有一个渠道成员能完全或基本控制其他成员。正如麦克康门所描述的："高度松散的网络，其中制造商、批发商和零售商松散地联络在一起，相互间进行不亲密的讨价还价，对于销售条件各执己见，互不相让，所以各自为政、各行其是。"（李光国，2006）这种关系具有较大的灵活性，可以随时、任意地淘汰或选择渠道成员。但也存在弊端：①渠道成员各自追求自己利益最大化，不顾整体利益，使整体分销利益下降；②渠道成员间缺乏信任感和忠诚度，难以形成长期、稳定的渠道成员关系。

3.2.4　种子企业的渠道功能：不够健全

目前，由于种子分销流通体制尚不完善，中间商流通功能未能严格按批发与零售功能划分，即批发商和零售商未划分，导致大多数中间商批零兼营，造成价格混乱，无序竞争。特别是种子的售前、售中、售后服务十分欠缺。21世纪将是服务经济的世纪，种子企业已经到了服务制胜的时代。然而绝大多数种子企业"只管卖种，不重服务"，忽视向农民传授与良种相配套的种、管知识和技术，包括农作物的良种选择、栽培技术、病虫草防治、配方施肥等技术要领，忽视了农民日益需求的售前、售中和售后服务，最终使种子企业无法更好地开拓和占领市场，降低了农民对种子企业的忠诚度。此外，种子企业自身物流能力、终端运营能力、网络细化能力、团队高效运转能力以及自主经营品牌能力也有待加强。调查中，种子企业认为成本过高、效率低下的达到23.2%。

3.2.5　渠道管理者整体素质：较为低下

由表4可见，企业认为渠道管理者整体素质有待提高的占12.5%。我国种子企业的渠道管理者，大多数是由农技人员改行而成的，整体经营素质偏低，特别是市场营销、企业管理、市场调查与预测和公共关系等知识和技能有待提高。经营者素质整体偏低，致使渠道战略不明确、渠道设计不合理、渠道成员选择不谨慎；渠道管理混乱，造成渠道信息不畅、成本过高、效率低下、冲突严重等。

3.2.6　渠道信息沟通：单向式，多层次

目前，种子企业分销渠道信息流通不仅单向，而且多层次，市场的信息不能得到准确及时的反馈。据表4可知，渠道信息不畅达到14.3%，这样不但错失良机，而且造成人员和时间上的资源浪费。

通过对我国种子市场的回顾、现状的分析以及对目前我国种子企业分销渠道状况的调查、分析和诊断，我们比较清晰地了解和把握了我国种子企业分销渠道的现状和问题，将为种子分销渠道的开发、管理和创新研究奠定良好的基础。

参考文献

[1] 吴秀农, 杨永红. 我国种业发展四个阶段[J]. 农产品市场周刊, 良种, 2005：38.

[2] 佟屏亚, 吴占春, 薄文艳. 中国种子产业发展的困境与出路[J]. 调研世界研究：19.

[3] 耿月明. 中国种业的历史变迁[J]. 中国种业, 2004(7)：32.

[4] 黄绍华. 浅谈县级种子运动模式与种子管理[J]. 中国种业, 2004, (3)：25.

[5] 蒋和平, 孙炜琳. 我国种业发展的现状及对策[J]. 农业科技管理, 2004, 23(2)：20–21.

[6] 杨再春. 种子企业分销渠道冲突探析[J]. 安徽农业科学, 2007, 35(3)：899–901.

[7] 李光国. 营销师——基础知识[M]. 北京：中央广播电视大学出版社, 2006：38.

注：本文发表于《安庆职业技术学院学报》, 2008（02）。

城乡统筹背景下农民专业合作社农产品
"农居对接"模式创新
——以温州为例的分析

杨再春　周胜芳　吴秀水　王金旺

（温州科技职业学院　浙江温州　325006）

摘要：本文基于对温州市农民专业合作社和居民的调查，阐述了"农居对接"模式产生的背景，对目前我国主要农产品流通模式的弊端进行了深入分析，在此基础上提出了农产品流通"农居对接"模式。同时，本文还概括定义了"农居对接"模式的含义，构建了创新模型，提出了总体建设思路，并进一步指出当前在我国实施"农居对接"模式的意义，提出政策建议。

关键词：城乡统筹；农产品流通；农居对接；模式创新

The Sales Model Innovation of the Farmer Cooperatives'Products that Connecting Agriculture with Residents Under the Overall Plan of Rural and Urban Development
——An Analysis Taking Wenzhou as an Example

Yang Zaichun, Zhou Shengfang, Wu Xiushui, Wang Jinwang

(Wenzhou Science and Technology & Vocational College,
Wenzhou 325006, Zhejiang Province)

Abstract: This paper firstly discusses the backgrounds of "connecting agriculture with residents" mode and drawbacks of current produce flow models, then puts forward to the "connecting agriculture with residents" mode, which based on the investigation of Wenzhou residents and farmers professional co-operatives. Simultaneously, this article also summarizes the concept of "connecting agriculture with residents" mode, to construct the innovation model and put forward the general guideline of construction, then further gives the significance on putting it into effect currently and provides some suggestions.

Key word: balancing urban and rural development; connecting agriculture with residents; agricultural goods circulation; model innovation

农产品流通渠道的创新是农村商品流通的主要课题，也是城乡统筹发展的重要内容。在城乡统筹背景下，如何构建适合我国农产品现代流通渠道的模式，促进农产品流通渠道创新，使农民增效、居民受益，以适应现代农业发展和日益增长的城市居民消费需要，已成为农产品流通渠道创新研究的重点。

1. "农居对接"模式的产生背景

所谓"农居对接"，就是由农民专业合作社联合会确定农产品的生产质量标准、数量要求和品种规定，农民专业合作社组织农民按标准、要求和规定生产出合格的农产品，直接交给农民专业合作社联合会服务中心，服务中心通过分拣、包装、编码、检测，再统一配送到连锁直销专柜、连锁直销门店、连锁直销流动车柜进行销售的一种新型农产品流通方式。与传统农产品模式相比，"农居对接"模式最大的特点就是政府推动、城乡联手、合作社主导、产品直销、连锁经营，极大地减少流通环节，降低流通成本，提高农业组织化水平，产生规模效应。

我们提出"农居对接"的创新模式，主要是基于以下的背景。

1.1　统筹城乡发展的内在要求

"三农"问题表面上看是农村问题，实际上这一问题的解决不能单靠农村自身，必须在城市与农村的互动中逐步解决，可以说没有城市的积极参与和支持，农民的小康目标难以顺利实现（黄耀春，2011）。同样，目前我国农产品流通存在的问题也必须在城乡统筹大背景下，运用城乡统筹的战略思路，创新城乡发展战略来解决。农产品流通既是"三农"问题，也是民生问题，菜贱了伤农民，菜贵了伤居民。笔者认为，农产品的生产经营关系两"民"：一头是农村农民，一头是城市居民。只有两民顺利对接才是农产品销售与经营的关键所在。要想解决"菜贱伤农，菜贵伤民"的问题，就要促进农产品的产销结合，加强农产品产销间的紧密度，而有效手段之一就是促进农产品的"农居对接"。

1.2 农业生产组织化水平的提升

近年来，随着《农民专业合作社法》的颁布实施及我国政府制定的一系列鼓励支持农民专业合作社发展的政策措施的实施，农民专业合作社数量增长迅猛，入社农户数量明显增加。据农业部统计，到 2010 年年底，农民专业合作社已达到 36 万家左右，入社农户达到 2800 万户左右，较 2009 年年底增长超过 40%（降蕴彰，2011）。实践证明，农民专业合作社能有效推进农业生产实现规模化、标准化和专业化发展，有效提升农业生产组织化水平，在组织生产、物流、销售、提供农业生产服务等方面发挥积极作用。农业生产组织化水平的提升为"农居对接"奠定了坚实的基础。

1.3 专业合作社和城市居民的迫切需求

很多农民专业合作社为合作社的产品只增产、不增效而烦恼，多次与笔者商讨原因，探寻对策。

1.3.1 就农产品"农居对接"模式进行研讨

2011 年 7—12 月，专业合作社农产品"农居对接"模式课题组 3 次召集了温州市 100 多家示范专业合作社理事长、相关学者和政府官员，就"农居对接"模式进行研讨，绝大多数与会者对这种模式很有信心，认为可试、可行，并提出了很多建设性的意见和措施。

1.3.2 对农产品"农居对接"模式可行性进行调查

2011 年下半年，农产品"农居对接"模式课题组分别对温州市农民专业合作社和居民就农民专业合作社农产品"农居对接"模式可行性问题进行调查，调查结果如下：对农民专业合作社共发放问卷 125 份，收回 120 份，有效问卷 120 份，收回率、有效率达 96%。根据调查问卷，统计结果如图 1 所示。

通过对图 1 的分析，我们可以得出如下结论：

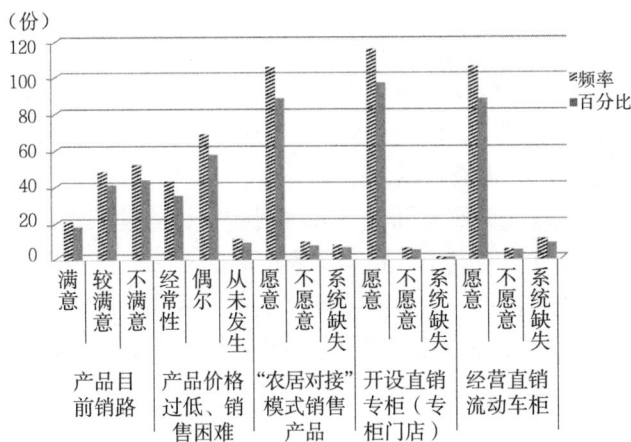

图1 对温州市农民专业合作社的调查分析

首先，目前农民专业合作社对农产品的流通渠道不够满意，存在诸多弊端，迫切要求优化和创新。对农民专业合作社的调查结果显示，对目前产品的销路不满意的有42家，占调查总数的43.3%；经常性遇到和偶尔遇到价格过低、销售困难的有110家，占总数的91.7%。

其次，绝大多数农民专业合作社认为"农居对接"模式可行，愿意接受此模式。调查结果显示，愿意通过"农居对接"模式销售产品的有105家，占总数的87.5%；愿意在农贸市场（居民区）设立直销专柜（直销门店）的有115家，占总数的95.8%；愿意经营直销流动车柜的有105家，占总数的87.5%。

对温州市居民共发放300份问卷，收回264份，有效问卷264份，收回率、有效率达88%。根据调查问卷，统计结果如图2所示。

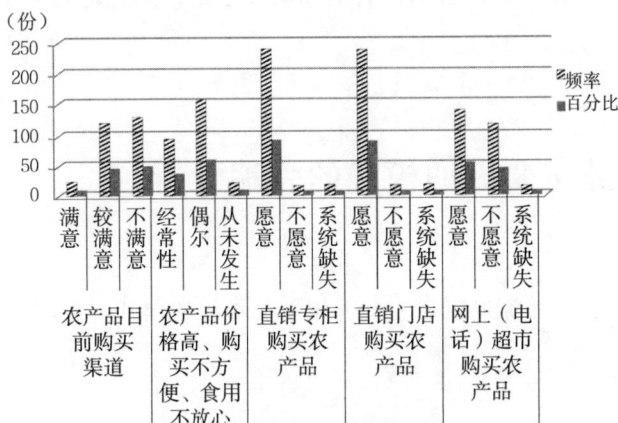

图2 对温州市居民的调查分析

通过对图2的分析，我们可以得出如下结论：

（1）目前农产品流通渠道存在很多不足，居民期盼改革和优化。调查结果显示，对目前农产品购买渠道不满意的有126份，占调查总数的47.8%；经常性遇到和偶尔遇到农产品价格高、购买不方便、食用不放心等问题的有245份，占总数的92.8%。

（2）绝大多数居民愿意通过"农居对接"模式购买产品。调查结果显示，愿意在农贸市场的直销专柜购买农产品的有236份，占总数的89.4%；愿意在居民小区的直销门店购买农产品的有234份，占总数的88.6%；愿意通过网上超市（电话）就近配送、购买农产品的有138份，占总数的52.3%。

1.4　社会和谐的迫切要求

2011年3月份以来，媒体不断有关于"菜贱伤农，菜贵伤民"等新闻报道：上海农民开拖拉机碾掉百万斤卷心菜（孙姮，2011）；济南菜农自杀……但市民买到的菜价却依然很高。一边是农村蔬菜收购价"跳水"，一边是城市零售市场菜价"高企"，"种菜赔、买菜贵"这一怪象在"菜地"和"菜摊"的供应链两端同时出现。

在郑州城郊的中牟县芹菜跌至每斤0.1元仍然滞销的情况下，市区的一些超市，芹菜价格却仍在1元左右的高位运行（邓卫华等，2011）。从产地到零售市场，只经过短短30多千米的距离，芹菜的价格却涨了10倍。此类情况屡见不鲜。

农产品流通的弊端和不足，挫伤了农民生产的积极性，推动了物价上涨，激化了社会矛盾，影响社会的和谐和稳定，因此迫切需要有模式的创新和改革。

2. 农产品主要流通模式的弊端分析

目前，农产品流通渠道主要有以下几种流通模式，见图3。

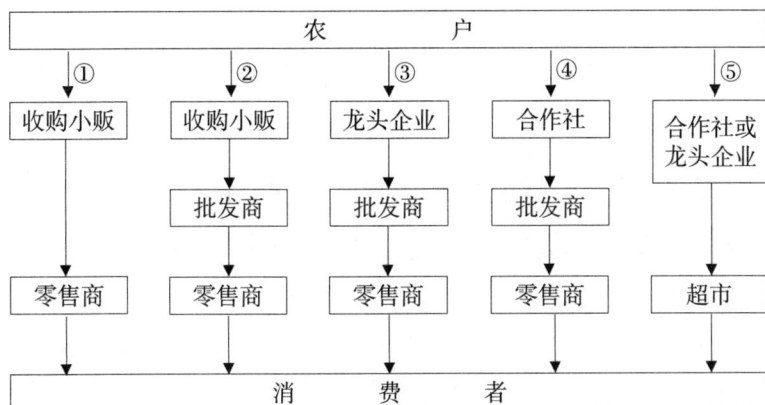

图3　农产品主要流通模式

根据图3，笔者认为目前农产品主要流通模式存在如下弊端。

2.1　流通环节多，交易效率低

目前，在我国农产品流通中，①、②、③、④这4种模式占主导地位，渠道长、环节多，层层加价，销售成本上涨，农产品周转时间长，流通速度慢，交易效率低，由此导致了中间商获利、生产者和消费者"受伤"的情况。

2.2　交易各方权力不对等，农户缺少话语权

在以上5种模式中，交易各方权力不对等，渠道权力严重向批发商、龙头企业和超市倾斜。由于国内农业生产环节仍以"一家一户"的分散生产为主。在大多数情况下，农户是独立行动的，组织化水平较低。每个农户所售产品数量在组织中所占的比重偏低，实力很弱，营销水平低，交易中没有话语权，基本上是由组织一方制订交易规则，其中包括产品质量标准、产品价格、交货期和支付方式等，农户处于被动地位。

2.3　农户和组织之间签约执行力差

为了提高农户的谈判地位，增强农民话语权，目前在农村成立了各种形式的农户合作组织。但由于大多数农户与合作组织之间关系松散，合作社并没有真正维护农户的利益。农民合作组织通过契约方式建立联系，或者农户合作组织与龙头企业、批发商和超市也是通过契约进行交易。但在

现实中,契约的执行情况很差。当农产品供大于求时,它们会随意提高标准,变相压价;当农产品歉收时,它们又会强硬要求农户执行合约,这就给农户带来极大的风险(徐丽艳,周林洁,2010)。

2.4 "农超对接"模式目前无法推广,存在诸多不足

与传统农产品流通模式相比,"农超对接"模式(即图3中的第⑤种模式)在理论上非常好,超市和农民专业合作社或龙头企业直接交易,减少农产品的交易层次,降低了流通成本,农民得到更多的实惠,消费者买到更便宜的产品。但此种模式弊端诸多,在目前条件下无法在我国大面积推广。正如商务部部长陈德铭在十一届全国人大四次会议新闻中心举办的记者会上所说:商务部"农超对接"模式,暂不作为全国推广(小咏,2011)。

"农超对接"模式目前为何暂不作为全国推广,主要原因是其存在如下弊端。

2.4.1 供求双方存在矛盾

供给方(合作社)的产品具有单一性、产量大、季节性等特点,而需求方(超市)需要的则是多品种、跨季节、连续性的产品,供求矛盾大。

2.4.2 农产品进超市的费用太高

例如,温州的超市对农产品入市一般要收取进场费、管理费、摊位陈列费、条码费、节庆费、产品提成、生鲜产品补损费等费用,少则几千,多则几万。费用太高使农产品直接进超市屡屡受阻。

2.4.3 合作社没有配送中心,增加了超市的物流运输成本

由于温州绝大多数合作社规模较小,流通体系不够健全,不能提供完善的配送服务,这就增加了超市的物流运输成本。因此,超市不愿意与合作社直接打交道。

2.4.4 超市"门槛"高,资质认证多

据了解,一些超市对基地的面积、产品的规格、产品品牌系列化、上市期均有严格要求。此外,农产品进超市有很多资质认证。根据笔者对温州农民专业合作社的调查:全市农民合作社总数3061家,只有252家产品进行了质量论证,占总数的8.23%,这就限制了大多数农产品进入超市。

2.4.5 超市资金挤压时间长

温州大多数超市普遍采用 30 ~ 60 天账期，有的甚至要 90 天以上，导致农产品进超市的资金周转速度下降，盈利能力降低，这已经成为影响"农超对接"发展的一个主要障碍。

2.4.6 超市竞争激烈，自身成本费用很高

超市的自身费用很高，如房租、装潢、工资、水电、促销和税收等费用，其他大多数商品微利经营，竞争十分激烈，自身日子也不好过。

3. 农产品"农居对接"模式创新探讨

在市场经济高度发展的今天，为了适应当前农产品流通的需要，我们应该在现有模式基础上，针对其存在的问题和弊端，探索创新农产品流通新模式。笔者认为，农产品"农居对接"模式就是目前我国农产品流通中的一种必不可少的有益补充。

3.1 农产品"农居对接"模式模型——以温州瑞安市为例

农产品"农居对接"模式模型——以温州瑞安市为例，见图 4。

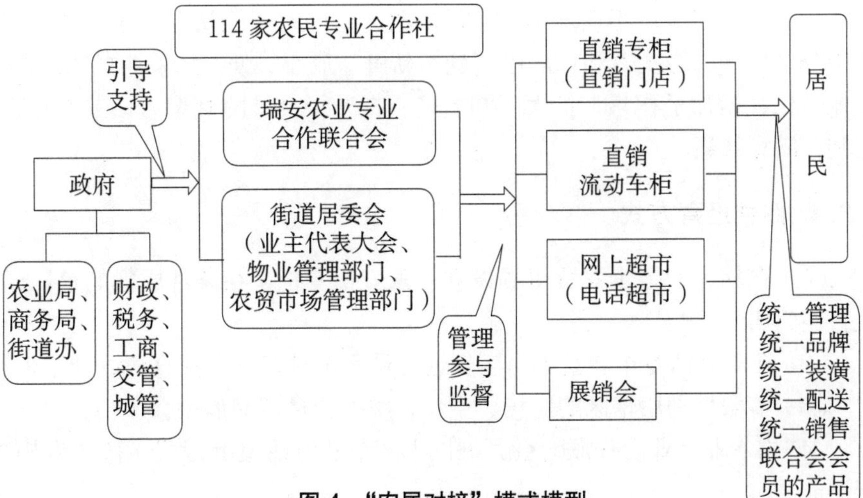

图 4 "农居对接"模式模型

3.2 农产品"农居对接"模式的总体思路

根据图4模型，可以概括出农产品"农居对接"的总体思路：一方引导支持；两者参与管理；三方满意共赢；四种经营方式；五个要素统一。

3.2.1 一方引导支持

与农产品流通相关的政府部门要协调配合，积极引导和大力支持。农业局、商务局和街道办事处要做好前期调研、政策制定工作，规划布局；财政部门要给予财政支持；税务部门在税收方面要有优惠政策；工商部门在营业执照、管理方面提供便利；交管和城管部门要在农产品进城和流动车管理方面给予照顾。

3.2.2 两者参与管理

以温州瑞安市为例，在政府的组织和推动下，全市114家合作社组织起来成立了瑞安农业专业合作联合会，由瑞安农业专业合作联合会确定农产品的生产质量标准、数量要求、品种规定和追溯制度，详细规定了农产品直销店、农贸市场直销专柜、直销流动车柜的申报程序、标准、审查验收制度和投标方式。农业专业合作联合会和街道居委会还要不定期抽查各成员日常经营、销售、食品安全和投诉处理等。

3.2.3 三方满意共赢

"农居对接"模式的实施，克服了传统农产品模式的许多不足和弊端，提高了农产品销量，不仅增加了农民的收入，同时还能从专业合作社的积累中分享更多的二次返利；居民买到了新鲜、放心、便宜和实惠的农产品；专业合作社增加了积累，扩大了知名度，提升了会员的凝聚力。三方互惠互利，满意共赢。

3.2.4 四种经营方式

（1）在辖区的每个农贸市场设立一家直销专柜，在条件成熟的社区开设直销门店。

（2）在离直销专柜和直销门店较远的社区定时定点安排直销流动车柜。

（3）节假日利用辖区的广场、空位，举办会员产品展销会。

（4）由农业专业合作联合会开展网上超市和电话超市，就近门店（专柜）配送。

直销专柜（直销门店）、直销流动车柜和节假日展销会由政府相关部门规划布点，由农业专业合作联合会和街道居委会具体管理，向会员招标，会员自愿投标。

3.2.5 五个要素统一

"农居对接"模式由农业专业合作联合会统一管理；直销专柜（直销门店）、直销流动车柜和节假日展销会统一使用农业专业合作联合会注册的品牌；直销专柜（直销门店）、直销流动车柜、节假日展销会和网上超市由农业专业合作联合会统一设计、装潢；由政府财政扶持、会员投资入股、农业专业合作联合会直接管理的农民专业合作社服务中心统一收购、统一分拣、统一包装、统一检测、统一配送；直销专柜（直销门店）、直销流动车柜、节假日展销会和网上超市统一销售农业专业合作联合会会员的产品。

3.3 农产品"农居对接"模式的意义

3.3.1 减少了中间环节，降低流通成本

"农居对接"减少了中间环节，最大程度地压缩了中间流通成本，既可以增加农民收入，又可惠及消费者。以蔬菜为例：蔬菜价格＝农民（30%左右）＋流通环节（40%）＋销售、超市（20%）＋其他费用（10%左右）（马跃峰，2011）。业内专家测算，蔬菜若能从田头直接到餐桌，跳过批发商、供应商、菜贩等中间环节，至少能让菜价下降20%～30%（彭磊，韩红，2011）。如果去掉近30%的流通成本，农民增效、居民受益的目标就不难实现。

3.3.2 提高产品品质，保障食品安全

"农居对接"模式的实施自始至终由农业专业合作联合会管理、参与和监督。农业专业合作联合会的成员绝大多数是当地示范专业合作社的理事长，他们来自农村，了解农民，熟知农业，知道如何提高农产品质量，如何保障食品安全。通过全方位培训，指导农产品的生产、加工、包装、运输和市场运作，可从源头上控制农产品质量，实现"农田到餐桌"的全过程产品质量控制及可追溯，因此，在食品安全上更有保障。

3.3.3 指导农民生产，方便居民消费

"农居对接"简单地说就是城镇和乡村一体，农民和居民握手，菜园菜篮对接，信息直达、准确，引导农民及时调整种植结构、品种和方式，合理安排种植日期，严格按照市场行情确定种植方向，帮助农民掌握农产品的市场行情及价格变动趋势。这就改变了长期以来农产品产销信息不对称的尴尬境况，真正地实现了"市场、居民需要什么，田间、地头就生产供应什么"，从而迅捷地指导农民生产，方便居民的消费。

3.3.4 缓解目前农产品流通中的诸多问题和弊端

农产品"农居对接"模式最明显的优势是政府推动、城乡联手、合作社主导、产品直销、连锁经营。它克服了传统农产品流通环节过多、流通成本过高、交易效率低下、中间商获利较多、农民和居民受益较少的弊端；摆脱了农户长期受中间商制约，在交易谈判中缺少话语权的困境；解决了超市的"门槛"过高，绝大多数农民专业合作社产品无资质认证的问题；树立了农民组织观念，提高了农民统一经营的能力。

农产品"农居对接"模式的探讨、实施和推进不仅具有现实意义，还具有深远的历史意义。

4. 结论与政策建议

农产品"农居对接"模式是推进统筹城乡市场发展的具体实践，也是我国农产品流通方式的一次创新，对构建适合我国国情的农产品现代流通体系、改革农产品流通体制具有重要的意义。由于传统农产品流通模式存在环节过多、流通成本过高等缺点，"农超对接"模式目前还存在诸多弊端，一时又无法推广。因此，在这种情况下，笔者认为农产品"农居对接"模式尽管不能解决目前中国农产品流通中存在的所有问题，但至少是目前我国农产品流通中的一种必不可少的有益补充。

为了能更好地实施农产品"农居对接"创新模式，本文提出以下几点建议。

4.1　政府要加强引导和支持

农产品"农居对接"模式是一个系统工程，所涉及的政府部门较多，除了城乡两级政府外，还包括农业局、商务局、街道办事处、财政局、工商局、税务局、质检局、交通局、城管局等政府职能部门，需要政府相关部门协调沟通、通力合作。笔者认为，在有条件的地方，最好抽调相关部门的人员组成临时机构，成立农产品"农居对接"办公室，统一领导，统一制定扶持政策，统一筹划布点，以提高工作效率，减少办事过程中的相互推诿情况。政府的引导和支持是农产品"农居对接"模式实施的前提。

4.2　加大宣传，形成共识

城乡两级政府及政府职能部门要提高认识，统一思想，帮助农民和居民分析目前"种菜赔，买菜贵"这一怪象的原因，加大对农产品"农居对接"模式的优越性、实施的必要性和总体思路的广泛宣传，使农民专业合作社、居委会、农民和居民形成共识，积极参与。政府、农民专业合作社、居委会、农民和居民达成共识是农产品"农居对接"模式实施的基础。

4.3　联合不同农民专业合作社，提高生产、服务、物流、营销等综合能力

一家或几家农民专业合作社所能提供的农产品具有单一性、产量大、季节性等特点，无法满足直销专柜（直销门店）、直销流动车柜、节假日展销会和网上超市多品种、跨季节、连续性的需求，同时也无法实现规模化效应，所以政府应积极推动，按照自愿、多品种和产品连续性供应的原则，加强对不同农民专业合作社的整合和优化，尽可能多地鼓励农民专业合作社参与"农居对接"模式。其他地区在推行"农居对接"模式时，可以借鉴温州瑞安市的做法，尝试联合不同的农民专业合作社，成立专业合作社联合会，借助专业合作社联合会的管理和监督来规范各专业合作社标准化生产、品牌化经营、规范化管理，以提高农民专业合作社生产、物流、营销、服务等综合能力。优化和整合的农民专业合作社联合会是农产品"农居对接"模式实施的核心。

4.4　加强对农民专业合作社联合会服务中心的支持、监督和管理

　　农民专业合作社服务中心承担着对各专业合作社农产品统一收购、统一分拣、统一包装、统一检测、统一配送等的重大职责，是决定"农居对接"模式能否成功运转的最重要部门。只有这个部门健康运行，才能有效确保农产品生产与消费的两个主体——农户和居民的直接对接，才能有效保证农产品品牌化规范运作，降低物流成本，实现规模效应，才能有效保障从"农田到餐桌"全过程农产品的质量安全。因此，政府应加大对服务中心的财政扶持力度，加强流通基础设施建设，添置必要的检验检测设备，加大对服务中心的信贷投入，解决融资难的问题，鼓励和支持社会资金投资服务中心建设，同时政府及职能部门还要加大对服务中心政策的扶持和创新变通。农民专业合作社服务中心由农民专业合作社联合会直接管理，同时还接受农业局、工商局、质检局、街道办事处以及"农居对接"模式所覆盖社区的居民委员会的监督。农民专业合作社服务中心的建设资金可通过政府财政支持、吸收社会资金、银行借贷和会员投资入股等途径获取。建立一个具有农产品采购、检测、包装、编码、配送、保管、追溯等功能的农民专业合作社服务中心是推行"农居对接"模式的关键。

　　面对目前"种菜赔，买菜贵"的农产品流通困局，多方行动（政府推动、合作社联动和市场拉动）、城乡携手、合作社主导、产品直销、连锁经营的"农居对接"模式才是破解"菜贱伤农，菜贵伤民"农产品流通难题之策。

参考文献

[1] 黄耀春. 统筹城乡发展，构建和谐社会 [N]. 山西日报，2011-02-28.

[2] 降蕴彰. 中国农民专业合作社达到 36 万家 [J]. 北京农业，2011（5）.

[3] 孙姮. 山东卷心菜价格低至 8 分钱一斤，菜农绝望自杀 [N]. 山东商报，2011-04-20.

[4] 东方卫视记者. 上海农民用拖拉机碾掉百万的滞销卷心菜 [N]. 东方卫视，2011-04-23.

[5] 邓卫华，李鹏，刘元旭. 一斤芹菜如何从 0.1 元涨到 1 元 [N]. 新华社，2011-04-28.

[6] 徐丽艳，周林洁. 我国现有农产品流通渠道模式分析 [J]. 商业研究，2010（8）.

[7] 小咏. 商务部农超对接模式，暂不作为全国推广. 中国网，2011-03-07.

[8] 马跃峰. 降流通成本需供应链瘦身 [N]. 人民日报, 2011-1-10.

[9] 彭磊，韩红. 武汉拟试点蔬菜"农居"对接 [N]. 湖北日报，2011-08-31.

本文发表于《广东农业科学》, 2012（20）。

附录2 相关政府文件

中华人民共和国种子法（2013年版）

（2000年7月8日第九届全国人民代表大会常务委员会第十六次会议通过，根据2004年8月28日第十届全国人民代表大会常务委员会第十一次会议《关于修改〈中华人民共和国种子法〉的决定》第一次修正，根据2013年6月29日第十二届全国人民代表大会常务委员会第三次会议《关于修改〈中华人民共和国文物保护法〉等十二部法律的决定》第二次修正）

第一章 总 则

第一条 为了保护和合理利用种质资源，规范品种选育和种子生产、经营、使用行为，维护品种选育者和种子生产者、经营者、使用者的合法权益，提高种子质量水平，推动种子产业化，促进种植业和林业的发展，制定本法。

第二条 在中华人民共和国境内从事品种选育和种子生产、经营、使用、管理等活动，适用本法。

本法所称种子，是指农作物和林木的种植材料或者繁殖材料，包括籽粒、果实和根、茎、苗、芽、叶等。

第三条 国务院农业、林业行政主管部门分别主管全国农作物种子和林木种子工作；县级以上地方人民政府农业、林业行政主管部门分别主管本行政区域内农作物种子和林木种子工作。

第四条 国家扶持种质资源保护工作和选育、生产、更新、推广使用良种，鼓励品种选育和种子生产、经营相结合，奖励在种质资源保护工作和良种选育、推广等工作中成绩显著的单位和个人。

第五条   县级以上人民政府应当根据科教兴农方针和种植业、林业发展的需要制定种子发展规划，并按照国家有关规定在财政、信贷和税收等方面采取措施保证规划的实施。

第六条   国务院和省、自治区、直辖市人民政府设立专项资金，用于扶持良种选育和推广。具体办法由国务院规定。

第七条   国家建立种子贮备制度，主要用于发生灾害时的生产需要，保障农业生产安全。对贮备的种子应当定期检验和更新。种子贮备的具体办法由国务院规定。

第二章   种质资源保护

第八条   国家依法保护种质资源，任何单位和个人不得侵占和破坏种质资源。

禁止采集或者采伐国家重点保护的天然种质资源。因科研等特殊情况需要采集或者采伐的，应当经国务院或者省、自治区、直辖市人民政府的农业、林业行政主管部门批准。

第九条   国家有计划地收集、整理、鉴定、登记、保存、交流和利用种质资源，定期公布可供利用的种质资源目录。具体办法由国务院农业、林业行政主管部门规定。

国务院农业、林业行政主管部门应当建立国家种质资源库，省、自治区、直辖市人民政府农业、林业行政主管部门可以根据需要建立种质资源库、种质资源保护区或者种质资源保护地。

第十条   国家对种质资源享有主权，任何单位和个人向境外提供种质资源的，应当经国务院农业、林业行政主管部门批准；从境外引进种质资源的，依照国务院农业、林业行政主管部门的有关规定办理。

第三章   品种选育与审定

第十一条   国务院农业、林业、科技、教育等行政主管部门和省、自治区、直辖市人民政府应当组织有关单位进行品种选育理论、技术和方法的研究。

国家鼓励和支持单位和个人从事良种选育和开发。

第十二条　国家实行植物新品种保护制度,对经过人工培育的或者发现的野生植物加以开发的植物品种,具备新颖性、特异性、一致性和稳定性的,授予植物新品种权,保护植物新品种权所有人的合法权益。具体办法按照国家有关规定执行。选育的品种得到推广应用的,育种者依法获得相应的经济利益。

第十三条　单位和个人因林业行政主管部门为选育林木良种建立测定林、试验林、优树收集区、基因库而减少经济收入的,批准建立的林业行政主管部门应当按照国家有关规定给予经济补偿。

第十四条　转基因植物品种的选育、试验、审定和推广应当进行安全性评价,并采取严格的安全控制措施。具体办法由国务院规定。

第十五条　主要农作物品种和主要林木品种在推广应用前应当通过国家级或者省级审定,申请者可以直接申请省级审定或者国家级审定。由省、自治区、直辖市人民政府农业、林业行政主管部门确定的主要农作物品种和主要林木品种实行省级审定。

主要农作物品种和主要林木品种的审定办法应当体现公正、公开、科学、效率的原则,由国务院农业、林业行政主管部门规定。

国务院和省、自治区、直辖市人民政府的农业、林业行政主管部门分别设立由专业人员组成的农作物品种和林木品种审定委员会,承担主要农作物品种和主要林木品种的审定工作。

在具有生态多样性的地区,省、自治区、直辖市人民政府农业、林业行政主管部门可以委托设区的市、自治州承担适宜于在特定生态区域内推广应用的主要农作物品种和主要林木品种的审定工作。

第十六条　通过国家级审定的主要农作物品种和主要林木良种由国务院农业、林业行政主管部门公告,可以在全国适宜的生态区域推广;通过省级审定的主要农作物品种和主要林木良种由省、自治区、直辖市人民政府农业、林业行政主管部门公告,可以在本行政区域内适宜的生态区域推广;相邻省、自治区、直辖市属于同一适宜生态区的地域,经所在省、自治区、直辖市人民政府农业、林业行政主管部门同意后可以引种。

第十七条　应当审定的农作物品种未经审定通过的,不得发布广告,不得经营、推广。

应当审定的林木品种未经审定通过的,不得作为良种经营、推广,但生产确需使用的，应当经林木品种审定委员会认定。

第十八条　审定未通过的农作物品种和林木品种，申请人有异议的，可以向原审定委员会或者上一级审定委员会申请复审。

第十九条　在中国没有经常居所或者营业场所的外国人、外国企业或者外国其他组织在中国申请品种审定的，应当委托具有法人资格的中国种子科研、生产、经营机构代理。

第四章　种子生产

第二十条　主要农作物和主要林木的商品种子生产实行许可制度。

主要农作物杂交种子及其亲本种子、常规种原种种子、主要林木良种的种子生产许可证，由生产所在地县级人民政府农业、林业行政主管部门审核，省、自治区、直辖市人民政府农业、林业行政主管部门核发；其他种子的生产许可证，由生产所在地县级以上地方人民政府农业、林业行政主管部门核发。

第二十一条　申请领取种子生产许可证的单位和个人，应当具备下列条件：

（一）具有繁殖种子的隔离和培育条件；

（二）具有无检疫性病虫害的种子生产地点或者县级以上人民政府林业行政主管部门确定的采种林；

（三）具有与种子生产相适应的资金和生产、检验设施；

（四）具有相应的专业种子生产和检验技术人员；

（五）法律、法规规定的其他条件。

申请领取具有植物新品种权的种子生产许可证的，应当征得品种权人的书面同意。

第二十二条　种子生产许可证应当注明生产种子的品种、地点和有效期限等项目。

禁止伪造、变造、买卖、租借种子生产许可证；禁止任何单位和个人无证或者未按照许可证的规定生产种子。

第二十三条　商品种子生产应当执行种子生产技术规程和种子检验、检疫规程。

第二十四条　在林木种子生产基地内采集种子的，由种子生产基地的经营者组织进行，采集种子应当按照国家有关标准进行。

禁止抢采掠青、损坏母树，禁止在劣质林内、劣质母树上采集种子。

第二十五条　商品种子生产者应当建立种子生产档案，载明生产地点、生产地块环境、前茬作物、亲本种子来源和质量、技术负责人、田间检验记录、产地气象记录、种子流向等内容。

第五章　种子经营

第二十六条　种子经营实行许可制度。种子经营者必须先取得种子经营许可证后，方可凭种子经营许可证向工商行政管理机关申请办理或者变更营业执照。

种子经营许可证实行分级审批发放制度。种子经营许可证由种子经营者所在地县级以上地方人民政府农业、林业行政主管部门核发。主要农作物杂交种子及其亲本种子、常规种原种种子、主要林木良种的种子经营许可证，由种子经营者所在地县级人民政府农业、林业行政主管部门审核，省、自治区、直辖市人民政府农业、林业行政主管部门核发。实行选育、生产、经营相结合并达到国务院农业、林业行政主管部门规定的注册资本金额的种子公司和从事种子进出口业务的公司的种子经营许可证，由省、自治区、直辖市人民政府农业、林业行政主管部门审核，国务院农业、林业行政主管部门核发。

第二十七条　农民个人自繁、自用的常规种子有剩余的，可以在集贸市场上出售、串换，不需要办理种子经营许可证，由省、自治区、直辖市人民政府制定管理办法。

第二十八条　国家鼓励和支持科研单位、学校、科技人员研究开发和依法经营、推广农作物新品种和林木良种。

第二十九条　申请领取种子经营许可证的单位和个人，应当具备下列条件：

（一）具有与经营种子种类和数量相适应的资金及独立承担民事责任的能力；

（二）具有能够正确识别所经营的种子、检验种子质量、掌握种子贮藏、保管技术的人员；

（三）具有与经营种子的种类、数量相适应的营业场所及加工、包装、贮藏保管设施和检验种子质量的仪器设备；

（四）法律、法规规定的其他条件。

种子经营者专门经营不再分装的包装种子的，或者受具有种子经营许可证的种子经营者以书面委托代销其种子的，可以不办理种子经营许可证。

第三十条　种子经营许可证的有效区域由发证机关在其管辖范围内确定。种子经营者按照经营许可证规定的有效区域设立分支机构的，可以不再办理种子经营许可证，但应当在办理或者变更营业执照后十五日内，向当地农业、林业行政主管部门和原发证机关备案。

第三十一条　种子经营许可证应当注明种子经营范围、经营方式及有效期限、有效区域等项目。

禁止伪造、变造、买卖、租借种子经营许可证；禁止任何单位和个人无证或者未按照许可证的规定经营种子。

第三十二条　种子经营者应当遵守有关法律、法规的规定，向种子使用者提供种子的简要性状、主要栽培措施、使用条件的说明与有关咨询服务，并对种子质量负责。

任何单位和个人不得非法干预种子经营者的自主经营权。

第三十三条　未经省、自治区、直辖市人民政府林业行政主管部门批准，不得收购珍贵树木种子和本级人民政府规定限制收购的林木种子。

第三十四条　销售的种子应当加工、分级、包装。但是，不能加工、包装的除外。

大包装或者进口种子可以分装；实行分装的，应当注明分装单位，并对种子质量负责。

第三十五条　销售的种子应当附有标签。标签应当标注种子类别、品种名称、产地、质量指标、检疫证明编号、种子生产及经营许可证编号或者进口审批文号等事项。标签标注的内容应当与销售的种子相符。

销售进口种子的，应当附有中文标签。

销售转基因植物品种种子的，必须用明显的文字标注，并应当提示使用时的安全控制措施。

第三十六条　种子经营者应当建立种子经营档案，载明种子来源、加工、贮藏、运输和质量检测各环节的简要说明及责任人、销售去向等内容。

一年生农作物种子的经营档案应当保存至种子销售后二年，多年生农作物和林木种子经营档案的保存期限由国务院农业、林业行政主管部门规定。

第三十七条　种子广告的内容应当符合本法和有关广告的法律、法规的规定，主要性状描述应当与审定公告一致。

第三十八条　调运或者邮寄出县的种子应当附有检疫证书。

第六章　种子使用

第三十九条　种子使用者有权按照自己的意愿购买种子，任何单位和个人不得非法干预。

第四十条　国家投资或者国家投资为主的造林项目和国有林业单位造林，应当根据林业行政主管部门制定的计划使用林木良种。

国家对推广使用林木良种营造防护林、特种用途林给予扶持。

第四十一条　种子使用者因种子质量问题遭受损失的，出售种子的经营者应当予以赔偿，赔偿额包括购种价款、有关费用和可得利益损失。

经营者赔偿后，属于种子生产者或者其他经营者责任的，经营者有权向生产者或者其他经营者追偿。

第四十二条　因使用种子发生民事纠纷的，当事人可以通过协商或者调解解决。当事人不愿通过协商、调解解决或者协商、调解不成的，可以根据当事人之间的协议向仲裁机构申请仲裁。当事人也可以直接向人民法院起诉。

第七章　种子质量

第四十三条　种子的生产、加工、包装、检验、贮藏等质量管理办法和行业标准，由国务院农业、林业行政主管部门制定。

农业、林业行政主管部门负责对种子质量的监督。

第四十四条　农业、林业行政主管部门可以委托种子质量检验机构对种子质量进行检验。

承担种子质量检验的机构应当具备相应的检测条件和能力，并经省级以上人民政府有关主管部门考核合格。

第四十五条　种子质量检验机构应当配备种子检验员。种子检验员应当具备以下条件：

（一）具有相关专业中等专业技术学校毕业以上文化水平；

（二）从事种子检验技术工作三年以上。

农作物种子检验员应当经省级以上人民政府农业行政主管部门考核合格；林木种子检验员应当经省、自治区、直辖市人民政府林业行政主管部门考核合格。

第四十六条　禁止生产、经营假、劣种子。

下列种子为假种子：

（一）以非种子冒充种子或者以此种品种种子冒充他种品种种子的；

（二）种子种类、品种、产地与标签标注的内容不符的。

下列种子为劣种子：

（一）质量低于国家规定的种用标准的；

（二）质量低于标签标注指标的；

（三）因变质不能作种子使用的；

（四）杂草种子的比率超过规定的；

（五）带有国家规定检疫对象的有害生物的。

第四十七条　由于不可抗力原因，为生产需要必须使用低于国家或者地方规定的种用标准的农作物种子的，应当经用种地县级以上地方人民政府批准；林木种子应当经用种地省、自治区、直辖市人民政府批准。

第四十八条　从事品种选育和种子生产、经营以及管理的单位和个人应当遵守有关植物检疫法律、行政法规的规定，防止植物危险性病、虫、杂草及其他有害生物的传播和蔓延。

禁止任何单位和个人在种子生产基地从事病虫害接种试验。

第八章　种子进出口和对外合作

第四十九条　进口种子和出口种子必须实施检疫，防止植物危险性病、虫、杂草及其他有害生物传入境内和传出境外，具体检疫工作按照有关植物进出境检疫法律、行政法规的规定执行。

第五十条　从事商品种子进出口业务的法人和其他组织，除具备种子经营许可证外，还应当依照有关对外贸易法律、行政法规的规定取得从事种子进出口贸易的许可。

从境外引进农作物、林木种子的审定权限，农作物、林木种子的进出口审批办法，引进转基因植物品种的管理办法，由国务院规定。

第五十一条　进口商品种子的质量，应当达到国家标准或者行业标准。没有国家标准或者行业标准的，可以按照合同约定的标准执行。

第五十二条　为境外制种进口种子的，可以不受本法第五十条第一款的限制，但应当具有对外制种合同，进口的种子只能用于制种，其产品不得在国内销售。

从境外引进农作物试验用种，应当隔离栽培，收获物也不得作为商品种子销售。

第五十三条　禁止进出口假、劣种子以及属于国家规定不得进出口的种子。

第五十四条　境外企业、其他经济组织或者个人来我国投资种子生产、经营的，审批程序和管理办法由国务院有关部门依照有关法律、行政法规规定。

第九章　种子行政管理

第五十五条　农业、林业行政主管部门是种子行政执法机关。种子执法人员依法执行公务时应当出示行政执法证件。

农业、林业行政主管部门为实施本法，可以进行现场检查。

第五十六条　农业、林业行政主管部门及其工作人员不得参与和从事种子生产、经营活动；种子生产经营机构不得参与和从事种子行政管理工作。种子的行政主管部门与生产经营机构在人员和财务上必须分开。

第五十七条　国务院农业、林业行政主管部门和异地繁育种子所在地的省、自治区、直辖市人民政府应当加强对异地繁育种子工作的管理和协调，交通运输部门应当优先保证种子的运输。

第五十八条　农业、林业行政主管部门在依照本法实施有关证照的核发工作中，除收取所发证照的工本费外，不得收取其他费用。

第十章　法律责任

第五十九条　违反本法规定，生产、经营假、劣种子的，由县级以上人民政府农业、林业行政主管部门或者工商行政管理机关责令停止生产、经营，没收种子和违法所得，吊销种子生产许可证、种子经营许可证或者营业执照，并处以罚款；有违法所得的，处以违法所得五倍以上十倍以下罚款；没有违法所得的，处以二千元以上五万元以下罚款；构成犯罪的，依法追究刑事责任。

第六十条　违反本法规定，有下列行为之一的，由县级以上人民政府农业、林业行政主管部门责令改正，没收种子和违法所得，并处以违法所得一倍以上三倍以下罚款；没有违法所得的，处以一千元以上三万元以下罚款；可以吊销违法行为人的种子生产许可证或者种子经营许可证；构成犯罪的，依法追究刑事责任：

（一）未取得种子生产许可证或者伪造、变造、买卖、租借种子生产许可证，或者未按照种子生产许可证的规定生产种子的；

（二）未取得种子经营许可证或者伪造、变造、买卖、租借种子经营许可证，或者未按照种子经营许可证的规定经营种子的。

第六十一条　违反本法规定，有下列行为之一的，由县级以上人民政府农业、林业行政主管部门责令改正，没收种子和违法所得，并处以违法所得一倍以上三倍以下罚款；没有违法所得的，处以一千元以上二万元以下罚款；构成犯罪的，依法追究刑事责任：

（一）为境外制种的种子在国内销售的；

（二）从境外引进农作物种子进行引种试验的收获物在国内作商品种子销售的；

（三）未经批准私自采集或者采伐国家重点保护的天然种质资源的。

第六十二条　违反本法规定，有下列行为之一的，由县级以上人民政府农业、林业行政主管部门或者工商行政管理机关责令改正，处以一千元以上一万元以下罚款：

（一）经营的种子应当包装而没有包装的；

（二）经营的种子没有标签或者标签内容不符合本法规定的；

（三）伪造、涂改标签或者试验、检验数据的；

（四）未按规定制作、保存种子生产、经营档案的；

（五）种子经营者在异地设立分支机构未按规定备案的。

第六十三条　违反本法规定，向境外提供或者从境外引进种质资源的，由国务院或者省、自治区、直辖市人民政府的农业、林业行政主管部门没收种质资源和违法所得，并处以一万元以上五万元以下罚款。

未取得农业、林业行政主管部门的批准文件携带、运输种质资源出境的，海关应当将该种质资源扣留，并移送省、自治区、直辖市人民政府农业、林业行政主管部门处理。

第六十四条　违反本法规定，经营、推广应当审定而未经审定通过的种子的，由县级以上人民政府农业、林业行政主管部门责令停止种子的经营、推广，没收种子和违法所得，并处以一万元以上五万元以下罚款。

第六十五条　违反本法规定，抢采掠青、损坏母树或者在劣质林内和劣质母树上采种的，由县级以上人民政府林业行政主管部门责令停止采种行为，没收所采种子，并处以所采林木种子价值一倍以上三倍以下的罚款；构成犯罪的，依法追究刑事责任。

第六十六条　违反本法第三十三条规定收购林木种子的，由县级以上人民政府林业行政主管部门没收所收购的种子，并处以收购林木种子价款二倍以下的罚款。

第六十七条　违反本法规定，在种子生产基地进行病虫害接种试验的，由县级以上人民政府农业、林业行政主管部门责令停止试验，处以五万元以下罚款。

第六十八条　种子质量检验机构出具虚假检验证明的，与种子生产者、销售者承担连带责任；并依法追究种子质量检验机构及其有关责任人的行政责任；构成犯罪的，依法追究刑事责任。

第六十九条　强迫种子使用者违背自己的意愿购买、使用种子给使用者造成损失的，应当承担赔偿责任。

第七十条　农业、林业行政主管部门违反本法规定，对不具备条件的种子生产者、经营者核发种子生产许可证或者种子经营许可证的，对直接负责的主管人员和其他直接责任人员，依法给予行政处分；构成犯罪的，依法追究刑事责任。

第七十一条　种子行政管理人员徇私舞弊、滥用职权、玩忽职守的，或者违反本法规定从事种子生产、经营活动的，依法给予行政处分；构成犯罪的，依法追究刑事责任。

第七十二条　当事人认为有关行政机关的具体行政行为侵犯其合法权益的，可以依法申请行政复议，也可以依法直接向人民法院提起诉讼。

第七十三条　农业、林业行政主管部门依法吊销违法行为人的种子经营许可证后，应当通知工商行政管理机关依法注销或者变更违法行为人的营业执照。

第十一章　附　则

第七十四条　本法下列用语的含义是：

（一）种质资源是指选育新品种的基础材料，包括各种植物的栽培种、野生种的繁殖材料以及利用上述繁殖材料人工创造的各种植物的遗传材料。

（二）品种是指经过人工选育或者发现并经过改良，形态特征和生物学特性一致，遗传性状相对稳定的植物群体。

（三）主要农作物是指稻、小麦、玉米、棉花、大豆以及国务院农业行政主管部门和省、自治区、直辖市人民政府农业行政主管部门各自分别确定的其他一至二种农作物。

（四）林木良种是指通过审定的林木种子，在一定的区域内，其产量、适应性、抗性等方面明显优于当前主栽材料的繁殖材料和种植材料。

（五）标签是指固定在种子包装物表面及内外的特定图案及文字说明。

第七十五条　本法所称主要林木由国务院林业行政主管部门确定并公布；省、自治区、直辖市人民政府林业行政主管部门可以在国务院林业行政主管部门确定的主要林木之外确定其他八种以下的主要林木。

第七十六条　草种、食用菌菌种的种质资源管理和选育、生产、经营、使用、管理等活动，参照本法执行。

第七十七条　中华人民共和国缔结或者参加的与种子有关的国际条约与本法有不同规定的，适用国际条约的规定；但是，中华人民共和国声明保留的条款除外。

第七十八条　本法自 2000 年 12 月 1 日起施行。1989 年 3 月 13 日国务院发布的《中华人民共和国种子管理条例》同时废止。

农作物种子生产经营许可管理办法

　　《农作物种子生产经营许可管理办法》（后简称《管理办法》）经 2011 年农业部第 4 次常务会议审议通过，2011 年 8 月 28 日中华人民共和国农业部令 2011 年第 3 号公布。《管理办法》共分总则、生产许可、经营许可、监督管理、附则 5 章 38 条，自 2011 年 9 月 25 日起施行。本《管理办法》实施后，农业部 2001 年 2 月 26 日发布、2004 年 7 月 1 日修订的《农作物种子生产经营许可证管理办法》（农业部令第 48 号）同时废止。

第一章　总　则

　　第一条　为加强农作物种子生产、经营许可管理，规范农作物种子生产、经营秩序，根据《中华人民共和国种子法》，制定本办法。

　　第二条　农作物种子生产、经营许可证的申请、审核、核发和监管，适用本办法。

　　第三条　县级以上人民政府农业行政主管部门按照职责分工，负责农作物种子生产、经营许可证的受理、审核、核发和监管工作。

　　第四条　负责审核、核发农作物种子生产、经营许可证的农业行政主管部门，应当将农作物种子生产、经营许可证的办理条件、程序等在办公场所公示。

　　第五条　农业行政主管部门应当按照有利于保障农业生产安全、提升农作物品种选育和生产水平、促进公平竞争的原则，依法发放农作物种子生产、经营许可证。

第二章　生产许可

第六条　生产主要农作物商品种子的，应当依法取得主要农作物种子生产许可证（以下简称种子生产许可证）。

主要农作物杂交种子及其亲本种子、常规种原种种子的生产许可证由生产所在地县级人民政府农业行政主管部门审核，省级人民政府农业行政主管部门核发。其他主要农作物的种子生产许可证由生产所在地县级以上地方人民政府农业行政主管部门核发。

生产所在地为非主要农作物，在其他省（自治区、直辖市）为主要农作物，生产者申请办理种子生产许可证的，生产所在地农业行政主管部门应当受理并依法核发。

第七条　申请领取种子生产许可证，应当具备以下条件：

（一）申请杂交稻、杂交玉米种子及其亲本种子生产许可证的，注册资本不少于 3000 万元；申请其他主要农作物种子生产许可证的，注册资本不少于 500 万元。

（二）生产的品种通过品种审定；生产具有植物新品种权的种子，还应当征得品种权人的书面同意。

（三）具有完好的净度分析台、电子秤、置床设备、电泳仪、电泳槽、样品粉碎机、烘箱、生物显微镜、电冰箱各 1 台（套）以上，电子天平（感量百分之一、千分之一和万分之一）1 套以上，扦样器、分样器、发芽箱各 2 台（套）以上；申请杂交稻、杂交玉米种子生产许可证的，还应当配备 pcr 扩增仪、酸度计、高压灭菌锅、磁力搅拌器、恒温水浴锅、高速冷冻离心机、成套移液器各 1 台（套）以上。

（四）检验室 100 平方米以上；申请杂交稻、杂交玉米种子及其亲本种子生产许可证的，检验室 150 平方米以上。

（五）有仓库 500 平方米以上，晒场 1000 平方米以上或者相应的种子干燥设施设备。

（六）有专职的种子生产技术人员、贮藏技术人员和经省级以上人民政府农业行政主管部门考核合格的种子检验人员（涵盖田间检验、扦样和室内检验，下同）各 3 名以上；其中，生产杂交稻、杂交玉米种子及其亲本种子的，种子生产技术人员和种子检验人员各 5 名以上。

（七）生产地点无检疫性有害生物。

（八）符合种子生产规程要求的隔离和生产条件。

（九）农业部规定的其他条件。

第八条　申请种子生产许可证，应当提交以下材料：

（一）种子生产许可证申请表。

（二）验资报告或者申请之日前1年内的年度会计报表及中介机构审计报告等注册资本证明材料复印件；种子检验等设备清单和购置发票复印件；在生产地所在省（自治区、直辖市）的种子检验室、仓库的产权证明复印件；在生产地所在省（自治区、直辖市）的晒场的产权证明（或租赁协议）复印件，或者种子干燥设施设备的产权证明复印件；计量检定机构出具的涉及计量的检验设备检定证书复印件；相关设施设备的情况说明及实景照片。

（三）种子生产、贮藏、检验技术人员资质证明和劳动合同复印件。

（四）种子生产地点检疫证明。

（五）品种审定证书复印件。

（六）生产具有植物新品种权的种子，提交品种权人的书面同意证明；

（七）种子生产安全隔离和生产条件说明；

（八）农业部规定的其他材料。

种子生产许可证申请者已取得相应作物的种子经营许可证的，免于提交前款第二项规定的材料和种子贮藏、检验技术人员资质证明及劳动合同复印件，但应当提交种子经营许可证复印件。

第九条　审核机关应当自受理申请之日起20个工作日内完成审核工作。审核时应当对生产地点、晒场或者干燥设施设备、贮藏设施、检验设施设备等进行实地考察并查验有关证明材料原件（对具有相应作物种子经营许可证的只考察生产地点）。具备本办法规定条件的，签署审核意见，上报核发机关；审核不予通过的，书面通知申请人并说明理由。

核发机关应当自收到审核意见和申请材料之日起20个工作日内完成核发工作。核发机关认为有必要的，可以进行实地考察。符合条件的，发给种子生产许可证并予公告；不符合条件的，书面通知申请人并说明理由。

第十条　种子生产许可证应当注明许可证编号、企业名称、住所、法定代表人、注册资本、发证机关、公告文号、发证时间，以及生产种子的作物种类、品种名称、审定编号、植物新品种权号、生产地点、有效期限等项目。

许可证编号为"＿（x）农种生许字（x）第x号"。其中，第一个括号内为发证机关简称，第二个括号内为首次发证年号，第三个号码为四位顺序号；"＿"上标注生产种子的类型：b 为杂交稻和杂交玉米种子及其亲本种子，c 为其他主要农作物种子。

第十一条 种子生产许可证有效期 3 年。同一企业在生产许可证有效期内向同一核发机关申请增加生产同类作物品种的，由核发机关在原证上加注相应品种，不再另行发放生产许可证。

种子生产许可证有效期满后，种子生产者需在同一核发机关申领新证的，应当在许可证期满 70 日前重新提出申请。

第三章 经营许可

第十二条 经营农作物种子的，应当依法取得农作物种子经营许可证（以下简称种子经营许可证）。

主要农作物杂交种子及其亲本种子、常规种原种种子经营许可证，由种子经营者所在地县级人民政府农业行政主管部门审核，省级人民政府农业行政主管部门核发。

下列种子经营许可证，由种子经营者所在地省级人民政府农业行政主管部门审核，农业部核发：

（一）从事种子进出口业务的公司的种子经营许可证；

（二）实行选育、生产、经营相结合，注册资本达到 1 亿元以上的公司的种子经营许可证。

其他农作物种子经营许可证，由种子经营者所在地县级以上地方人民政府农业行政主管部门核发。

第十三条 申请杂交稻、杂交玉米种子及其亲本种子经营许可证，应当具备以下条件：

（一）注册资本不少于 3000 万元，固定资产不少于 1000 万元。

（二）具有完好的净度分析台、电子秤、置床设备、电泳仪、电泳槽、样品粉碎机、烘箱、生物显微镜、电冰箱各 1 台（套）以上，电子天平（感量百分之一、千分之一和万分之一）1 套以上，扦样器、分样器、发芽箱各 2 台（套）以上，pcr 扩增仪、酸度计、高压灭菌锅、磁力搅拌器、恒温水浴锅、高速冷冻离心机、成套移液器各 1 台（套）以上；检验室 150 平方米以上。

（三）有符合本办法第七条第五项要求的种子仓库、晒场或者相应的干燥设施设备，营业场所 300 平方米以上。

（四）具有种子加工成套设备，总加工能力杂交玉米种子不低于 10 吨 / 小时，杂交稻种子不低于 5 吨 / 小时，加工厂房 500 平方米以上。

（五）有专职种子加工技术人员 5 名以上，种子贮藏技术人员 3 名以上，经省级以上人民政府农业行政主管部门考核合格的种子检验人员 5 名以上。

（六）农业部规定的其他条件。

第十四条　申请杂交稻、杂交玉米种子及其亲本种子以外的应当加工、包装的农作物种子经营许可证，应当具备以下条件：

（一）申请主要农作物种子经营许可证的，注册资本不少于 500 万元，固定资产不少于 250 万元；申请非主要农作物种子经营许可证的，注册资本不少于 200 万元，固定资产不少于 100 万元。

（二）具有完好的净度分析台、电子秤、置床设备、电泳仪、电泳槽、样品粉碎机、烘箱、生物显微镜、电冰箱各 1 台（套）以上，电子天平（感量百分之一、千分之一和万分之一）1 套以上，扦样器、分样器、发芽箱各 2 台（套）以上；检验室 100 平方米以上。

（三）经营主要农作物种子的，有符合本办法第七条第五项要求的种子仓库、晒场或者相应的干燥设施设备，营业场所 200 平方米以上；经营非主要农作物种子的，有仓库 300 平方米以上，晒场 500 平方米以上或者相应的干燥设施设备，营业场所 200 平方米以上。

（四）经营常规稻、小麦种子的，种子加工成套设备总加工能力 10 吨 / 小时以上；经营大豆种子的，种子加工成套设备总加工能力 3 吨 / 小时以上；经营棉花、油菜种子的，种子加工成套设备总加工能力 1 吨 / 小时以上；经营其他农作物种子的，具有相应的种子加工设备。

（五）经营主要农作物种子的，种子加工厂房 500 平方米以上；经营非主要农作物种子的，种子加工厂房 200 平方米以上。

（六）有专职的种子加工技术人员、贮藏技术人员和经省级以上人民政府农业行政主管部门考核合格的种子检验人员各 3 名以上。

申请农业部规定的可以不经加工、包装的农作物种子经营许可证的，其注册资本和固定资产应当符合前款第一项的规定，种子检验、仓储设施设备和人员的具体要求由省级人民政府农业行政主管部门规定，报农业部备案。

第十五条　从事种子进出口业务的公司申请种子经营许可证，应当具备以下条件：

（一）注册资本不少于 3000 万元，固定资产不少于 1000 万元。

（二）本办法规定的核发相应农作物种子经营许可证的其他条件。

第十六条　实行选育、生产、经营相结合，注册资本达到 1 亿元以上的公司，申请种子经营许可证的，应当具备以下条件：

（一）固定资产不少于 5000 万元。

（二）具有完好的净度分析台、电子秤、置床设备、电泳仪、电泳槽、样品粉碎机、烘箱、生物显微镜、电冰箱各 2 台（套）以上，电子天平（感量百分之一、千分之一和万分之一）2 套以上，扦样器、分样器、发芽箱各 3 台（套）以上，pcr 扩增仪、酸度计、高压灭菌锅、磁力搅拌器、恒温水浴锅、高速冷冻离心机、成套移液器各 2 台（套）以上；检验室 200 平方米以上。

（三）申请经营主要农作物种子的，有仓库 1500 平方米以上，晒场 3000 平方米以上或者相应的种子干燥设施设备，营业场所 500 平方米以上；申请经营非主要农作物种子的，有仓库 300 平方米以上，晒场 500 平方米以上或者相应的种子干燥设施设备，营业场所 300 平方米以上。

（四）申请经营杂交稻和杂交玉米种子及其亲本种子的，应当配备与其种子经营规模相适应的种子干燥设施设备，杂交稻种子及其亲本种子加工成套设备总加工能力达到 10 吨 / 小时以上，杂交玉米种子及其亲本种子加工成套设备总加工能力达到 20 吨 / 小时以上，加工厂房 800 平方米以上；申请经营其他农作物种子的，加工能力和加工厂房达到本办法第十四条第四、五项的相应要求。

（五）有专职的种子生产、加工、贮藏技术人员和经省级以上人民政府农业行政主管部门考核合格的种子检验人员各 5 名以上。

（六）有专门的育种机构，固定的育种人员和工作经费，年科研经费投入不得低于年利润的 10%；自有科研实验室 300 平方米以上，稳定的育种用地 100 亩以上，其中，在全国 3 个以上不同生态区各有 3 个以上的测试点，每个点有 10 亩以上试验用地以及相应的播种、收获、考种设施设备；有专职从事科研育种的中级以上职称（或者相关专业本科以上学历）研究人员 5 名以上；生产经营主要农作物种子的，每种作物还应当有从事科研育种的专职高级职称（或者相关专业硕士以上学历）研究人员 1 名以上。

（七）有稳定的种子生产基地。其中，经营主要农作物种子的，基地 5000 亩以上；经营其他农作物种子的，基地 500 亩以上。

（八）有健全的售后服务体系。

（九）申请经营主要农作物种子的，有 2 个以上以申请企业名义单独申请并通过国家级审定的品种，或者5个以上以申请企业名义单独申请并至少在3个省（自治区、直辖市）通过省级审定的品种；申请经营非主要农作物种子的，有5个以上以申请企业名义单独获得植物新品种权的品种。

（十）申请经营作物种类的种子经营量在申请之日前3年内（不含申请当年），有1年以上占全国该种类作物种子市场份额的1%以上。自主知识产权品种的经营量占公司经营总量的比例10%以上。

（十一）农业部规定的其他条件。

第十七条 申请种子经营许可证，应当提交以下材料：

（一）农作物种子经营许可证申请表；

（二）验资报告或者申请之日前1年内的年度会计报表及中介机构审计报告等注册资本和固定资产证明材料复印件；申请单位性质、资本构成等基本情况证明材料。

（三）种子检验、加工等设施设备清单和购置发票复印件；种子检验室、加工厂房、仓库的产权证明复印件；晒场的产权证明（或租赁协议）复印件，或者种子干燥设施设备的产权证明复印件；计量检定机构出具的涉及计量的检验、包装设备检定证书复印件；相关设施设备的情况说明及实景照片。

（四）种子检验、加工、贮藏等有关技术人员的资质证明和劳动合同复印件。

（五）农业部规定的其他材料。

第十八条 实行选育、生产、经营相结合的公司，申请农业部核发农作物种子经营许可证的，除提交第十七条规定的材料外，还应当提交下列材料：

（一）育种机构情况说明；科研育种设施设备的自有产权证明复印件及实景照片；科研育种和品种试验用地5年以上流转协议复印件。

（二）育种人员的职称（或学历）证明材料及劳动合同复印件。

（三）申请之日前3年的年度会计报表及中介机构审计报告复印件。

（四）品种审定证书或者植物新品种权证书复印件，具有品种自主生产经营权的证明；申请之日前3年申请许可作物的种子经营量、经营额及占全国市场份额的说明及相关证明；自主知识产权品种的种子经营量、经营额说明及相关证明。

（五）申请之日前3年的种子生产基地证明材料，包括制种地点（具体到村）、制种面积、基地村（组）联系人和受委托制种人电话表，以及10份制种合同的复印件，或者土地流转协议复印件。

（六）健全的售后服务体系证明材料，包括售后服务制度和售后服务网络建设情况等。

（七）有效期届满前重新申请的，还应当提供原种子经营许可证有效期内种子生产经营和科研育种情况的证明材料。

第十九条　审核机关应当自受理申请之日起 20 个工作日内完成审核工作。审核机关应当对营业场所、加工仓储设施、检验设施设备进行实地考察并查验有关证明材料原件。具备本办法规定条件的，签署审核意见，上报核发机关；审核不予通过的，书面通知申请人并说明理由。

核发机关应当自收到申请材料和审核意见之日起 20 个工作日内完成核发工作。核发机关认为有必要的，可以进行实地考察。符合条件的，发给种子经营许可证并予公告；不符合条件的，书面通知申请人并说明理由。

第二十条　种子经营许可证应当注明许可证编号、企业名称、住所、法定代表人、注册资本、发证机关、公告文号、发证日期，以及经营作物范围、经营方式、有效区域、有效期限等项目：

（一）许可证编号为"__（x）农种经许字（x）第 x 号"，第一个括号内为发证机关简称，第二个括号内为首次发证年号，第三个号码为四位顺序号；"__"上标注经营类型：a 为农业部核发，实行选育、生产、经营相结合的；b 为杂交稻和杂交玉米种子及其亲本种子；c 为杂交稻、杂交玉米以外的主要农作物种子；d 为非主要农作物种子；e 为从事种子进出口业务。

（二）经营作物范围，主要农作物填写作物名称，非主要农作物填写蔬菜、花卉、麻类等作物类别。

（三）种子经营方式，填写加工、包装、批发、零售或进出口。

（四）有效区域按行政区域填写，最大不超过核发机关管辖范围，由核发机关决定。

第二十一条　种子经营许可证有效期为 5 年。在有效期内变更许可证标注项目的，应当按照原申请程序办理变更手续，并提供相应证明材料。

经营许可证期满后继续从事种子经营的，种子经营者应当在期满 6 个月前重新申请。

第二十二条　种子经营者专门经营不再分装的包装种子的，或者受具有种子经营许可证的种子经营者以书面委托代销其种子的，可以不办理种子经营许可证，但应当有固定的营业场所。

专门经营不再分装的包装种子的，购进种子时应当与具备种子经营许可证的种子企业签订购销合同。

受具有种子经营许可证的种子经营者委托代销其种子的，应当与委托方签订委托代销合同。

第二十三条　种子经营者在经营许可证规定的有效区域设立分支机构的，应当到工商行政管理机关办理工商登记，并在取得或变更营业执照后15日内，向当地县级人民政府农业行政主管部门和原发证机关备案。备案时应提交种子经营许可证、营业执照的复印件以及分支机构的住所、经营方式、负责人姓名、联系电话等材料。

第四章　监督管理

第二十四条　主要农作物种子生产者应当按照种子生产许可证的规定组织种子生产。种子生产者应当建立种子生产档案，并在播种后30日内，将生产地点、品种名称、生产面积等信息向生产所在地县级人民政府农业行政主管部门报告。县级人民政府农业行政主管部门应当将生产信息汇总后逐级上报至农业部。

第二十五条　种子经营者应当建立种子经营档案，载明种子来源、加工、贮藏、运输和质量检测各环节的简要说明及责任人、销售去向等内容。

种子经营企业应当在每年5月底前将上一年度主要经营活动向发证机关报告。发证机关应当将种子经营信息汇总后上报农业部。

第二十六条　县级以上人民政府农业行政主管部门应当对种子生产、经营者的种子生产、经营行为进行监督检查。

第二十七条　在许可证有效期内，有下列情形之一的，发证机关应当注销许可证，并予以公告：

（一）种子生产、经营者停止生产、经营活动1年以上的；

（二）种子生产、经营者不再具备本办法规定的许可条件，经限期整改仍达不到要求的。

第二十八条　申请人隐瞒有关情况或者提供虚假材料申请种子生产、经营许可证的，农业行政主管部门应当不予许可，并通报有关情况。申请人在1年内不得再次申请种子生产、经营许可证。

申请人以欺骗、贿赂等不正当手段取得种子生产、经营许可证的，农业行政主管部门应当撤销行政许可，并通报有关情况。申请人在3年内不得再次申请种子生产、经营许可证。

第二十九条　　上级农业行政主管部门应当对下级农业行政主管部门的种子生产经营许可行为进行监督检查。有下列情形之一的，责令改正，对直接负责的主管人员和其他直接责任人依法给予行政处分；构成犯罪的，依法移送司法机关追究刑事责任：

（一）未按核发权限发放种子生产、经营许可证的；

（二）擅自降低核发标准发放种子生产、经营许可证的；

（三）其他未依法核发种子生产、经营许可证的。

第三十条　　农业行政主管部门依法吊销、撤销、注销违法行为人的种子生产、经营许可证的，应当在决定做出后 5 个工作日内通知工商行政管理机关依法注销或变更营业执照。

第三十一条　　农业行政主管部门应当建立种子生产和经营许可管理网上查询系统，公布相关许可信息，但依法需要保密的除外。

对管理过程中获知的种子生产、经营者的商业秘密，农业行政主管部门及其工作人员应当依法保密。

第五章　附　则

第三十二条　　本办法所称种子生产，是指种植、采收、晾晒或者烘干种子的活动。

本办法所称种子经营，是指对生产的种子进行清选、分级、干燥、包衣等加工处理，以及包装、标识、销售的活动。

第三十三条　　本办法所称种子加工成套设备，是指主机和配套系统相互匹配并固定安装在加工厂房内，实现种子精选、计量和包装流水作业功能的种子加工系统。主机主要包括风筛清选机（风选部分应具有前后吸风道，双沉降室；筛选部分应具有三层以上筛片）、重力式清选机和电脑计量包装喷码设备；配套系统主要包括输送系统、储存系统、除尘系统、除杂系统和电控系统。杂交水稻种子的加工成套设备还包括能够完成长度清选作业的窝眼筒清选机。

本办法所称固定资产，是指企业为生产产品、提供劳务、出租或者经营管理而持有的、使用时间超过 12 个月的非货币性资产，包括房屋、建筑物、机器、机械、运输工具以及其他与生产经营活动有关的设备、器具、工具等。

第三十四条 本办法规定的种子科研、生产、加工、检验、贮藏等人员，应当与所在企业签订有 3 年以上的劳动合同。

本办法规定的种子生产、加工、检验设施设备，以及种子检验室、仓库、种子干燥设施设备、加工厂房，应当为申请企业自有产权。

第三十五条 转基因农作物种子生产、经营许可规定，由农业部另行制定。

第三十六条 没有设立农业行政主管部门的区（县、市），种子生产、经营许可证由地（市）级人民政府农业行政主管部门审核。

第三十七条 农作物种子生产、经营许可证由农业部统一印制，相关表格格式由农业部统一制定。

第三十八条 本办法自 2011 年 9 月 25 日起施行。农业部 2001 年 2 月 26 日发布、2004 年 7 月 1 日修订的《农作物种子生产经营许可证管理办法》（农业部令第 48 号）同时废止。农业部在本办法施行前发布的有关种子生产、经营许可的规定与本办法不一致的，适用本办法。

本办法施行之日前已取得农作物种子生产许可证，且有效期在本办法施行之日至 2012 年 4 月 1 日届满的企业，其种子生产许可证的有效期自动延展至 2012 年 4 月 1 日；已取得农作物种子经营许可证，且有效期在本办法施行之日至 2012 年 9 月 25 日届满的企业，其种子经营许可证的有效期自动延展至 2012 年 9 月 25 日。

国务院办公厅
关于推进种子管理体制改革
加强市场监管的意见

国办发〔2006〕40 号

各省、自治区、直辖市人民政府，国务院各部委、各直属机构：

《中华人民共和国种子法》实施五年多来，我国农作物种子（以下简称种子）产业发生了重大变化，种子市场主体呈现多元化，农作物品种更新速度加快，有力地推动了农业发展和农民增收。但是，由于我国种子产业仍处在起步阶段，种子管理存在体制不顺、队伍不稳、手段缺乏、监管不力等问题，一些地区种子市场秩序比较混乱，假劣种子坑农害农事件时有发生，损害了农民利益，影响了农业生产安全和农民增收。因此，改革和完善种子管理体制，加强种子市场监管，对于提高农业综合生产能力，确保国家粮食安全，促进农民增收，具有十分重要的意义。经国务院同意，现就推进种子管理体制改革和加强种子市场监管提出以下意见。

一、指导思想和总体要求

（一）指导思想。以邓小平理论和"三个代表"重要思想为指导，全面落实科学发展观，认真贯彻《中华人民共和国种子法》，按照建立社会主义市场经济体制的要求，加快推进种子管理体制改革，实现政企分开，强化管理，完善法制，规范种子市场秩序，维护广大农民的利益，保障农业生产安全，促进粮食稳定发展和农民持续增收。

（二）总体要求。坚持以政企分开为突破口，强化政府职能，明确部门职责，完善管理制度，稳定管理队伍，提高人员素质，改善执法手段；坚持以产权改革为切入点，加快国有种子企业改组、改制步伐，促进种子产业生产要素的合理配置；坚持"精简、统一、效能"和"标本兼治"的方针，逐步构建种子市场监管长效机制；坚持以质量监管为重点，规范市场准入，严厉打击制售假劣种子等违法行为，促进种子产业健康发展。

二、推进种子管理体制改革

（三）实行政企分开。种子生产经营机构与农业行政主管部门尚未分开的，要依照《中华人民共和国种子法》规定，将种子生产经营机构从农业行政主管部门剥离出去，实现人、财、物的彻底分开。农业行政主管部门及其工作人员不得参与和从事种子生产、经营活动；种子生产经营机构不得参与和从事种子行政管理工作。剥离出来的种子生产经营机构依照有关规定移交同级国有资产监督管理机构管理。目前一些地方事业单位性质的种子生产经营机构，应当剥离经营职能，整体转化为种子技术推广服务单位或与种子管理、农业技术推广部门合并，不再从事种子生产经营活动。种子生产经营机构与农业行政管理部门的分开工作要在 2007 年 6 月底之前完成。到期未分开的种子生产经营机构，自 2007 年 7 月 1 日起，不得从事种子生产经营活动，农业行政主管部门不得再向其核发种子生产经营许可证，工商行政管理机关不再核发营业执照或办理年检，金融机构不得提供贷款，财政、发展改革、农业等部门不得安排项目和提供资金支持。

（四）做好政企分开的善后工作。地方各级人民政府要采取有效措施，做好政企分开后有关人员的善后工作。对分流的企业富余人员，可以采取多种方式妥善安置，并做好社会保险关系的接续。对辞退的人员，种子企业要按照国家对企业与职工解除劳动合同的有关政策规定支付经济补偿金。对自谋职业和自主创业的人员，可按有关规定给予一次性自谋职业安置费。种子企业依法出售自有产权公房、建筑物收入，以及处置企业使用的划拨土地的收入，应优先用于安置职工和缴纳社会保险费。对国有种子企业的亏损应先清理，分析原因，分清责任，再根据实际情况由相关部门提出处理意见。

（五）推进产权制度改革。种子企业与农业行政主管部门政企分开后，要严格执行《国务院办公厅转发国务院国有资产监督管理委员会关于规范国有企业改制工作意见的通知》（国办发〔2003〕96 号）等有关规定，按照"归属清晰、权责明确、保护严格、流转顺畅"的要求，在确保国有资产不流失的情况下，通过产权转让、股份制改造、兼并、破产、出售等多种形式，加快改制重组。对于大型骨干种子企业，要保持国有资本控股地位。在改制过程中，要做好劳动关系处理工作，维护好职工合法权益。企业管理人员和核心技术开发人员可以按照国家有关规定相对控股。

三、完善种子管理体系

（六）加强种子管理法制建设。农业部要会同有关部门，研究完善种子管理制度，抓紧起草与《中华人民共和国种子法》配套的法规、规章，充分发挥法制在种子管理工作中的保障作用。

（七）健全种子管理机构。种子管理是农业行政主管部门的重要职责，各级农业行政主管部门要进一步健全种子管理机构，特别是要强化省、县级种子管理机构建设。要加强种子管理技术支持和服务体系建设，不断完善种子质量检验体系、品种区域试验体系和信息服务体系。各级种子管理机构要依法履行种子行政许可、行政处罚、行政管理等职责，加强对本行政区域内种子市场和种子质量的监管。上级种子管理机构对下级种子管理机构负有指导和监督职责。

（八）加强种子管理、服务队伍建设。要按照稳定队伍、转变作风、搞好服务的原则，加强对种子管理人员的教育培训，提高业务水平和依法行政能力。现有的种子行政执法人员，要通过业务培训，经过资格考核，持证上岗。严格落实种子质量检验员考核制度，逐步实行品种试验人员执业资格准入制度。

（九）健全种子标准体系。根据我国法律法规的有关规定和我国种子产业发展的实际情况，参照国际通行做法，建立完善我国种子技术规范、技术标准和合格评定程序，健全国家种子标准体系，规范商品种子的贸易行为；制定种子生产、加工、贮藏、包装等过程管理的技术标准和规范，强化标准化意识，提高质量管理水平。

（十）强化保障措施。地方各级人民政府要积极支持种子管理和技术服务部门开展种子质量监督、技术推广、品种试验和检验检疫等方面的工作，切实保证种子管理机构和公益性事业单位的经费支出。

四、强化种子市场监管

（十一）严格企业市场准入。地方各级人民政府要按照《中华人民共和国行政许可法》等有关法律的规定，尽快完成清理和修订种子市场准入条件的法规、规章和政策性规定等工作。各级农业行政主管部门和工商行政管理机关要严格按照法定条件办理种子企业证照，加强对种子经营者的管理。同时，要消除影响种子市场公平竞争的制度障碍，促进种子企业公平竞争。

（十二）严格商品种子管理。商品种子要符合《中华人民共和国种子法》有关品种审定、新品种保护、质量要求、加工包装、标签标注等规定。品种名称应当规范。主要农作物品种推广应用前应当通过国家或省级审定；转基因植物种子要经过安全评价和品种审定，生产经营转基因植物种子要取得农业部颁发的生产、经营许可证，发布转基因植物种子广告要经农业部审查批准。逐步建立"缺陷种子召回制度"，发现销售的种子有问题的，要及时更换；实行品种退出机制，发现经审定通过的品种已不适合农业生产需要或有难以克服缺点的，要及时退出。

（十三）加强市场监管。各级农业行政主管部门和工商行政管理机关要依法加强对种子市场的监管，切实履行种子市场监管职责。农业、工商、公安部门要密切配合，依法加大打击力度，及时查处生产销售假、劣种子等违法行为。要加强对种子企业的监督检查，对资质条件不再符合发证要求的，要依法撤销其种子生产经营许可。加强种子质量市场监督抽查的力度，认真落实种子质量标签制度。依法加强种子市场的宏观调控和价格监管。

种子是关系农业生产安全和农民利益的重要生产资料，地方各级人民政府要按照本意见，切实加强领导，认真制定工作方案，精心组织实施。各有关部门要认真履行职责，密切配合，做好对改革工作的指导和市场监管的检查。

国务院办公厅

二〇〇六年五月十九日

国务院
关于加快推进现代农作物种业发展的意见

国发〔2011〕8号

各省、自治区、直辖市人民政府，国务院各部委、各直属机构：

我国是农业生产大国和用种大国，农作物种业是国家战略性、基础性核心产业，是促进农业长期稳定发展、保障国家粮食安全的根本。为提升我国农业科技创新水平，增强农作物种业竞争力，满足建设现代农业的需要，现就加快推进现代农作物种业发展提出如下意见。

一、我国农作物种业发展的形势

（一）农作物种业取得长足发展。改革开放特别是进入新世纪以来，我国农作物品种选育水平显著提升，推广了超级杂交水稻、紧凑型玉米、优质小麦、转基因抗虫棉、双低油菜等突破性优良品种；良种供应能力显著提高，杂交玉米和杂交水稻全部实现商品化供种，主要农作物种子实行精选包装和标牌销售；种子企业实力明显增强，培育了一批"育繁推一体化"种子企业，市场集中度逐步提高；种子管理体制改革稳步推进，全面实行政企分开，市场监管得到加强。良种的培育和应用，对提高农业综合生产能力、保障农产品有效供给和促进农民增收做出了重要贡献。

（二）农作物种业发展面临挑战。随着全球化进程加快、生物技术发展和改革开放的不断深入，我国农作物种业发展面临新的挑战。保障国家粮食安全和建设现代农业，对我国农作物种业发展提出了更高要求。但目前我国农作物种业发展仍处于初级阶段，商业化的农作物种业科研体制机制尚未建立，科研与生产脱节，育种方法、技术和模式落后，创新能力不强；种子市场准入门槛低，企业数量多、规模小、研发能力弱，育种资源和人才不足，竞争力不强；供种保障政策不健全，良种繁育基础设施薄弱，抗灾能力较低；种子市场监管技术和手段落后，监管不到位，法律法规不能完全适应农作物种业发展新形势的需要，违法生产经营及不公平竞争现象较为普遍。这些问题严重影响了我国农作物种业的健康发展，制约了农业可持续发展，必须切实加以解决。

二、总体要求

（三）指导思想。以科学发展观为指导，推进体制改革和机制创新，完善法律法规，整合农作物种业资源，加大政策扶持，增加农作物种业投入，强化市场监管，快速提升我国农作物种业科技创新能力、企业竞争能力、供种保障能力和市场监管能力，构建以产业为主导、企业为主体、基地为依托、产学研相结合、"育繁推一体化"的现代农作物种业体系，全面提升我国农作物种业发展水平。

（四）基本原则。

——坚持自主创新。加强农作物种业科技原始创新、集成创新和国际合作，鼓励引进国际优良种质资源、先进育种制种技术和农作物种业物质装备制造技术，加快培育具有自主知识产权的农作物种业科研成果，提高农作物种业核心竞争力。

——坚持企业主体地位。以"育繁推一体化"种子企业为主体整合农作物种业资源，建立健全现代企业制度，通过政策引导带动企业和社会资金投入，充分发挥企业在商业化育种、成果转化与应用等方面的主导作用。

——坚持产学研相结合。支持科研院所和高等院校的种质资源、科研人才等要素向种子企业流动，逐步形成以企业为主体、市场为导向、资本为纽带的利益共享、风险共担的农作物种业科技创新模式。

——坚持扶优扶强。加强政策引导，对优势科研院所和高等院校加大基础性、公益性研究投入。对具有育种能力、市场占有率较高、经营规模较大的"育繁推一体化"种子企业予以重点支持，增强其创新能力。

（五）发展目标。到2020年，形成科研分工合理、产学研相结合、资源集中、运行高效的育种新机制，培育一批具有重大应用前景和自主知识产权的突破性优良品种，建设一批标准化、规模化、集约化、机械化的优势种子生产基地，打造一批育种能力强、生产加工技术先进、市场营销网络健全、技术服务到位的"育繁推一体化"现代农作物种业集团，健全职责明确、手段先进、监管有力的种子管理体系，显著提高优良品种自主研发能力和覆盖率，确保粮食等主要农产品有效供给。

三、重点任务

（六）强化农作物种业基础性公益性研究。国家级和省部级科研院所和高等院校要重点开展种质资源搜集、保护、鉴定、育种材料的改良和创制，重点开展育种理论方法和技术、分子生物技术、品种检测技术、种子生产加工和检验技术等基础性、前沿性和应用技术性研究以及常规作物育种和无性繁殖材料选育等公益性研究。推进实施转基因生物新品种培育重大专项。完善公共研究成果共享机制，为种子企业提供科技支撑。相关部门要加大对农作物种业基础性、公益性研究的投入，加大对生物育种产业的扶持力度。

（七）加强农作物种业人才培养。加强高等院校农作物种业相关学科、重点实验室、工程研究中心以及实习基地建设，建立教学、科研与实践相结合的有效机制，提升农作物种业人才培养质量。充分利用高等院校教学资源，加大农作物种业人才继续教育和培训力度，为我国农作物种业发展提供人才和科技支撑。

（八）建立商业化育种体系。鼓励"育繁推一体化"种子企业整合现有育种力量和资源，充分利用公益性研究成果，按照市场化、产业化育种模式开展品种研发，逐步建立以企业为主体的商业化育种新机制。积极推进构建一批种子产业技术创新战略联盟，为有实力的"育繁推一体化"种子企业建立品种审定绿色通道。引导和积极推进科研院所和高等院校逐步退出商业化育种，力争到"十二五"末科研院所和高等院校与其开办的种子企业基本实现"事企脱钩"。

（九）推动种子企业兼并重组。在企业注册资金、固定资产、研发能力和技术水平等方面大幅提高市场准入门槛，通过市场机制优化和调整企业布局。支持大型企业通过并购、参股等方式进入农作物种业；鼓励种子企业间的兼并重组，尤其是鼓励大型优势种子企业整合农作物种业资源，优化资源配置，培育具有核心竞争力和较强国际竞争力的"育繁推一体化"种子企业。

（十）加强种子生产基地建设。科学规划种子生产优势区域布局，建立优势种子生产保护区，实行严格保护。加强西北、西南、海南等优势种子繁育基地的规划建设与用地保护。鼓励种子企业采取与制种合作社联合协作等方式建立相对集中、稳定的种子生产基地，增强种子生产能力。

（十一）完善种子储备调控制度。在现有国家救灾备荒种子储备基础上，建立国家和省两级种子储备体系。国家重点储备杂交玉米、杂交水稻种子及其亲本，保障杂交种子供应和平抑市场价格；省级重点储备短生育期和大宗作物种子，保障灾后恢复生产和市场调剂。种子储备任务通过招投标方式落实，国家重点支持的"育繁推一体化"种子企业要主动参与投标。

（十二）严格品种审定和保护。进一步规范品种区域试验、生产试验、品种保护测试、转基因农作物安全评价和品种跨区引种行为，统一鉴定标准，提高品种审定条件，统筹国家级和省级品种审定，加快不适宜种植品种退出。完善植物新品种保护制度，强化品种权执法，加强新品种保护和信息服务。

（十三）强化市场监督管理。严格种子生产、经营行政许可管理，依法纠正和查处骗取审批、违法审批等行为。全面推进县级农业综合执法，加强种子行政许可事后监管和日常执法，加大对种子基地和购销环节的管理力度，严厉打击抢购套购、套牌侵权、生产经营假劣种子等行为，切实维护公平竞争的市场秩序。加强对进出境种子的检验检疫。

（十四）加强农作物种业国际合作交流。支持国内优势种子企业开拓国外市场。鼓励外资企业引进国际先进育种技术和优势种质资源，规范外资在我国从事种质资源搜集、品种研发、种子生产、经营和贸易等行为，做好外资并购境内种子企业安全审查工作。

四、政策措施

（十五）制定现代农作物种业发展规划。按照推进现代农作物种业发展的总体要求，编制全国现代农作物种业发展规划，分作物、分区域、分阶段提出发展目标、方向和重点，明确今后 10 年推进现代农作物种业发展的任务和措施。调整和优化农作物种业资源配置方式，在原资金渠道不变的前提下，统筹农作物种业财政和基建项目，积极引导社会资金进入农作物种业，加大对农作物种业发展的支持力度。

（十六）加大对企业育种投入。按照"资格认证、定期复审、优进劣退"的原则，择优支持一批规模大、实力强、成长性好的"育繁推一体化"种子企业开展商业化育种。中央财政增加"育繁推一体化"种子企业投入，支持引进国内外先进育种技术、装备和高端人才，并购优势科研单位或种子企业，促进"育繁推一体化"种子企业发展壮大。

（十七）实施新一轮种子工程。加大农作物种业基础设施投入，加强育种创新、品种测试和试验、种子检验检测等基础设施建设。鼓励"育繁推一体化"种子企业建设商业化育种基地，购置先进的种子生产、加工、包装、检验和仓储、运输设备，改善工程化研究、品种试验和应用推广条件。

（十八）创新成果评价和转化机制。改进现有农作物种业科研成果评价方式，修改和完善商业化育种成果奖励机制，形成有利于加强基础性、公益性研究和解决生产实际问题的评价体系。在杂交玉米和杂交水稻方面探索建立品种权转让交易公共平台，健全合理的利益分配机制，调动科研人员创新积极性。

（十九）鼓励科技资源向企业流动。支持从事商业化育种的科研单位或人员进入种子企业开展育种研发，发挥市场机制作用，鼓励科技资源合理流动。企业所在地政府要参照有关政策解决进入企业科研人员的户籍问题。

（二十）实施种子企业税收优惠政策。对符合条件的"育繁推一体化"种子企业的种子生产经营所得，免征企业所得税。对企业兼并重组涉及的资产评估增值、债务重组收益、土地房屋权属转移等给予税收优惠，具体按照国家有关规定执行。

（二十一）完善种子生产收储政策。建立政府支持、种子企业参与、商业化运作的种子生产风险分散机制，对符合条件的农作物种子生产开展保险试点。加大高效、安全制种技术和先进适用制种机械的推广使用，将制种机械纳入农机具购置补贴范围。完善种子收储政策，鼓励和引导相关金融机构特别是政策性银行加大种子收储的信贷支持，中央和省级财政对种子储备给予补助。

五、保障措施

（二十二）完善法律法规。适时修订完善种子法律法规和规章，健全并改进品种测试、品种审定、品种保护和品种退出制度，完善种子生产、经营行政许可审批和监督管理的相关规定，提高违法行为处罚标准，制定育种研发、科技成果转化及科研人员行为准则。

（二十三）健全管理体系。强化各级农业部门的种子管理职能，明确负责种子管理的机构，保障种子管理工作经费，加强种子管理队伍建设，建立一支廉洁公正、作风优良、业务精通、素质过硬和装备精良的种子管理队伍。地方政府要将属于公共服务范围的种子管理工作经费纳入同级财政预算。

（二十四）发挥行业协会作用。充分发挥种子行业协会在现代农作物种业发展中的协调、服务、维权、自律作用。加强对企业的服务，组织开展企业间、企业与科研单位间的交流与合作；加强行业自律，规范企业行为，开展种子企业信用等级评价，帮助企业做大做强。

（二十五）加强组织领导。由农业部会同中央农办、发展改革委、教育部、科技部、财政部、国土资源部、商务部、人民银行、国资委、税务总局、质检总局、国研室、银监会、保监会等部门成立推进现代农作物种业发展工作协调组，研究解决推进现代农作物种业发展中的重大问题，组织拟定重大政策。有关部门要按照职责分工，细化并落实各项政策措施。各省（区、市）人民政府要加强对农作物种业工作的领导，制定本省（区、市）推进现代农作物种业发展的规划和方案。

国务院

二〇一一年四月十日

中央财政农作物良种补贴资金管理办法

（财农〔2009〕440 号）

第一章　总　则

第一条　为了加强中央财政农作物良种补贴资金（以下简称良种补贴资金）管理，支持农民（含农场职工，下同）使用良种和调动农民生产积极性，加快农作物良种推广，提高农作物产品品质和产量，提高资金使用效益，制定本办法。

第二条　本办法所称农作物良种，是指经国家或省级农作物品种审定委员会审定，适合推广应用，符合农业生产需要和市场前景较好的农作物品种。

中央财政补贴的农作物品种包括水稻、小麦、玉米、大豆、油菜、棉花和国家确定的其他农作物品种。

第三条　财政部、农业部共同组织落实良种补贴政策，指导地方各级财政部门、农业部门（含新疆生产建设兵团财务、农业部门，下同）做好组织实施管理工作。各级财政、农业部门应当明确分工，落实责任，加强协调，密切配合。

财政部门负责落实良种补贴资金预算，会同农业部门制定资金分配方案，拨付补贴资金，监督检查补贴资金使用管理情况等。

农业部门负责良种补贴政策具体组织实施管理工作，编制实施方案，核定良种补贴面积，推介展示良种，组织生产管理、技术培训和提供咨询服务，监管实施过程，评估实施效果等。

第四条　农业部会同财政部下达年度实施指导意见，指导意见内容包括补贴农作物品种、补贴面积、补贴标准和补贴资金规模等。省级农业、财政部门组织编制年度实施方案，并按规定时限报送农业部、财政部备案。实施方案内容包括良种推介品种、良种种植面积、补贴资金数额、补贴资金发放方式、落实管理责任的具体措施及其他相关资料。

各垦区（农场）按照财务隶属关系向农业、财政部门报送年度实施方案。

第二章　良种的推介与管理

第五条　省级农业部门按照法律法规的规定和《全国优势农产品区域布局规划》的要求，推介适宜本地区种植的农作物良种，发布农作物良种补贴品种目录，随年度实施方案上报农业部备案。

第六条　各级农业部门按照尊重农民意愿、遵从品质优先、遵守市场公开的原则，积极引导农民在发布的品种目录内选择使用农作物良种。不得采取强制方式干预农民自愿选种。

第七条　各级农业部门会同工商、质检、公安等部门加强农作物种子市场监管，做好良种的市场供应，监督检验种子质量，防止假冒伪劣种子进入生产领域，坚决打击坑农害农等违法行为。

第三章　良种补贴资金补贴的范围和方式

第八条　良种补贴资金的补贴对象是在农业生产中使用农作物良种的农民。

良种补贴范围是国家规定补贴品种的种植区域。全覆盖补贴品种的范围按补贴品种的实际种植面积核定；未全覆盖补贴品种的范围由农业部、财政部根据国家政策确定。

乡级农业管理机构、财政所组织全覆盖品种补贴面积的村级登记、核实、公示，汇总审核后上报县级农业、财政部门。县级农业、财政部门对乡镇上报的补贴面积审核确认后，汇总上报省级农业、财政部门。省级农业、财政部门对各县上报的补贴面积审核确认后，汇总上报农业部、财政部。

地方各级农业、财政部门应逐级分解安排农业部、财政部当年下达的未全覆盖补贴品种的种植面积。

第九条   良种补贴标准由财政部、农业部根据国家政策确定。补贴标准是：早稻 10 元 / 亩，中稻、晚稻 15 元 / 亩，小麦 10 元 / 亩，玉米 10 元 / 亩，大豆 10 元 / 亩，油菜 10 元 / 亩，棉花 15 元 / 亩。良种补贴标准如有调整，按新标准执行。

第十条   水稻、玉米、油菜采用现金直接补贴方式，具体发放形式由各省按照简单便民的原则自行确定。

小麦、大豆、棉花采用现金直接补贴或差价购种补贴方式口采用差价购种补贴的，由省级农业、财政等部门组织良种的统一招标，中标单位实行统一供种，供种单位登记销售清册，购种农民签字确认。

第十一条   全覆盖补贴品种的补贴资金，财政部根据农业部对各省上报的补贴资金使用情况、农作物实际种植面积的审核意见和国家统计局发布的相关统计数据拨付。地方财政部门应将补贴资金及时足额兑付到农民手中。形成的结余结转下年使用未全覆盖补贴品种的补贴资金，财政部按照当年确定的补贴品种、补贴面积和补贴标准拨付。

实行招标统一供种方式的，省级财政部门按中标单位的供种量预拨70% 补贴资金。其余 30% 的补贴资金，省级财政部门根据农业部门审核确认的供种清册和无种子质量问题书面意见于播种后与中标单位结算。

第十二条   省级农业、财政部门年终前将当年补贴政策落实情况总结报送农业部、财政部。总结内容包括当年良种实际种植面积、实际补贴面积、补贴资金发放方式和补贴资金发放情况等，并对真实性、准确性负责。

第十三条   良种补贴资金发放实行村级公示制，公示的内容包括农户良种补贴面积、补贴品种、补贴标准、补贴资金数额等。乡级农业管理机构、财政所组织村级公示，公示时间不少于七天。公示期间，应当听取农民群众的意见，接受群众监督，发现问题及时纠正。

第四章   良种补贴资金的监督和管理

第十四条   良种补贴政策实施范围内的县级农业和财政部门应当会同统计、监察等部门组成良种补贴政策实施领导小组，并设立办公室，具体负责农作物良种补贴政策的实施和监督工作，组织乡镇开展农作物补贴面积登记、公示和复查核实工作。建立农作物良种补贴信息管理档案，内容包括县、乡、村分户农作物补贴面积、补贴资金、补贴品种等信息。

各级农业部门和财政部门应设立并公布良种补贴政策监督电话，受理政策咨询、查证举报事项，对发现的违规违纪行为及时严肃查处。

第十五条　地方各级财政部门应安排必要的工作经费。主要用于补贴品种的推介展示宣传、补贴面积核实、补贴资金发放和补贴信息档案的建立和项目实施监督检查等管理支出。严禁挤占挪用中央财政补贴资金用于工作经费。

第十六条　任何地方、单位和个人不得虚报良种补贴面积，不得套取、挤占、挪用补贴资金。对违反本款规定的行为，依照《财政违法行为处罚处分条例》（国务院令第 427 号）等有关法律法规给予处理、处罚和处分。

第十七条　各地应当通过多种媒体向广大农民、基层干部以及社会公布、宣传农作物良种补贴政策，调动农民使用良种、发展粮棉油生产的积极性，营造良好社会氛围，推动良种补贴工作的顺利开展。

第五章　附　则

第十八条　省级财政、农业部门可根据本办法制定实施细则，并报财政部和农业部备案。

第十九条　本办法由财政部会同农业部解释。

第二十条　本办法自 2010 年 1 月 1 日起施行。2004 年 3 月 29 日财政部、农业部发布的《农作物良种推广项目资金管理暂行办法》（财农〔2004〕16 号），2004 年 4 月 5 日财政部、农业部发布的《水稻良种推广项目资金管理暂行办法》（财农〔2004〕17 号）同时废止。

附录3 优惠政策解读

农作物良种补贴政策解读

一、农作物良种名词定义

所谓农作物良种，是指经国家或省级农作物品种审定委员会审定，适合推广应用，符合农业生产需要和市场前景较好的农作物品种。

二、农作物良种补贴政策实施背景

1.粮食安全提上议事日程。根据1996年10月国务院发布的粮食白皮书，中国2000年的粮食需求量为5亿吨，然后总需求量每年平均增加500万吨，到2010年中国粮食总需求达到5.5亿吨。然而，1998—2003年，中国粮食产量连续5年下降，2003年产量才4.3亿多吨，也就是说，从2000—2003年，中国主要靠释放库存和进口弥补供给缺口。在这种情况下，中央政府使出浑身解数，一是粮食涨价，提高保护价，进行粮食直补；二是对水稻良种进行早、中、晚三季补贴；三是免除了延续了2000多年的农业税，又公布了建设社会主义新农村的好消息。在这样的强力刺激下，中国粮食产量从2003年的4.3亿吨上升到2004年的4.63亿吨，2005年近4.7亿吨。

2.这是贯彻党的"三农"政策的最直接、最具体的体现。随着社会主义市场经济体制的完善和改革的不断深入，粮食生产、流通中积累的诸多矛盾和问题日益凸现，粮食效益不断下降，农民获得实惠较少，种粮积极性受到很大影响，制约了农业和农村工作的进一步发展。为了切实实现对农业、农村、农民"多予、少取、放活"，城市反哺农村的战略目标，党中央、国务院高瞻远瞩，决定对种粮农民给予政策性补贴。这是国际惯例，也符合WTO农业规则。

3.我国国力不断增强，经济社会全面发展。

三、补贴品种

补贴品种包括水稻、小麦、玉米、大豆、油菜、棉花和国家确定的其他农作物品种。

1. 水稻良种补贴政策

水稻良种补贴政策于 2004 年确立。2004—2007 年，一直按照以计税水田为基数的实际种植面积补贴。2004—2006 年，补贴区域为湖南、湖北、江西、安徽、辽宁、吉林、黑龙江 7 省，补贴标准为早稻 10 元 / 亩，中稻、粳稻 15 元 / 亩，晚稻 7 元 / 亩。2007 年，国务院决定补贴区域增加四川、广西、重庆 3 省区。2008 年，国务院决定对全国 4.4 亿亩水稻全部实施补贴，同时将晚稻补贴标准由 7 元 / 亩提高到 15 元 / 亩，执行早稻 10 元 / 亩，中稻、粳稻、晚稻 15 元 / 亩的补贴标准，按照实际种植面积进行补贴。

2. 小麦良种补贴政策

小麦良种补贴政策于 2003 年确立。补贴标准为 10 元 / 亩，补贴品种主要为优质强筋和弱筋小麦品种，兼顾优质高中筋和中筋小麦品种。2003—2004 年，每年安排 1 亿元，补贴面积 1000 万亩，补贴区域为河北、河南、山东、江苏、安徽 5 省。2005—2007 年，补贴规模增加到每年 10 亿元，补贴面积 1 亿亩，补贴区域扩大为河北、山西、江苏、安徽、山东、河南、湖北、四川、陕西、甘肃、新疆 11 个省区。2008 年，国务院决定将补贴规模增加到 20 亿元，补贴面积 2 亿亩，占全国小麦播种面积（3.44 亿亩）的 58%，补贴区域增加内蒙古、宁夏 2 省区，扩大到 13 个省区。

3. 玉米良种补贴政策

玉米良种补贴政策于 2004 年确立。补贴标准为 10 元 / 亩，补贴品种为青贮玉米、高淀粉、高油等专用玉米。2004—2005 年，每年分别安排 1 亿元，补贴面积 1000 万亩，补贴区域为内蒙古、辽宁、吉林、黑龙江、河北、河南、山东和四川 8 省区。2006—2007 年，补贴规模扩大到 3 亿元，补贴面积增加到 3000 万亩，继续在原有 8 省区实施。2008 年，国务院决定将补贴规模扩大为 20 亿元，补贴面积 2 亿亩，占全国玉米播种面积（4.3 亿亩）的 46.5%，补贴区域扩大到玉米种植面积达 1000 万亩的省份，包括河北、山西、内蒙古、辽宁、吉林、黑龙江、安徽、山东、河南、四川、贵州、云南、陕西 13 个省区。

4. 大豆良种补贴政策

大豆良种补贴政策于 2002 年确立。补贴区域为东三省和内蒙古高油大豆生态适宜区，补贴标准为 10 元 / 亩，补贴品种主要为高油大豆（高油大豆是指含油率达 21% 以上、蛋白质含量不低于 38%，主要用于榨油的大豆）。2002 年，安排 1 亿元，补贴面积 1000 万亩；2003 年，补贴规模增加到 2 亿元，补贴面积 2000 万亩；2004—2007 年，每年分别安排 1 亿元，补贴面积达 1000 万亩；2008 年年初，国务院决定将补贴规模扩大到 4 亿元，补贴面积增加到 4000 万亩，占全国大豆播种面积（1.29 亿亩）的 31%。该项政策对提高大豆单产水平和大豆品质起了到积极作用。

5. 棉花良种补贴政策

棉花良种补贴政策于 2007 年确立。补贴区域为黄淮海、长江流域、新疆等三大棉花主产区，补贴省份为河北、山东、河南、江苏、安徽、湖南、湖北、新疆 8 个省区，补贴规模 5 亿元，补贴面积 3333 万亩，补贴标准为 15 元 / 亩。

6. 油菜良种补贴政策

油菜良种补贴政策于 2007 年确立。补贴区域为长江流域"双低"油菜优势区，包括江苏、浙江、安徽、江西、湖北、湖南、重庆、四川、贵州、云南 10 个省（市）以及河南的信阳地区（10＋1），补贴面积 1 亿亩，补贴标准为 10 元 / 亩。

四、补贴范围

1. 农作物良种

从 2009 年开始，水稻、小麦、玉米、棉花在全国 31 个省（区、市）实行良种补贴全覆盖；大豆在辽宁、吉林、黑龙江、内蒙古等 4 个省实行良种补贴全覆盖。

2. 油菜良种

在全省行政区域内的耕地上按照实际种植面积全部补贴。对于北纬 31 度以北地区，上年种小麦的地块上改种油菜的以及边角地、新开荒地种植的油菜不享受补贴。

五、补贴对象

对生产中使用农作物良种的农民（含农场职工）给予补贴。对土地承包人租赁土地给他人种植或由他人代种农作物良种的，按谁种谁享受补贴的原则，补贴资金直接发放给承租人或代种人。

六、补贴标准

补贴标准由财政部、农业部根据国家政策确定。补贴标准是：早稻

10元/亩，中稻、晚稻15元/亩，小麦10元/亩，玉米10元/亩，大豆10元/亩，油菜 10元/亩，棉花15元/亩。良种补贴标准如有调整，按新标准执行。

七、补贴方式

就全国来说,补贴有两种发放方式,现金发放和"一折通"或"一卡通"发放。浙江省目前对全部的良种补贴资金采取"一折通"发放。

八、农作物良种补贴政策实施时间

农作物良种补贴政策自2004年起开始实施,当时仅对水稻（早、中、晚稻）良种实施补贴,与商贸的粮食直补及降低农业税率合称"两补一降"。这对于中国农民来说,无疑是个天大喜讯,对全国的农业及农村工作具有里程碑的意义。

九、补贴基本原则

1. 全覆盖原则

对全省范围内符合规定种植的玉米、水稻、小麦、棉花实行良种补贴全覆盖,按照实际种植面积全部补贴（油菜良种除外）。

2. 品种择优原则

优先选择高产、优质、适应性好、符合生产需要、市场前景较好的品种。

3. 品种公开推介原则

在符合国家有关扶持政策的前提下，由省农业委员会确定主导品种并通过各种渠道公开向社会发布。严禁省级以下农业部门及其他部门、单位进行品种推介活动。

4. 农民自愿购种原则

各级农业部门在充分尊重农民意愿的基础上，积极引导农民选择使用推介的品种，但不得采取强制手段干预农民选种。

5. 属地管理原则

良种补贴工作实行属地化管理。农民［各类农、牧、林场(以下简称农场）职工］申报良种补贴必须向耕地所属村（农场）的村委会（农场）申报，村委会（农场）不得接受在所属耕地以外耕种农户的申报；各类农场不管隶属哪个部门系统，良种补贴工作统一由农场所在行政区（乡镇）管理。

十、操作程序

1.补贴面积确认

（1）农户申报。春耕播种结束后,农户将本年度使用良种实际种植玉米、水稻、大豆、小麦、棉花面积和品种据实向村委会申报（农场职工向所在农场申报）。农户申报要以户主姓名,一户一申报。油菜在实插面积完成后申报。

（2）村委会登记、核实、公示。村委会将农户申报面积和品种进行汇总登记并进行逐户核实。农户经核实后的种植面积、补贴金额和品种,由村委会进行 7 天以上公示,公示地点和形式要方便农民观看。公示时间、地点要通过有效形式通知到所有农户（农场职工）。公示结束,群众无异议后,由村委会上报乡（镇）政府。各农场自行组织公示。

（3）乡（镇）政府把关核查。乡（镇）政府（农场）组织力量对农户（农场职工）申报面积进行核查,经核查后,以农户为单位分村进行汇总造册。并将本辖区内的种植面积和品种以农户为单位上报县农业局。

（4）县农业局汇总审核。县农业局将各乡（镇、农场）上报的种植面积和品种进行汇总审核,并出具审核意见送县财政局。

（5）确认上报。县农业局和县财政局将已审核汇总的补贴面积经县政府批准后,联合行文分别上报省农业厅和省财政厅（电子版一并上报）,并附乡（镇、农场）的补贴面积、补贴金额和补贴品种表,同时报市农业局备案。

2.补贴资金拨付

全省实行预先拨付、年终结算方式。根据各县（市、区）补贴面积和资金申请,省财政厅预拨良种补贴资金到县（市、区）,到年底,再根据各地实际种植面积进行结算。县（市、区）在收到省厅预拨资金后,一般由国库垫付余缺资金,再将所有应补资金划拨设在县信用联社的惠农补贴专户。

3.补贴资金发放

县信用联社根据县财政部门提供的补贴清册将资金分别划拨 16 个乡镇信用社,乡镇信用社再根据县信用联社的划拨资金及补贴清册打卡到户,通过"一折通"形式向农民直接发放。农民携带身份证（或户口簿）领取良种补贴资金。

4.补贴资金上网公示

补贴资金发放完毕后，县财政部门将补贴品种、补贴标准、补贴金额以及受补对象的相关资料一一上省政务公开网进行公示，接受全社会的监督。

十一、相关责任及要求

1.明确责任

农业行政部门负责组织实施、方案制订、良种推介、技术服务等工作。财政部门负责补贴资金申请、拨付、发放和监管工作。乡镇财政在所在当地人民政府领导下，参与良种补贴的各项工作。

2.建立良种补贴档案

良种补贴档案是核查面积、兑现补贴、接受审计检查的重要依据。县、乡、村都要建立良种补贴明细档案，专柜保存、专人负责，做到档案齐全、规范。县农业局、财政局都要建立书面文字档案，同时建立微机档案。县级要将有关文件、实施方案、资金管理办法，以农户（农场职工）为单位分乡（镇、农场）补贴面积清册，以乡（镇、农场）为单位将补贴面积、补贴金额和补贴品种汇总表等建档立案；乡（镇）政府要把以农户为单位分村补贴面积清册，以村为单位的补贴面积、补贴金额和补贴品种汇总表、有关文件等建档立案。乡（镇）财政所建立备份档案，主要包括农户补贴清册、以村为单位补贴面积、补贴金额和补贴品种汇总表，有关文件等；村级农户补贴面积、补贴金额和补贴品种清册由村委会负责保管。

3.强化资金管理

良种补贴资金必须专款专用，严格按照国家规定使用。任何地方、部门、单位和个人都不得虚报良种补贴面积，不得套取、挤占、挪用补贴资金。违者，按照有关规定从严处理；构成犯罪的，移交司法部门追究刑事责任。对农户（农场职工）个人采取少种多报、种植非补贴作物按补贴作物申报等虚报良种补贴面积、套取补贴资金的违法行为，一经查实，除追缴其当年非法所得外，取消该农户（农场职工）后三年良种补贴资格。

4.强化公开透明

要做到补贴政策、补贴面积、补贴标准、补贴农户"四公开"，让全社会都了解良种补贴政策，接受群众监督。农业局、财政局都要设立良种补贴监督电话，并在当地媒体予以公布。

附录 4　全球十大种子公司及国内知名企业

一、全球十大种子公司排名

1. 杜邦（Dupout）

杜邦是美国农化巨头，在世界 500 强排第 47 位，主要从事农业、医药等领域的生物技术产品研制和开发。1999 年，以 77 亿美元兼并了世界排名第一的种子公司——美国先锋种子公司，开始涉足种业，仍为世界第一大种子公司。2000 年，种子销售额为 19.38 亿美元，主要种子业务是玉米种子，约占全球杂交玉米种子市场的 43%，其他种子业务有大豆、小麦、高粱、向日葵、紫花苜蓿等。

2. 孟山都（Momsanto）

孟山都也是一家美国农化公司，1998 年兼并美国嘉吉公司国际种子业务，成为世界第二大种子公司。2000 年，种子销售额为 16 亿美元，主要种子业务包括棉花、大豆、玉米种子。

3. 先正达（Syngenta）

1999 年，瑞士诺华公司与 Anglo-Swedish AstraZeneca 分别合并它们的农化业务而创建的新公司——先正达，是世界第三大种子公司。2000 年，种子销售额为 9.58 亿美元，主要种子业务为蔬菜种子。

4. 利马格兰（Limagrain）

利马格兰是法国农业合作组织，是一家传统种子公司，是世界第四大种子公司和世界最大的蔬菜种子公司。2000 年，种子销售额为 6.22 亿美元。2000 年与德国 KWS 公司共同兼并了美国大湖种子公司的玉米和大豆种子业务。

5. 圣尼斯（Seminis）

圣尼斯是墨西哥最大的种子公司，世界第五大种子公司，主要种子业务包括瓜果、蔬菜种子，占世界蔬菜种子市场的 20%。2000 年，种子销售额为 4.74 亿美元。

6. 埃德瓦塔（Advanta）

埃德瓦塔于 1996 年由荷兰 Royal VanderHave Group 和英国 Zeneca Seeds

两个公司合并而成，为世界第六大种子公司，主要种子业务包括油菜、向日葵种子。2000年，种子销售额为3.73亿美元。

7. 道化工（Dow）

道化工是美国一家化工公司，1998年收购Mycogen，2000年收购嘉吉公司在美国和加拿大的杂交种子业务，为世界第七大种子公司，主要种子业务有玉米、高粱、大豆种子等。2000年，种子销售额为3.5亿美元。

8. KWS AG 公司

KWS AG 公司是德国传统种子公司，为世界第八大种子公司。2000年与法国的利马格兰种子公司一道收购了美国大湖种子公司在北美的玉米和大豆种子业务。2000年，种子销售额为3.32亿美元。

9. Delta & Pine Land 公司

Delta & Pine Land 公司是美国的一家种子公司，是世界最大的棉花种子公司，为世界第九大种子公司。2000年，种子销售额达到3.01亿美元。

10. Aventis 公司

Aventis 公司于1999年由德国 Hoechst AG 和法国 Rhone Poulence 合并而成，为世界第四大蔬菜种子公司，为世界第十大种子公司。2000年，种子销售额为2.67亿美元，排名世界第十。

二、国内知名种子企业（排名不分先后）

1. 中国种子集团公司
2. 辽宁东亚种业有限公司
3. 山东登海种业股份有限公司
4. 北京奥瑞金种业股份有限公司
5. 北京德农种业有限公司
6. 山西屯玉种业科技股份有限公司
7. 四川国豪种业有限公司
8. 黑龙江北大荒种业集团有限公司
9. 合肥丰乐种业股份有限公司
10. 袁隆平农业高科技股份有限公司
11. 三北种业有限公司
12. 北京金色农华种业科技有限公司
13. 湖南隆平高科农平种业有限公司
14. 湖北荆楚种业股份有限公司

15. 辽宁丹玉种业科技有限公司
16. 河南农科院种业有限公司
17. 吉林吉农高新技术发展股份有限公司
18. 湖北省种子集团公司
19. 南京红太阳种业有限公司
20. 江苏明天种业科技有限公司
21. 江苏省大华种业集团有限公司
22. 江西省种子公司
23. 河北省承德裕丰种业有限公司
24. 新疆康地农业科技发展有限责任公司
25. 成都市种子总公司
26. 吉林省吉东种业有限责任公司
27. 新疆塔里木河种业股份有限公司
28. 海南神农大丰种业科技股份有限公司
29. 江苏中江种业股份有限公司
30. 襄樊正大农业开发有限公司
31. 德农正成种业有限公司
32. 山西强盛种业有限公司
33. 四川农大高科农业有限责任公司
34. 重庆市种子公司
35. 山东冠丰种业科技有限公司
36. 山西天元种业有限公司
37. 安徽天禾农业科技股份有限公司
38. 安徽隆平高科种业有限公司
39. 广西壮族自治区种子公司
40. 河南敦煌种业新科种子有限公司
41. 内蒙古大民种业有限公司
42. 四川隆平高科种业有限公司
43. 河间市国欣农村技术服务总会
44. 河南省滑县种子公司
45. 铁岭郁青种业科技有限责任公司
46. 河南黄泛区地神种业有限公司
47. 勿忘农集团有限公司
48. 河北省宽城种业有限责任公司
49. 新疆华西种业有限公司
50. 河南金博士种业有限公司

附录 5　相关调查表

种子企业传统分销渠道模式调查表

尊敬的女士、先生：

　　您好！为了更好地了解种子行业分销渠道现状、存在问题以及解决办法，特拟订了下面的调查表，请您在百忙之中抽出时间认真填写。谢谢合作！

种子企业分销渠道研究课题组

单位名称		企业类型	生产商（　）　　代理商（　） 批发商（　）　　零售商（　）
企业规模	大型（　）　中型（　） 小型（　）	主要生产、 经营品种	

请在括号里打"√"（除比例栏外），且在比例栏估算该渠道模式占贵企业总销售额的百分比，并预测今后三年内的发展趋势。

已用渠道	（　）	（　）	（　）	（　）	（　）	（　）	（　）
比　例（%）	（　）	（　）	（　）	（　）	（　）	（　）	（　）
趋 增　加	（　）	（　）	（　）	（　）	（　）	（　）	（　）
变化不大	（　）	（　）	（　）	（　）	（　）	（　）	（　）
势 减　少	（　）	（　）	（　）	（　）	（　）	（　）	（　）

您对贵企业的种子分销渠道的总体评价	1. 非常满意（　）　　　　2. 满意（　） 3. 特别不满意（　）
您认为贵企业种子分销渠道存在的问题	1. 结构不合理（　）　　2. 模式单一（　）　3. 产销脱节（　） 4. 信息不畅（　）　　　5. 成本过高（　）　6. 效率低下（　） 7. 渠道冲突严重（　）8. 中间商整体素质有待提高（　）
您对贵企业种子分销渠道的问题有何解决办法	
您对贵企业种子分销渠道设计有何建议	

种子企业创新渠道模式调查表

尊敬的女士、先生：

　　您好！为了更多地了解种子行业创新渠道模式现状，已便更好地探索和研究种子渠道创新模式，特拟订本调查表，请您在百忙之中抽出时间认真填写。请在括号里打"√"，谢谢合作！

种子企业分销渠道研究课题组

单位名称		企业类型	生产商（　）　代理商（　） 批发商（　）　零售商（　）
企业规模	大型（　）　中型（　） 小型（　）	主要生产、 经营品种	

种子行业创新渠道模式

1. 垂直渠道系统　2. 水平渠道系统　3. 多渠道系统　4. 电子网络渠道系统

1.1 管理式　1.2 合同式　1.3 公司式　4.1 "B-to-B"方式　4.2 "B-to-C"方式

	1.1	1.2	1.3	2	3	4.1	4.2
已用模式	（　）	（　）	（　）	（　）	（　）	（　）	（　）
近期是否构建	（　）	（　）	（　）	（　）	（　）	（　）	（　）
近期愿加入否	（　）	（　）	（　）	（　）	（　）	（　）	（　）

贵企业分销渠道是否有必要创新	1. 非常必要（　）　2. 必要（　） 3. 不必要（　）　　4. 特别不必要（　）
采用何种类型的创新	1. 垂直渠道系统 [管理式（　）　合同式（　）　公司式（　）　] 2. 水平渠道系统（　）　3. 多渠道系统（　） 4. 电子网络渠道系统（　）
创新渠道障碍在哪里	1. 营销观念落后（　）　　　　　　2. 种子市场状况不容许（　） 3. 种子自然属性不适宜（　）　　　4. 企业人员素质达不到（　） 5. 国家政策引导支持不够（　）　　6. 技术不足（　） 7. 企业间经营目标难以统一（　）　8. 容易引起渠道冲突（　） 9. 企业规模小（　）　　　　　　　10. 企业间沟通不畅（　）

参考文献

[1] 侯技峰.山西L种子公司营销渠道管理与创新研究[D].太原:山西大学,2013.

[2] 卢泰宏,贺和平.渠道理论中的"相互依赖"新模式——一个跨学科的研究框架[J].财贸经济,2004(12).

[3] 赵军.种子经销商渠道行为研究[D].武汉:华中农业大学,2009.

[4] 刘鹏魁.YH种子公司营销渠道研究[D].长沙:中南大学,2012.

[5] 杨天龙,康玉凡.县乡种子营销渠道的特点、问题及对策——以甘肃省榆中县为例[J].长江蔬菜,2008(11).

[6] 张闯,夏春玉.渠道权力:依赖、结构与策略[J].经济管理2005(2).

[7] 华平.宏碁的渠道变革[J].市场营销案例,2006(2).

[8] 何艳华."七月香"护肤品的渠道变革[J].市场营销案例,2004(1).

[9] 石明辉.蒙牛营销渠道变革之路[J].市场营销案例,2007,1.

[10] 宁庆宾.目前中国轿车分销渠道存在问题探讨[J].市场营销案例,2006(11).

[11] 夏亮.中国涂料企业的分销渠道变革研究[J].西南民族大学学报(人文社科版),2004(7).

[12] 逄淑强,李先国.中国药品企业流通渠道模式分析[J].市场营销案例,2007(2).

[13] 鲍惠金.光明乳业:液态奶营销渠道探析[J].嘉兴学院学报,2005(5).

[14] 张炜.中国家电企业分销渠道的变革与创新[J].商业经济管理,

2004(4).

[15] 赵临风.云南白药牙膏分销渠道的分析与再设计[J].市场营销案例,2006(12).

[16] 侯云合.农作物种子供应链的渠道协调与优化研究[D].郑州:河南农业大学,2011.

[17] 漆雁斌.名山茶叶企业分销渠道建设与对策探讨[J].安徽农业科技,2007(2).

[18] 陈晓红,刘蓓琳.B2B和电子商务与供应链管理[J].管理现代化,2000(4).

[19] 文宇.种子公司分销渠道控制权探讨[J].安徽农业科学,2011(11).

[20] 李金益.H蔬菜种子企业营销渠道探讨[D].厦门:厦门大学,2007.

[21] 赵军.种子经销商渠道行为研究[D].武汉:华中农业大学,2009.

[22] 黄毅,柳思维.种子产业分销渠道绩效评价研究述评[J].中国种业,2009(10).

[23] 邓少军.分销渠道网络化变革及其作用机理研究[J].华东经济管理,2007(2).

[24] 杨慧.试论中国流通渠道的变革趋势[J].商贸经济,2007(2).

[25] 李春方.有效的顾客反应流通模式及其构建[J].福建论坛(经济社会版),2000(4).

[26] 黄毅,刘畅.粮食种业分销效率评价实证研究[J].中国种业,2010(3).

[27] 韩兆林,张晓燕.高科技企业分销渠道设计的主要考虑因素[J].外国经济与管理,2000(2).

[28] 陈涛,姜丽楠,李习平.企业分销渠道管理创新[J].中国流通经济,2001(5).

[29] 李卓民,夏献锋.种业企业研发体系建设现状与对策[J].现代农业科技,2013(15).

[30] 牟艳蓉.种子流通企业渠道投机行为及其影响因素实证研究[D].武汉:华中农业大学,2012.

[31] 杨静.种子销售中直销方式的应用[J].农家参谋(种业大观),2009(2).

[32] 康国光,杨菁,李艳军.种子公司的营销渠道管理问题探讨[J].农业经济,2003(4).2005(5).

[33] 罗海平.江西正邦种业分销渠道管理的三个特质[J].当代蔬菜,

2006(7).

[34] 王若兰,徐怀葵. 蔬菜种子营销渠道管理之分销渠道管理[J]. 当代蔬菜,2006(6).

[35] 魏明,高韧,吴春梅. 湖北省种子企业营销渠道冲突的现状与对策分析[J]. 农业经济,2003(3).

[36] 宋作刚,商秀亭. 种子销售中串货和倒货的成因、危害及对策的研究[J]. 杂粮经济,2006(3).

[37] 刘艳辉. 浅谈怎样防止种子经销过程中的窜货问题[J]. 上海蔬菜,2002(5).

[38] 杨再春. 种子企业分销渠道冲突探析[J]. 安徽农业科学,2007,35(3).

[39] 侯艳阳,董艳. 种子销售渠道模式评估与选择[J]. 种子科技,2004(5).

[40] 陈达,姜红兵,靳晓春等. 我国种子企业销售渠道选择分析[J]. 农业与技术,2006(1).

[41] 俞敏辉,戴美莲. 蔬菜种子营销渠道选择[J]. 辣椒杂志,2006(3).

[42] 康国光,李艳军,孙剑. 种子营销渠道影响因素及构建策略[J]. 农业经济,2003(2).

[43] 郭国庆. 市场营销学[M]. 第三版. 武汉:武汉大学出版社,2006.

[44] 吴勇,邵国良. 市场营销[M]. 北京:高等教育出版社,2005.

[45] 郭敏. 种子营销网络的创建与维护[D]. 长沙:湖南农业大学,2009.

[46] 吴健安. 市场营销学[M]. 第二版. 北京:高等教育出版社,2004.

[47] [美]加里·阿姆斯特朗,[美]菲利普·科特勒著. 科特勒市场营销教程[M]. 第六版. 俞利军译. 北京:华夏出版社,2004.

[48] Donald N. Fites. Make your dealers your partners[J]. Harbard Business Review, 1996.

[49] John A. Byrne. Main street trumps wall street[J]. Business Week, 2002.

[50] 林青霞. 种子企业物流成本控制与优化研究[D]. 福州:福建农林大学, 2013(8).

[51] [美]伯特·罗森布洛姆. 营销渠道——管理的视野[M]. 第七版. 宋华等译. 北京:中国人民大学出版社,2006.

[52] 中华人民共和国国家统计局编. 中国统计年鉴,2012.

[53] 国务院办公厅文件. 国办发〔2006〕40号.

[54] 聂海,霍学喜. 我国种子管理体制演变的特征及面临的挑战分析[J].

现代种业,2002,5.

[55] 上海卓跃管理咨询公司. 农资农药企业新时期如何决战新农村[EB/OL]. http://www.eshare.com.cn/gyzy/zyzl/200609/1514.html, 2006-09-22.

[56] 张硕. 农业种子供求行为与营销对策研究[D].北京:中国农业科学院,2013.

[57] 王爱民. 对农民购好种子、用好种子的七点建议[J].种子世界,2013(2).

[58] 耿月明. 中国种业的历史变迁[J].中国种业,2004(7).

[59] 黄绍华. 浅谈县级种子运动模式与种子管理[J].中国种业,2004(3).

[60] 蒋和平,孙炜琳. 我国种业发展的现状及对策[J].农业科技管理,2004,23(2).

[61] 李光国. 营销师——基础知识[M].北京:中央广播电视大学出版社,2006.

[62] 周发明. 中外农产品流通渠道的比较研究[J].商贸经济,2006(12).

[63] 陈殿元. 种子营销[M].北京:中国农业出版社,2004.

[64] 刘石兰,江若尘. 构建关系型营销渠道:一个渠道知识共生网络[J].财贸研究,2006(2).

[65] 杨再春. 浅论种子企业的服务营销[J].现代农业科技,2007(4).

[66] 戴德民,陈群. 创新农资市场监管和农技推广服务机制的有益探索[J].安庆农情,2006(21).

[67] 赵晓飞. 营销渠道的选择及评价标准研究[J].市场研究,2005,316(8).

[68] 郭国庆. 市场营销学通论[M].第三版.北京:中国人民大学出版社,2005.

[69] Frank K. Sonnenberg. Partnering: Entering the age of cooperation[J]. journal of business strategy, 1992.

[70] 李波. 我国种子营销新模式探析[J].中国种业,2013(6).

[71] 邓少军,范方志. 营销渠道沟通的行为分析[J].当代财经,2005.

[72] 赵霓君. 营销渠道冲突博弈分析[J].市场周刊,2004(4).

[73] 成宇. 温州蔬菜种业的现状与发展策略研究[D].南京:南京农业大学,2010.

索 引